梁啓超 著

飲冰室合集

文集

第十二册

中華書局

飲冰室文集之三十二

幣制條例理由書 李猶龍筆述

一 改革幣制無須大款

自前清之季。改革幣制議起。當時在事者卽議舉外債一萬萬圓。專辦此事。至今此說猶深中於人心。一若非先得此鉅款。則改革決無從着手者。而此款能得與否。專視外債能成與否。外債既已遷延。幣制因而閣置。故自辛丑迄今十有餘年。中外共苦幣制紊亂之害。而坐視之以迄於茲。則皆改革幣制必須巨款之觀念誤之也。夫使改幣制而必須用金本位。則需巨款良非得已。然若用金本位。則一萬萬尚虞未足矣。今之論者亦已暫傾向於暫用銀本位。然猶謂非得一萬萬不可。吾前此熟聞之而苦不得其解。及今觀之而知其誤點之所由生矣。蓋論者之意。以爲欲改革幣制。必先鑄成無量數之新幣。使足供市場媒介之用。而其所鑄者。則貯諸庫中扃鐍不發。待至全數鑄齊而始發之。信如是也。誠非先備極巨之款。不敢語於改革矣。然果用此法。則其所需勞費幾何。殆有不堪設想者。吾恐雖得一萬萬。亦不敢從焉。而吾國幣制。且永無改革之望也。試以中國人口計算。其需用之貨幣。至少非得二萬萬五千萬不敷周轉之用。據現在全國所有造幣廠鑄造之力量。每日晝夜不停竭二十四時間之力。最多祇能鑄八十萬元。卽一年之中。晝夜鼓鑄。無一刻休息。亦祇能鑄二萬萬四千四百八十萬元。況萬萬無日夜全無休息之理。則欲鑄出二萬萬五千萬之新幣。卽得有兩年以上之長歲月。猶懼不給。卽曰能之。而括國中二萬萬五千萬有用之現貨擱置於造幣廠中以待鑄。絲毫不能供活動之用。此卽在歐美財力雄富之國家尙不能如此。而況於至貧乏之中國乎。今且不論繁重之學理。卽以最淺之事例言之。積此二萬萬五千萬之大款。而構大室以貯藏之。天下安有此辦法。獨不憂慢藏誨盜乎。況用此法。新幣當陸續鼓鑄。未能發行之時。固無術以吸收市面之生銀。若吸收而死藏之。使失其效用。則市場以媒介物缺乏之故。必大生擾亂。勢必至於非購買外國之銀條不可。各國方以銀多爲患。以吾爲彼銷銀之尾閭。我若更自投於此坎陷。他日更何由振拔。夫銀幣當死藏之時。則失其融轉之效力。而貽市面以銀荒之患。及其旣全數鑄成。而一齊發出。則市面驟增二萬餘萬元之硬幣。其所生之擾亂。又云胡可量。夫無論何國。欲改革幣制。必與兌換制度互相維繫。以兌換券吸收市面之生金銀及廢幣。隨時改鑄。故費可省而功易集也。我國亦何莫不然。明夫此義。則知改革幣制絕非如世人所擬議之必須爾許巨款矣。

以吾所計畫。當改革伊始。但得一千萬以爲鑄本。已可着手。若得三千萬。則綽綽有餘裕。蓋有一千萬則能發三千萬之兌換券。有三千萬則能發九千萬之兌換券。其兌換券吸收市面上之生銀。卽可交造幣廠改鑄。所吸漸豐。準備金愈厚。兌換券之信用愈著。而賡續所吸愈多。展轉相引。一年之後。全國生銀。悉供幣材。殊非難事。況尙有舊幣可供初辦時兌換之用。爲費更省乎。故吾決言改革幣制無須過巨之款也。

二　過渡時代之銀本位

貨幣本位本無絕對的良否如金本位銀本位金銀複本位金匯兌本位學說亦紛紛不一。吾固向來主張中國宜用金本位或金匯兌本位者。然亦向主張於最短期間內用銀本位。以爲改用金本位之過渡。此次雖主張用銀本位。亦用最短期間。如前章所云。不須多款。而能改革貨幣。亦爲最大之原因也。蓋複本位。經各國之試驗。已多失敗。其不適宜於中國。自無待言。金本位之善。爲盡人所共知。然中國現有之金。實不足供全國幣材之用。且市面現有之銀。亦宜妥籌處置之法。驟易之。或致釀成金融界之紛擾。故明知金本位爲最良之制。而不能遽行採用者。勢也。金匯兌本位。調劑國際匯兌之作用。誠能盡金融界之妙。然考各國行之而著效者。多爲母國對於殖民地。中國情勢亦難倣之。銀本位雖非最良之本位。亦非可以長久維持於不敝。然以中國今日之才力物力。而爲目前過渡之計。則仍以銀本位爲切實易行。政府將來之目的。固宜以改用金本位爲指歸。而現在則宜暫以銀本位爲入手整理之法。故國幣法及銀行條例。皆本此意以施行之也。

三 習慣上之價格單位

國幣條例第二條。以六錢四分八釐爲價格單位。命之曰圓。因每枚之總重量。爲七錢二分。而其中所含九成純銀之量。即爲六錢四分八釐也。七錢二分之重量。幷非有學理上之特別根據。徒以沿江沿海習慣使用。久成爲一圓通行之重量。驟行易之。徒亂物聽。加以歷年官局所鑄銀圓。據財政部最近調查。已逾二萬萬圓之多。皆係用此重量。不過成色稍有差異耳。故宜設法利用之。以供市面之媒介。而使當新幣所鑄未多之時。得資周轉。論者猶謂腹地各省。尚用銀兩。通商大埠。乃用銀元。不能以特殊地方之貨幣。强天下以通用。或又謂現時銀元一枚。可換銅元百三十枚內外。若用七錢二分。而強制銅元使得比例十進。則物價過昂。與人民生活程度不相應。當改爲五錢。或五錢五分以劑之。殊不知各地銀兩平色不一。庫平與松江銀既不同。規元與海關兩又各異。折合計算。煩勞相等。若夫人民生活之費。宜以最低輔幣爲衡。不能將就銅元價格以定本位質而言之。卽祇能以主幣支配輔幣。不能以輔幣支配主幣也。若如論者之說。則將來銅元價高。豈不更須改換單位重量以就之乎。殆必無之事矣。惟民間舊用制錢。向以一文爲率。故政府之意。擬將銅輔幣多分等級。一分之下。尙有五釐二釐一釐三級。而五釐二釐二者。尤加功多鑄。則小民日用零碎之媒介品。亦可以無不便之患矣。

四　輔幣重量成色之減輕

國幣條例所定各種幣之重量成色如左。

一圓銀幣　總重七錢二分銀九銅一

五角銀幣　總重三錢二分四釐銀七銅三

二角銀幣　總重一錢二分銀七銅三

五分鎳幣　總重七分鎳二五銅七五

二分銅幣　總重二錢八分銅九五錫百之四鉛百之一

一分銅幣　總重一錢八分成色同前

五釐銅幣　總重九分成色同前

二釐銅幣　總重四分五釐成色同前

一釐銅幣　總重二分五釐成色同前

據右表觀之。普通人之感想。以爲一元銀幣既爲七錢二分。則五角銀幣。當爲三錢六分。今政府所定之總重量。乃爲三錢二分四釐。其成色又爲銀七銅三。非常迷惑而不解其故。不知此乃至淺之理。毫無足異也。凡貨幣之通例。惟主幣爲實價。而輔幣爲名價。亦曰法價。法價云者。不論貨幣本身之價格相稱與否。以法律之力付與以一定之價格者也。譬如五分鎳幣。總重爲七分。而其中鎳居二五。銅居七五。而五分鎳幣六十五枚。（日本五錢銀幣五十枚抵一元）即當抵一圓銀幣。以鎳銅本身之價格而論。烏能與六錢八分四釐之純銀價格相等。而可與一圓銀幣相兌換。則法價之效力然也。其他如二分銅幣一分銅幣之與銀幣換算。皆可準此例以推之。更舉紙幣以說明之。則其意尤顯而易見。今有紙幣於此。無論其爲一圓五圓十圓乃至五十圓百圓。其紙片本身之價格。最多不過值銀三分。而可以代表一圓乃至百圓之銀幣。故法價（即名價）成立。無論主幣輔幣紙幣硬貨。均可互相兌換。與其貨幣本身所含原料價格。毫無關係者也。至於如何遞漸減輕之原因。第一則恐輔幣名價與實價相去太近。則銀價略漲。輔幣必然被燬。第二政府定用銀本位。乃暫時辦法。將來終須歸宿於金本位。貨幣改造。勞費不貲。鎔燬尤甚。故如此規定。將來改用金本位時。但變易一元銀幣之主幣。而以金本位代之。其他輔幣。則可一切仍舊。不必更換。此爲主的理由。至於政府鑄造一元銀幣之實價。較之法價。頗蒙捐失。鑄輔助幣。則成本較輕。而定價頗高。又可有所收益。以資彌補。此又從的理由也。但政府決非藉此濫鑄輔幣以牟利者。故特立使用制限之法。參觀國幣條例第六條以求供求相濟也。

五　主幣許自由鑄造且收鑄費六釐

主幣許自由鑄造。乃貨幣學之公例。然各國有收極輕之鑄費者。亦有全不收費者。今定爲收鑄費六釐。乍見似覺其甚重。而其理由有三。(一)據天津造幣總廠報告。而論今年市面通行各銀元之市價。約合行化銀六錢九分二釐左右。今本位既定爲庫平純銀六錢四分八釐。約合行化銀六錢八分四釐。其與市價相差。乃至八釐。今既欲認舊銀元暫時與國幣有同一之效力。則非平其市價不可。收鑄費六釐。則相差甚微。方易爲力也。(二)天津造鑄廠。現在八八五以至八九成色之北洋銀元。每元鑄費鑄本約加增一分上下。若改制後。按照九成更加精鑄。則鑄造成本須合行化銀六錢九分零。若全不收費。則每日鑄幣五十萬元。國家當損失四千兩左右。每月應損十二萬兩左右。收舊銀元以改鑄。則每月賠累當在四千萬兩左右。國家既負莫大之損失。卽間接仍歸人民之負擔。故非收鑄費不可也。(三)歐美各金本位之國家。其代人民鑄造金主幣。所收之鑄費最多亦不過千分之二三。揆之此次所收之六釐。似相去太遠。不知金銀價格之比例。常三四十倍。鑄金加千分之三。卽等於鑄銀加千分之十。使鑄銀幣而收費太薄。則人民嗜利。見其成色之純良。輒鎔化以供他用。銷燬必多。無從禁止。且吾國人喜用生銀。已成慣習。不可驟革。從前所鑄之大清銀幣。成色較高。今則漸已匿跡市場矣。故政府幾經審愼。而定收鑄費六釐。約當千分之九。不知者以爲過重。實則前淸幣制則例。定收鑄費爲千分之十三。則此次所定。已減去千分之四矣。

六 從前官局所鑄一元銀幣暫許作爲國幣及舊輔幣暫許以市價通用之理由

施行條例第二條云舊有官局所鑄發之一元銀幣。政府以國幣兌換改鑄之。但於一定期間內。認爲與一元銀幣有同一之價格。其所以如此規定者。約有四種理由(一)幣制定後須有貨幣以供授受。然後可以推行。今國中需用之額、一人以一元計。至少需得一元銀幣四萬萬元內外。而積年所鑄之舊幣。已在二萬萬元以上。雖其中銷燬不少。然現存者當猶在三分之二。新幣之鑄造須時。在未鑄成以前。無法貨以供流轉。惟認舊幣爲國幣。則幣制一頒。國中立刻有若干現成之法幣。以資流通。一面指定鑄廠分別主輔別途鼓鑄。則一二年內可鑄至一二萬萬元內外。而改章之初。不至以乏幣爲病矣。

(二)若政府所鑄之一元新幣。與舊日之一元舊幣。其重量不同。而不認舊鑄一元銀幣爲國幣。則開辦之初。新鑄之銀元甚少。不足以供給市面之需要。舊時之銀幣。必仍通行於市面。其市價與新鑄國幣高低不同。由是一元新幣與一元舊幣之間。又發生不定之比價。是則名爲整頓幣制。實乃反以擾亂市場也。天下安有此等辦法乎。至於銀行兌換券之利於吸收。及預防生銀之外入。則吾人於此文之首章。已詳述之。茲可不復贅也。舊鑄銀元有純銀九成者。有自八八五以上至八九零者。各省銀元將來預計照六錢四分八釐成色改鑄。則每元成色當有一分左右之損耗。以二萬萬元計之。則損失共有二百五十萬兩之多。然收回舊幣改鑄新幣。無論何國國家。無論何人主持幣制。未有不稍忍損失者。實以別無逃避之法也。若以舊官局所鑄各幣成色不同。不能一律平等通用。則臨時更列一表規定其比較。亦至易易耳。又施行條例第三條規定各種舊鑄銀銅輔幣。於一定期限內。各照市價行用。或以為對於舊鑄之輔幣。與舊鑄之主幣辦法兩歧。不知主幣者凡百價格之尺度也。尺度一定。百價皆可依之以為標準。故畫一舊主幣與整理舊輔幣可以分期進行。例如現在天津北京間一元銀幣之市價約換銅元百三十枚內外。若欲立時整理舊鑄輔幣。非嚴格的改為十進法。每一大銀元換銅元百枚不可。一旦之間。銅元使用之市價驟減十分之三。國家無論如何權力偉大。強制之。其勢必不能辦到。就令辦到。則其影響於市場者又將何若。故政府擬將各種輔幣另鑄一式。其重量成色型式均截然使與舊幣有別。新輔幣對於新主幣。則用嚴格的十進法為法價。而舊輔幣則姑儕之百物之列。聽市價之自定。而不與新幣制系統相蒙。一面用市價漸次收回改鑄。俟其市價略與新輔幣相等。然後明定期限。而全數收回之。則人民相安於無事。而物價亦不至大受影響矣。

以上為國幣條例重要之數點。故略為陳說。其餘則別見政府所布理由書中。不復贅也。

銀行制度之建設

今日國家財政國民生計。均有岌岌不可終日之勢。究其原因。雖甚複雜。而幣制之紊亂。與夫銀行之制度之不良。實為其中二大原因。政府苟能以全副精神就此兩事力圖改良。則一二年後國家之危險必可去其大半。改革幣制之方針。幣制條例理由書中已略言之。茲不贅述。今試專就銀行制度言之。現今世界各國發行銀行制度。分為兩種。一曰單一銀行發行制。一曰多數銀行發行制。單一銀行發行制者。謂國家以兌換券發行之權。專界諸一銀行。而其餘銀行均無發行之權。世所稱爲中央銀行制者卽此也。多數銀行發行制者。謂國家定一發行銀行之條例。凡依此條例設立之銀行皆得發行兌換券。而別無中央銀行之設立。其條例中最重要之點。則在銀行必須以與發行額相當之公債票提供於政府作爲發行之保證。卽所稱爲國民銀行制者是也。單一制之優點。在發行權能統一。而兌換券之供給得以適合社會之需要。而具有伸縮之力。現今歐洲各國及日本皆採用此制。多數制之優點在能獎勵銀行之發達。而開拓內國公債之用途。現今實行此制者。以美國爲最著。而日本當明治初年間亦曾採用此制。竊惟此兩種制度。與國家財政國民生計各有莫大之影響。取舍之間。不可不慎。今日我國究以採用何制爲宜。自非熟察國情審度時勢。難以遽斷。惟據吾儕所見。以爲今日我國之情形。與各國均有不同。若採取純粹多數制。固屬不宜。若遽行採取純粹單一制。亦未爲可。何以言之。大凡兌換券之作用。全在具有伸縮之力。例如市面平穩之時。發行銀行必須保留其發行額之一部分。留而不發。一旦金融緊迫。乃盡其餘力以發行之。不足則益以制限外之發行。用以接濟市面。調和金融。所謂發行餘力者是也。然金融界中能盡此職任者。厥惟中央銀行。若採取純粹多數制。則發行銀行之發行額既各有定限。銀行爲自身利益起見。則必將所有定額盡數發行。一遇市面有不穩之兆。不但無由增發。且往往爲自衛起見。反減少其已發行之數。其結果足使金融緊迫愈甚。馴至惹起市面之大恐慌。美國歷次恐慌。率由於此。前車可鑒。何足爲法。此純粹多數制之所以不可採取也。至於純粹單一制。就學理而論。固爲發行制度之最良者。然所貴乎中央銀行者。謂其能超然立乎衆銀行之上。而能操縱全國之金融也。故一國之中。必先有多數健全之私立銀行。而後中央銀行乃得顯其效用。各國發行制度之大勢所以趨於單一制者。因其國民生計發達已久。多數之私立銀行。皆擁有雄厚之資本及鉅額之存款。其基礎已固。卽無發行之利益。而亦能自立。故單一制行之有利而無弊。我國反是。民間餘資無多。存款尙未發達。苟非予銀行以發行之利益。則難以引起商民銀行企業之心。觀於今之呈請開設銀行者。無不要求發行權。已可概見。今若採取純粹單一制。而市場之中。既乏私立銀行。以全國幅員之廣。僅恃一中央銀行。安能照顧市面而無遺憾。況中央銀行。直接放款於商人。至爲危險。前大淸銀行放款之濫。幾至不可收拾。雖由當局之不愼。然直接放款於商人。而中間無穩健之私立銀行爲之分擔危險。實爲其中一大原因。無可疑也。是故設立中央銀行。固爲不易之政策。而獎勵私立銀行之發達。尤爲當今之急務。顧獎勵之道。舍畀銀行以發行權而外。更無他術。此單一制之所以不能遽行採取也。夫兩制既皆不適用於我國。然則爲今之計。惟有折衷二者之間。定一通融辦法。以純粹單一制爲最後之目的。而以兼採多數制爲過渡之手段。質而言之。卽中央銀行制與國民銀行制同時並行。俟他日國民銀行漸見發達。基礎稍固。然後將其發行權逐漸悉收歸中央。實行單一制是也。此種方法。徵諸各國法制。雖無此例。然行之於今日之我國。則不惟足以獎勵銀行之發達。而於國家之財政。尤有莫大之關係。今試更爲分別言之。其一足以喚起內國公債之需要。查美國國民銀行條例之規定。凡欲開設國民銀行者。須以國家公債票提供於財政部。財政部乃交以相當之兌換劵。准其發行。考此條例規定之由來。實因南北戰爭後。美國政府欲喚起多額戰時公債之需要。故利用銀行政策。而達其公債政策之目的。自此條例頒布以後。不出數年。全國銀行紙幣發行之數。已達三萬萬打拉。而當時銀行發達之速。及公債需要之大。已可想見。日本當明治初年。全國金融機關尙極幼穉。且因廢止祿族制度之故。發行金祿公債。其數多至一萬七千餘萬元。當時日本大藏大臣。欲圖金融機關之發達。且開拓公債之用途。苦心研究之結果乃於明治五年決定採用美制頒布國民銀行條例雖當頒布之初因立法不甚完備之故效果未見大著然自明治九年條例改正之後不出五年新設之銀行多至一百三十五行資本金之總額共計四千四百餘萬元發行紙幣之數共達三千四百餘萬元而其時公債需要之大又可想見矣竊惟我國今日內國公債尙未發達專恃外債以爲生活實覺可危苟能採用國民銀行之制則內國公債用途既開募集自易此兼採多數制之有利於財政一也其一足以銷却各省之紙幣查現在各省濫發紙幣爲數已達二萬萬元之鉅此項紙幣事實上皆已成爲不換紙幣其價格日跌貽害國計民生實非淺鮮設不從速整理後患何堪設想顧整理之法就常理而論不出兩途一以現金收回之一以中國銀行兌換券換回之由前之法就目前財政情形言之非大借外債不可微論借債之不易也卽使可借而以忍無限痛苦借入之款用以供購入廢紙之用其爲不生產也亦極矣由後之法表面上雖以紙易紙然中國銀行所發行者既名爲兌換券卽不能無相當之準備此項準備金舍借債而外亦無來源其結果與前法無所大異詎謂得策今惟利用國民銀行之制准商民以紙幣額面價格購買公債卽以此公債爲保證而准其開設銀行發行兌換券則商人炫銀行利益之大勢必相率收買紙幣來購公債一轉移間將見各省之不換紙幣直接變爲公債票間接變爲兌換券而政府得以不費現金將各省紙幣之大部份銷却於無形昔美國之綠背紙幣日本之大政官札等皆用此法以銷却之尤其明證此兼採多數制之有利於財政者二也具此二利則單一制之所以不能遽行採取益足證明顧論者或謂發行銀行過多則中央銀行如同虛設恐蹈美國之流弊不知美國制度之缺點正在無中央銀行故兌換券乏伸縮之力而無以操縱市面今使視察全國兌換券之狀況定一保證準備發行額之最大限度使全國國民銀行發行額之

總數。不得逾全國保證準備發行總額十分之幾。此外惟中央銀行得發行之。如此則兌換劵伸縮之權。仍操自中央銀行。而美國之弊。卽可以矯。夫何慮焉。總而言之。銀行制度之良否。與財政生計均有密切之關係。必須洞觀各國之歷史。熟察本國之情形。斟酌盡善。方可實施。若拘於成法。不知變通。竊恐差以毫釐。謬以千里耳。吾聞今日國中人士對於銀行制度。主張專採用單一發行制者頗不乏人。故特深長言之。而不覺其詞之費也。

整理濫發紙幣與利用公債

一

今日財政之困橫不一端。而紙幣價格之墜落。其最可怖也。各省受濫紙幣之病者。情形各各不同。就中除東三省有他國之不換紙幣祟乎其間。宜別圖救濟外。自餘各省。整理之法。皆可以大同小異。今舉一二省爲例。略擬辦法。與國人商搉之。

今之言整理紙幣者。略有四法。

第一法　迅籌的款著手兌現。

第二法　改換票樣定期兌現。

第三法　廣鑄銅元。易銀紙幣爲銅紙幣。以銅元兌現。

第四法　募集公債吸收現款。次第兌現。

第一法蓋最正當之辦法矣。若其立能辦到。則治本之圖。寧復過是。雖然所謂迅籌的款者。首當問所需的款幾何次當問從何處籌措。略計全國現發出之濫紙幣。總數約在一萬五千萬內外。卽僅備現金三分一爲兌換準備。亦須五千萬。五千萬爲數雖非鉅。然現在之國力。則既不敢望此。而必須仰給外債。外債之成不成。其權不在我。若竟不成。則遂將聽其糜爛。而斷念於整理乎。外債之成遲一日。則濫幣之病深一度。愈遲則整理愈難矣。況今日欲求外債。須忍受種種苛酷之條件。恐整理之策須由外人代庖。而金融權將旁落無餘矣。故此辦法雖極正當。而實行恐非易易也。

第二法最省事。若能施行無礙。則可以從容布置。待一二年後吸收現款漸豐。始爲根本整理。質而言之。則所謂定期兌現者。卽於一定期間內暫行不換制也。夫不換紙幣。在各國當非常事變之際。常用之以救急。吾固非絕對排斥。然在中國今日行之。則飲鴆而已。況卽欲飲之。猶恐不能下咽。蓋舊有之濫紙幣。雖事實上無現可兌。然尙有兌現之虛名。故價值雖低落。然尙有數成之價值。今若變爲暫不兌現。必至全無價值而後已耳。況雖云不換。要不能無若干之輔幣以供市場周轉。而輔幣則安能不用現款。是雖名曰定期兌現。而終有一部分不能不隨時兌現也。而所需抑已不貲矣。苟能得此款。則雖實行兌現。亦或可辦到。正不必更爲此周折耳。

第三法則舊式財政家所最樂道。而現今已有一二省試行之者也。其法則將現在銀元票改爲銅元票。廣鑄銅元以充兌換。則銅元票之市價。常能如其法價。現在湖北之現狀卽如此。聞湖南亦將踵行之。此爲一時敷衍門面計。似亦一道。雖然濫發紙幣之病。固深中膏肓。濫鑄銅元之病。亦非同癬疥。以紙幣代表銅元。而實有銅元以充兌換。則代表者與所代表者。其價值固不生差矣。然其所代表之物（卽銅元）名價與實價先不相應。則其統御物價之力。豈能强大。紙幣對於銅元之價值。固可以常平。而紙幣對於生銀及百物之價值。則日墜落。而不知底止耳。且兌換券之作用。全在其有自然伸縮之力。需要多則兌換券自然流通於市面。需要少則兌換券自然歸返於銀行。而現金之或在市面或在銀行。於金融基礎。皆無搖動。今用銅元票。果能依此正當之原則爲伸縮乎。因銅元過多而發票隨之而多。又因發票過多而銅元不得不隨之而多。此過多之銅元與過多之票。其有術以使之應於供求而減殺乎。夫此種銅元政策。則省自爲政而已。故甲省之銅元票。決不能越境而流通於乙省。至易見也。而省固不能各自閉關。常須匯兌於省外。銅元票充斥。票價低落之結果。必致省內無一現銀。尋至匯兌機關斷絕而已。今之吉林。卽其殷鑒也。此等政策。稍有常識者皆知其謬。本無俟辭闢。因有一部分頗主張。故一辯之。

夫此三法既皆不可行。則所餘者惟第四法而已。卽利用公債以整理紙幣是也。

二

第四法者。將紙幣之一部分。變爲公債。前此國家應負隨時兌現之義務者。今則改爲負定期償還之義務。令市面通用之幣既減縮。供不溢求。然後委託銀行。使酌斟情形。蓄積現款。實行兌換也。此法之美善。人所共知。顧所羣致疑者。則謂公債無從募集也。夫中國前此之擬募內債。非止一次。然而無一不失敗。則羣致疑於公債政策之爲空論。亦固其所。不知天下之物。惟有價値者始能流通。惟有效用者始有價値。西人之稱公債。謂之有價證券。惟其有價。故人民趨之若鶩。而政府亦得藉以爲理財之妙用。中國公債所以不能發達。以其無價也。中國內債曷爲無價。以人民不知利用公債。而政府復未嘗導之以利用之途也。夫他國之民。前此亦非生而知利用公債者也。有政策以善導之。故其用乃日宏。而相引於無窮。美國當南北戰爭後。日本當西南戰爭後。其整理濫紙幣。皆操是術耳。吾昔在國風報曾著一文論利用外債之途。列舉四綱二十三目。今雖未能遽盡行。而其立卽可行者。蓋有數端。試略舉之。

第一　可令凡司出納之官吏。皆須納保證金。而其保證金得以公債代之。

各國司出納之官吏。多使納保證金於國庫。學者或議此種制度爲有傷政體。然借以推廣公債用途。亦未始非一法。我國京外各官署各稅釐局及鐵路郵電等大小各局所。其司出納之官吏最少應在三萬人以上。若每人平均徵納保證金五百元（多者不逾二千元少者不下二百元）而許以公債爲代。卽此一項。而所需公債已在一千五百萬元矣。

第二　可令凡販鹽售賣者。納公債作保。許賒稅價若干月。

日本鹽專賣法附屬之販鹽條例第十四條。規定以公債作保。許賒若干月。查日本公債之用於此途者。每年約四千餘萬元。將來我國若行鹽專賣法。固可全仿其制。卽行就場徵稅法。亦可變通之而師其意。計此一項。其用途當不下於日本。

第三　可速頒定國民銀行條例。令人民欲辦此種銀行者。得用公債作保。發行兌換券。

美國南北戰爭後。消納九萬萬元之公債。日本廢藩置縣時。消納一萬六千萬元之公債。皆以國民銀行爲之尾閭。其效至捷。其利至宏。章章在人耳目。今若採用此制。說明其利。以勸導企業家。則樂於遵設者必多。（當別著論言之）但使投資設立此項銀行者。每省平均資本二百萬元。則全國所需公債已四千萬元外矣。

第四　可令中國銀行所發兌換劵須以公債爲保證準備。

各國中央銀行皆定有保證準備額。使兌換劵得操縱融通之妙。保證準備額之大小。當斟酌國情以定之。而日本之臺灣銀行。初時定爲五百萬。今已增至一千萬矣。若以人口比例將來中國最少應定至四萬萬以外。今不必驟爲鋪張。暫定一萬萬元。其穩固之程度。當爲天下所共信。而中國銀行。猶不必盡用其力也。今後一年之內。僅利用此保證準備至五千萬元。則謹愼可謂極矣。而保證準備。例須以有價證劵充之。中國現在之有價證劵。舍公債外更有何物。故中國銀行所需公債。應在五千萬元以外也。

以上數端。不過犖犖大者。然苟能次第推行。則一萬萬內外之公債。實爲現在所必需。政府若能以銳利之眼光。敏捷之手腕。審度形勢。次第發行之。而謂市場對於此物。決無需要者。吾不信矣。既有需要。則利用之以整理紙幣。其勢蓋甚順也。

三

若用此法以整理濫紙幣。宜令人民購買公債者。得用舊紙幣若干成。則民更勸。吾前曾議整理廣東紙幣之策。擬發行一種公債。卽名曰廣東整理紙幣公債。其要點略如下。

一公債總額二千萬元。由財政部監督廣東財政司漸次發行之。

二公債之利率。每年百分五。

三一年後開始償還。十年償訖。

四公債實收百分之九十五。但購受債券者。許納廣東現行紙幣百分之六十。納現款或中國銀行兌換券百分之三十五。

五本公債爲償還本息之保證。由財政部指定廣東某數項的款所入存儲中國銀行準備之。

六本公債得充中國銀行及國民銀行發行兌換券之保證準備及充其他各種保證金之代用。

今說此辦法可以推行無障之理由如下。

(第一)若行此法。則人民購買公債者獲利甚大。必爭趨之。其故有四。

(甲)實收九五扣一年後開始償還。購債券者以九十五元之資本。除得息五釐外。若第二年即抽得籤。可立受百元還本。

(乙)購債券者。每百元只須納現款三十五元。其餘六十元。許納廣東紙幣。廣東紙幣現價在七折以下。以現款四十二元內外。即可易得紙幣六十元。故購券者實共以七十七元之現款。即可得百元之債券。現在持有紙幣者。方不知價值之落伊於胡底。日日恐慌。若持以易債券。非惟不憂價落。且可得利息。孰不樂趨之。

(丙)本條例第九條。聲明此公債得充國民銀行發行兌換券之保證準備。而國民銀行條例所規定。凡繳納公債券於政府作保證者。許領同額之兌換券。故人民欲辦國民銀行者。實以七十七元而得百元之用。且收兩重息也。稍工心計者。必爭辦矣。此又獎勵銀行之妙法也。

(丁)出納官吏及其他經管官營事業之人。既例須納保證金。而保證金許以公債代用。彼若納現款。須繳足百元。且無利息。今實費去七十七元之現款。即當百元之用。且有息五釐。孰不趨之。

以上所舉四項理由若果正確則此項公債在市面上必生價値可無疑矣

（第二）此項公債發行時中國銀行及交通銀行可先引受若干成該銀行必能緣此獲利蓋初辦時僅以七十七元內外之現款即可得百元之債券而債券在市面上既生價値後則紙幣價値必隨而漸騰若騰至八折時則須用現款四十八元乃能易得紙幣六十元則其時公債之市價必値至八十三元該銀行將前購之債券售出一轉移間而每百元可獲六元之利矣竊計此項公債總額二千萬宜分四批發行第一批僅發五百萬而中國交通兩銀行可合力先引受二百萬蓋該兩銀行引受公債時其每百元所應納之現款三十五元實無須繳納（蓋售出公債之現款皆須存於國庫而國庫即由中國銀行代理故銀行在帳簿上一劃撥而已足也）故該銀行等實備八十四萬元之現款已可購受二百萬元之公債也銀行既引受二百萬只餘三百萬供市場之需即轉以供官吏保證金之代用猶恐不給則其價値安得不騰待其騰時而銀行將所有債券轉售與人則獲其利矣售出之債券易得現款則銀行之準備金增矣然國家又不宜使銀行獲過當之利也察其價已漸騰隨即發第二批之五百萬以劑之計當發第二批之時就令銀行前次所買受者一張未經轉售（必無此理）然國庫因售前批之三百萬最少已收得一百零五萬之現款存於國庫而代理國庫之銀行可運用其數十萬以購第二批之債券百萬其餘四百萬又可以吸收現款一百四十萬後此第三第四批之債券皆斟酌市面情形盈虛消息以發之而銀行則無論何時皆有從中取利之餘地也

（第三）若此二千萬債券全數發出時則國庫實收到現款七百萬（雖銀行引受之債券亦當算入蓋國庫帳簿上總有此款也）實收到廣東紙幣一千二百萬其所收之濫幣即宜勿再發出俟彙齊當衆銷燬之但使此債券將次發完則濫幣之恢

復原價必將不遠蓋濫幣價落之原因有二其一則緣所出太多供過於求其二則緣人民心理作用共疑其將落斯遂落矣今國庫既收回一千二百萬不再發出則市面所盈溢者固已去其七八而人民爭欲持之易公債以謀利心理作用一轉其價又不期騰而自騰必將由七成而八成而九成待至債券將次發完時勢且去原價不遠於斯時也政府乃爲定一價使舊紙幣一律照價與中國銀行兌換券交換則濫幣之禍從茲熄矣

（第四）問者曰使此二千萬公債能全數發出則此計畫誠善矣特恐未必能耳應之曰不然有中國銀行以酌盈劑虛於其間則公債之滯銷決無慮也假令中國銀行廣東分行庫中貯有現款七百萬而發兌換券二千一百萬則其準備金有三分之一其極穩固人所共知也然據兌換券條例所規定凡兌換券雖可以有一部分不必用現款準備而不能並保證準備而無之故該分行欲對於七百萬之現款而發二千一百萬之兌換券勢不得不求一千四百萬之有價證券以爲保證準備在外國市場有價證券之種類雖甚多在今日之中國則舍公債外更有何物故該分行當此之時勢不得不貯備一千四百萬之公債苟不然者則爲違法矣夫廣東所發出之公債僅二千萬而該分行壟斷其千四百萬僅餘六百萬流通於市場安能敷用（官吏保證金已去其大半國民銀行等種種用途愈推愈廣）於斯時也公債價必騰該分行固願舉其所有者售出之以易取現金矣例如售去一百萬則該分行所有公債僅餘二千萬其所有現金則增至八百萬既增至八百萬則以三分一比例可發兌換券至二千四百萬而其所需保證準備又須一千六百萬矣循是遞推則該分行吸收現金至九百萬時其保證準備所需之公債可擴充至一千八百萬吸收現金至一千萬時其所需公債可擴充二千萬故中國銀行

常須與市場公衆爭公債。自然之理也。然則中國銀行所需公債之擴充。亦有限度乎。曰有之。廣東全省人民。需用兌換券之最高額。即其限度也。廣東全省共需用兌換券幾何。今未能測定。據現在該省所報告。謂約有紙幣五千萬。而其價値已大落。則是五千萬當已逾該省之最高額。但該省紙幣外府州縣行用尚希。苟妥爲分配。恐五千萬殊不爲多。今讓一步以四千萬爲最高額。又將內中一千萬之發行。推讓與各國民銀行。而該分行只占領三千萬。則該分行對於此三千萬之兌換券。但貯備一千萬之現金爲兌換準備。實已綽綽有餘。其餘二千萬皆可以保證準備充之。然廣東所發公債全數只得二千萬。而銀行以外之一般官吏人民需公債又甚夥。該分行欲不與民爭公債得乎。其相爭之結果如何。則必須將此二千萬之公債。讓出數百萬乃至千萬。供市場之用。而該分行則別購求中央公債。或他省公債。以補其缺額耳。然則廣東發公債二千萬。只患其少不患其多。其理亦顯而易見矣。或疑該分行一千萬之現款。從何處得來。答之曰。兌換券之吸收。其一也。公債之吸收。其二也。國庫租稅之吸收。其三也。蓋人民之欲得銀行兌換券者。不能無所持以爲易。或持新幣。或持生銀。或持廣東濫幣。而該分行之能吸收之以作準備等也。又該分行旣引受公債。遇市場有需要時。則善價而沽之。沽之則必易得現款。理所固然也。況該行代理國庫。而租稅所入之現款。又不少耶。夫以廣東偌大之市場。而慮千餘萬金之現款不能吸集。此杞人之憂耳。

今試如俗語所謂打窮主意者。擬一最謹愼之辦法。若畫一幣制條例旣公布施行後。能籌出三百萬元鑄成新幣。交與中國銀行。往廣東開分行。該分行初時僅發兌換券四五百萬元。隨時與新幣兌換。兌出百餘萬後。信用必大著。人民感新幣之利便。必將生銀陸續交來託鑄。銀行收到生銀。一面趕鑄。一面發兌換券以應之。

兩三月後所吸生銀及一二百萬。意中事耳。一面以生銀完納租稅者。政府亦依幣制施行細則收受之。而皆以存入於該分行所代理之國庫。如是則該分行準備金自厚。而信用日深矣。一面則政府發行公債。凡人民購買者。例須納三成五之現款。或三成五之中國銀行券。若其所納者爲現款耶。則固以存入銀行矣。若其所納者爲銀行券耶。彼固必以現款乃能易得銀行券矣。故銀行對於政府所發之公債。常得三成五之現款。以供準備。至易明也。而銀行又自出其現款。引受若干百萬之公債。所出現款四十餘萬元。即所購債券百萬元。然後應市場之需要。求善價而沽之。則百萬元之債券。可沽價七十餘萬元。其現款又增加矣。如是展轉相引。則吸集現款千餘萬。有何難事。廣東之兌換券既最少須三四千萬。乃能敷用。而銀行既吸收現款千餘萬。則其力自可以發三千萬內外之券。其所發之券。據法律所規定。既不得不求公債以充保證準備。而爲銀行計。將兌換券放出生息。亦莫如放諸公債。最爲穩固。故引受公債。又銀行之所最樂也。如是則消納二千萬元之公債。絲毫不費力。如是則一年之內。濫幣可掃除淨盡。而廣東政府仍可得七百萬元。以供行政費也。此七百萬元者即該公債所收三成五現款之數也此項最好貯之以爲減債基金若爲救急起見暫用作行政費亦可若用此法辦理得宜。則是用三百萬起本。益以二千萬之內債。一年之間。能收回五千萬之濫幣。確立兌換基礎。鞏固財政信用。且有餘裕以補行政費之不給。所謂合貨幣政策。銀行政策。公債政策。冶爲一爐者。此也。

（第五）或曰。此種公債。銀行及一般人民購買者。皆有利益。斯固然矣。而國家得毋受損害耶。曰名義上雖似有損害。實際上則無之。一時雖似有損害。永久則無之。蓋國家募集二千萬元之公債。實收現款僅七百萬元。而十年之間。共須攤還總數二千萬元。且每歲須納利息。其爲受虧。顯而易見。雖然。又當計紙幣落價。國家所受損失幾何。即如現款在落至七折計。廣東每歲收入三千萬。國庫已損失九百萬。積至十年。不已損九千萬耶。今緣還債而損千餘萬。以此例彼。渺乎小矣。況政府他日雖還此債。而市面利用公債之途已開。萬不容驟減其量。一面償還。一面卽須續募。政府雖欲不續募。人民不之許也。即如中國銀行之廣東分行苟將廣東公債償訖此後一債券不發彼從何處得保證準備物耶當彼之時。亦不過別發輕息之債。借換重息之債。以展轉變爲永息公債而已。故國家償還此債。誠若不免損害。然隨償隨借。亦等於無損害而已。夫今世各國之公債。何一非遵此道者哉。

（第六）或疑此項公債之利益如彼其厚。恐香港諸外國銀行購之以牟我利。此則尤不必慮也。夫此項公債售價雖廉。亦須七十七元之現款。乃能得百元債券。今之善後借款。磅虧保息之剝削。何嘗有七十七元之實收哉。然其監督條件之苛酷。則既若彼矣。若外國銀行願購我債券以增長我內債之價值。豈非善事。歡迎之不暇。何畏忌之有。

四

前節專就廣東一省立論。雖他省情形。未必盡能從同。然固不甚相遠矣。又一月前貴州戴民政長。因該省紙幣價落。人民恐慌。有電致政府求救濟。吾當時亦曾爲議一辦法如下。

一 中央發特別國庫證券四百萬。交與中國銀行。專備該行往開分行。整理黔省紙幣之用。分二年償還。息率五釐。

二 該證券分爲五十元百元五百元一千元之四種。

三　該分行持該證劵往黔發售。其條件如下。

(一)購劵者每百元交現金二十元貴州紙幣八十元

(二)持劵至滬漢渝分行。得抵押九成現金出售者許以九成以上之現金收買。

(三)償還期屆時由財政部抽籤委該分行按籤償還之

四　該分行初時用十成準備發兌換劵。俟現金吸集漸豐。以次減準備成數。但至少不得逾三分一之準備。

五　該分行兌換劵對於黔紙幣。初時照市價收買。俟其價漲至九成時。則以九成爲定價。使黔紙幣與該行兌換劵交換。限期換訖。

六　該分行於一年內借給一百二十萬與黔公署補充行政費。但黔公署須以債劵給之。

其理由如下。

第一此法在人民方面。極有利益。蓋黔民最苦者。越境買貨須用現款。今該證劵。能在滬漢等處抵押。或出售至九成以上。誠有如戴民政長所謂民必樂購矣。但必須搭收現款二成。蓋必得此然後可以充中國銀行分行之兌換準備。而整理乃有所憑藉也。夫紙幣現價每元僅值三錢內外。雖限以收二十元之現款購劵者。尚有大利。則於其樂購之心理。固不至減殺耳。

第二中國銀行極有利益。該行可以不持一文之資本。而往該省開分行。以推行其兌換劵。何也。蓋該行挾此四百萬之國庫證劵往黔。隨售隨得現款。四百萬售訖可得現款八十萬。卽對於所吸得之現款。以極謹愼之態度發行兌換劵。當所吸未滿十萬元時。嚴守十成準備之例。蓋信用未孚。恐兌換多而基礎壞也。所吸滿二十萬。則可以發券三十萬。滿四十萬則發券八十萬。滿六十萬則發券百五六十萬。滿八十萬則發券二百四十萬。以後雖所吸有增。其準備總不使在三分一以下。其遞增之率。所以如此者。非徒謂信用之當積漸也。蓋兌換券之供給。苟超過於其需要。則必紛來兌現。若無現可兌。其價斯落。今點幣價旣大落。卽其供給過於需要之明證也。若該行吸收現款至二十萬時。必國庫證券已售出一百萬。此一百萬中有點幣八十萬。該行卽銷燬之。不使復出現。而以本行兌換券三十萬代之。是市面上通行之幣。已減去五十萬元。故此三十萬元之兌換券。持來兌現者。最多不過十萬元而止。其餘二十萬必無來兌者。故該行所吸之現款。不至損去至半額也。而其兌換準備。總常在五成以上也。吸至四十萬而發兌換券八十萬。則其銷去之點幣。已百六十萬。而兌換券之補而代之者。僅得其半。則需要供給之差益相接近。持券兌現者。最多不過至二十萬而止。而其兌換券準備。仍在五成以上也。吸至六十萬時。國庫證券已銷三百萬。所收回點幣。已二百四十萬。於斯時也。點幣之在市面者。已不逾百萬矣。（據戴電稱發出三百餘萬）而發兌換券僅百五六十萬。合計僅二百五六十萬。點中所需要之幣。大約不能更下於此數。其勢持來兌現者。仍不能過二十萬以外。當此之時。以市面通幣稀少之故。所餘點幣一百萬。其價必漲至額面九成以上。當此之時。公署卽令以九成之價與中國銀行兌換券交換。銀行卽全承受之。共發券二百四十萬內外。而其所吸現款。已總在八十萬以外矣。以三分一之現款準備。而馭市面上求過於供之兌換券。則安有持來兌現者。卽有之亦不過一二十萬。其不足介意明矣。故中國銀行用此法。可以坐吸八十萬之現款。以供準備。而推行二百四十萬之兌換券。其利莫大也。

第三問者曰。滬漢等分行收證券爲抵押。且收買之。能無吃虧否。答之曰。凡來抵押者。銀行可用貼現法先收其息。是放款一最穩便之途也。就令彼不來贖。亦等於收買耳。此證券既爲財政部所發。政府於二年內分期必償。以九成內外之價格收買之。而一年數月後得十足償還。且有息五釐。銀行何不利之有。況所謂九成現款者。該商民不過欲得款在滬漢購貨耳。而中國銀行券在滬漢固可購貨。則給以兌換券。其樂受之。固與現款等。然則滬漢等行欲收買此項證券一百萬者。又豈必其須備足一百萬現款哉。故於該行營業之全局。決無影響也。

第四問者曰。該銀行從何處有餘力以借一百二十萬於黔公署耶。答之曰。該行發兌換券二百四十萬元。略計最少當有百五六十萬元。絕對不來兌現者。故將百二十萬元借與公署。易得公債以取息。其於公署固有益。於銀行亦有益也。夫銀行則將百二十萬之兌換券交與公署耳。公署用以發兵餉支官俸。而輾轉發出於市面。市面之兌換券。既供求適相劑。故此百二十萬常展轉流通於市面。而良久良久。不能復歸於銀行。故銀行將此數借與公署。良久良久。然後取償。決無害也。而公署得此。則本年內可以蘇息。而不必貽中央以協撥之累矣。

第五就中央一方面言之。則爲黔省負四百萬之債。兩年內須履行償還之義務。且須付息焉。謂之不吃虧焉。不得也。雖然。當知此種義務。實爲革命共和之代價。中央雖不欲擔負此義務。其安從逃避。夫以四百餘萬維繫全黔。其代價亦云廉耳。且四百餘萬之義務。以兩年分擔。苟中央財政稍有基礎。此區區者亦豈足道哉。況黔爲受協省分。已數百年。中央若不及今爲根本救濟。則遠者姑勿論。即如今年出入不敷之數。中央寧能坐視不顧。聽之釀亂糜爛。而乃出數倍之代價以戡定之耶。今用此法。則本年內黔省略可自給。而中央無復南顧之憂。其所得不已多耶。若能緣此而令黔省金融活潑。產業漸興。稅源日增。自此漸脫其受協之累。則四百萬之代價。其所獲之豐。又何可量也。

五

粵黔兩省。一為市場極廣闊金融極活動之區。他則反是。兩省辦法。雖不盡從同。然精神則歸於一也。雖推行時條理尚宜多所斟酌。然大端要不外是矣。苟中央政府主持於上。以精心果力行之。而地方官署悉能深會此意。毋相掣肘。安在其不可行哉。若終不可行。則其病固在治人而不在治法耳。

吾關於此事更有種種意見。俟得間續述。

擬發行國幣匯兌券說帖

竊惟數月以來中央財政雖漸蘇復。而彌縫挹注。為力已劬。比者歐禍蔓延。影響波及。關稅驟絀。磅價驟騰。商務既已滯停。借款且復斷絕。而內防匪亂。外保中立。軍費政費。視前有加無減。苟非得一臨時大宗之收入。則更閱數月。危殆將不知所屆。今欲求臨時收入。或議募集內國公債。或議推廣中國銀行兌換券。二者雖皆良法。然公債信用屢失。此次應募結果何若。尚難斷言。就令足額。然區區千萬。所濟幾何。銀行兌換券欲驟發多額。為事尤不易。蓋信用未洽。券或朝發而夕歸。匯水參差。券又南閡而北梗。强圖擴充。力寧易逮。且弊制為金融之脈。金融為財政之樞。今者硬幣既極糅紛。紙幣尤苦充斥。商民資本耗損無形。各省收入折閱餘半。不亟改絃。惟有坐斃。

而當茲境內彫敝。全球蜩唐之際。改革幣制。資金更安所出。此尤啓超職守所在。憂駭皇汗而不能一刻安者也。竊於困心衡慮之餘。求萬死一生之計。惟有發行國幣匯兌券一萬萬餘元。既可以拯目前財政之艱危。又可以樹將來幣制之基礎。謹擬條例若干條。施行細則若干條。資金運用規則若干條。恭塵鈞裁。冀備采擇。此項國幣匯兌券發行之理由。原爲國幣非可咄嗟鑄齊。故先發此以作代表。而發出之後。自能吸收生銀及舊幣。以充鑄幣原料。其特色在該券本身不爲兌現之規定。而匯兌於他地。則全國價格同一。不許申水貼水。其性質乃在銀行兌換券與不換紙幣之間。其優於銀行兌換券者。兌換券以兌現號於衆。據中國現在情形。非有七成現款準備。不足植兌換券之信用。欲發一萬萬元以上之券。事實上殆成絕望。且欲券之廣發。則分行分號。以多爲貴。而每一分行分號。皆須儲相當之現款準備。故其現款萬不能集中於一二處。又所兌之現。必須用成幣。不能用生銀。於短期間內欲成幣徧布國中。更屬萬難辦到。故啓超謂欲使中國銀行於一年內發券一萬萬。雖太公管仲亦所不能。今發匯兌券。既無立時兌現之義務。則發出時可以稍帶强制力。而匯兌既通於全國。尤有二三大市可以間接兌現。民既感其便利。現款亦可以集中。將來美國所謂準備市之制度。卽可實行。故性質雖與兌換券異。而實爲推行兌換之過渡法門也。其優於不換紙幣。且大異乎前此各省所濫發之紙幣者。不換紙幣全部始終不兌現。此則一部可以間接兌現。故其孚於民者較易焉。抑不換紙幣莫患乎與現幣生差價。苟能永不生差價。雖謂之絕無弊焉可也。各國不換紙幣之生差價。其原因惟一而已。曰濫發。我國現時各省紙幣之生差價。其原因有二。一曰濫發。二曰匯兌不通。夫以我國人口之衆。而現在所有各種紙幣。不過一萬五千萬元內外。謂爲供過於求。誰能信之。顧所最病者。省自爲界。甲省紙幣不能行於乙省。一出省境。須換現銀。現銀不敷。匯水斯漲。

甚則一省之中。甲縣乙縣。鴻溝閡之。紙幣屯積於一二都會。而外州縣或並媒介物而無之。萬方交病。職此之由。今但使有術能將各省紙幣在省內省外各地。彼此來往匯兌不生差價。則商民倒懸立解。歡欣將不可名狀。此而猶慮紙幣流通之窒礙。蓋理所必無矣。今國幣匯兌券之作用卽在是。故敢必商民之樂用而無拒也。雖然。此種國幣匯兌券其性質終與不換紙幣相近萬一濫發其病遂不可收拾故嚴立限制最爲要義重以我國財政未能統一。各省恆汲汲於自顧。故每省各定限額。而於券面戳印省名實爲不得已之辦法。今斟酌各省現存紙幣之多寡。哀益之以定其額。而全國總額以一萬五千萬元爲限。以人口比例計之。每人平均所占不及四角。比諸臺灣。每人平均用鈔券三元。尙不逮其六分之一。此實在必不兌現之限度內雖無現款準備而決無慮者也。誠能嚴守此限。則此種匯兌券決不至跌價啓超敢斷言矣。抑啓超更有所感者此次整理廣東紙幣費資金一千萬元而其結果不能留一文以增中國銀行準備之數。其所以致此者。雖原因多端。而幣制之不畫一。大洋小洋之比價無定。則其最重之原因也。據此次失敗之經驗。益知收回紙幣與整理硬幣不能分爲二事。苟不從幣制根本着想。通盤籌畫。而欲甲省乙省枝枝節節整理紙幣。雖備有萬萬之現款猶擲諸虛牝。況於司農仰屋如今日者哉今各省紙幣旣水深火熱。斷不容更爲坐視繞室旁皇。思索累日。覺拯救之計舍此末由若蒙俞允奉行得人。則此種匯兌券以半數足供整理鄂湘蜀贛等省紙幣之用。其餘半數吸集現款供新幣鑄費數月以後。新幣發行。並其餘利皆可展轉集貯國庫。以補一般政費之不足。則可以不借一錢而成改革幣制之大業。且經此戰亂。而財政基礎不爲動搖。一舉而數善備。斯之謂矣。一得之見。是否有當。伏祈鈞裁。

附 國幣匯兌券條例草案

第一條　政府當新國幣未能全數鑄成以前爲流通金融利便商民起見特發行國幣匯兌券一萬五千萬元以內

第二條　國幣匯兌券分爲百元五十元十元五元一元半元六種

第三條　國幣匯兌券除東三省別有規定外其餘各省發行不得過左列之定額

湖北四川各一千二百萬元　江蘇湖南各一千萬元　安徽江西浙江各七百萬元　直隸山東河南福建各五百萬元　廣東廣西雲南貴州山西陝西甘肅新疆各三百萬元　熱河五十萬元　察哈爾歸綏各二十萬元

右各省額數之增減須以大總統敎令行之

第四條　國幣匯兌券由政府委託中國銀行或其他殷實之銀行銀號發行之

第五條　國幣匯兌券代表國幣所含純銀及其鑄費之總値計每元合庫平純銀六錢五分四釐其各地通用平色有差異者將該平色折合庫平純銀後再折合之

第六條　中國交通兩銀行兌換券及舊有各官局所鑄發之一元銀幣准其以一元折合國幣匯兌券一元

第七條　新鑄國幣自五角銀幣以下各種對國幣匯兌券皆照國幣條例第四條以十進計算

第八條　市面通用之舊銀角舊銅元舊制錢舊紙幣准各照市價與國幣匯兌券兌換授受

第九條　凡在中國境內以國幣滙兌劵授受者無論何種款項概不得拒絕

第十條　凡持國幣滙兌劵向政府所委託發行之銀行銀號等託其滙往中國境內各地者除照營業規則收回滙費外不得申水貼水

第十一條　國幣滙兌劵政府於一年內將所鑄新國幣陸續兌換收回之

第十二條　本條例自公布日施行

附　國幣滙兌劵條例施行細則

第一條　國幣滙兌劵非經中央政府所委託之銀行銀號不得發行之（以下省稱發劵機關）

第二條　各地方行政官廳欲領取國幣滙兌劵時須將同額之現銀、交與發劵機關但經中央政府許可得先行領取按月以租稅所收現銀撥還之

第三條　凡有舊紙幣之省分各徵收機關所收之舊紙幣不得再行發出卽將該舊紙幣移交發劵機關照每月懸示之市價折合領取國幣滙兌劵發劵機關收存之舊紙幣鈐封保存待幣制局訓令處分

第四條　凡徵收機關所收舊銀角舊銅元舊制錢皆得照每月懸示市價交與發劵機關折合領取國幣滙兌劵

前項之舊銀角等應否再行發出隨時由各該發劵機關將情形詳請幣制局訓令處分

第五條　凡中國交通兩銀行有分行之地方人民持該地所發行之國幣滙兌劵換取該地該分行所發之兌

換劵者不得拒絕
兩銀行所收國幣滙兌換劵於每月末日結算將所收者繳回發劵機關兌取現金
第六條　凡人民持生銀向發劵機關換取國幣滙兌劵者須照條例第五條折合授受不得稍有增減
第七條　凡人民持舊銀角舊銅元舊制錢舊紙幣向發劵機關換取國幣滙兌劵者須照該地官廳所懸示之市價折合授受不得稍有增減

附　國幣滙兌劵資金運用規則

一國幣滙兌劵之收入作爲整理幣制資金之一部編入特別會計
二國幣滙兌劵發劵機關所收得之生銀及外國銀元編歸收入之部由幣制局指撥分交各造幣廠鼓鑄國幣
三該發劵機關所收得之舊銀角舊銅元舊制錢等由幣制局斟酌情形將一部分仍暫行發出將一部分收回改鑄其緣改鑄所生之損失編歸特別會計支出之部
四該發劵機關所收得之舊紙幣由幣制局收回銷燬之其所生之損失編歸特別會計支出之部
五該發劵機關移交之現款經由各造幣廠鑄成新幣後將所鑄各種幣照法定價格全數購買公債移交國庫其公債之利息編歸特別會計收入之部
六前條之公債由幣制局交與中國銀行保存之但得隨時售出吸收現金

良知(俗識)與學識之調和

本文所謂良知與宋明儒者所標舉論爭之良知有異。孟子曰。人之所不學而知者。其良知也。吾蓋直取斯義以定今名。蓋學識必待學而後知。此則不學而盡人能知者也。譯以今語。亦可稱爲俗識。以字義論本可稱爲常識但英文之Common Sense既已譯爲常識不容相混吾意則俗識與學識之調和即常識也　試言俗識（良知）與學識之異。例如以小石投水則沈。投以木葉則浮。此盡人所能知也所謂良知也。學識也而此兩種反對之現象。實有一原理以貫之。一者何。重力是已。明乎比重之作用。則知小石比水重故沈。木葉比水輕故浮。此即所謂學識也。苟並此學識而無之。驟叩以一拳之石何故沈。數萬噸之艨艟何故浮。有不能置對者矣。又如投蠟燭於水則熄滅。此俗識所能知也。投燐於水則爆燃。此非有學識不能知也。俗識與學識之異。大略如是。

此不惟理化學上有形之事物爲然耳。凡社會上一切事象。若倫理也。政治也。生計也。莫不有然。吾儕嗜紹興酒。酒既以紹興得名。則欲求良者宜適紹興。以俗識判斷之。鮮不謂爲至當矣。而事實乃大相反。欲求良酒。必在北京。次則上海。提壺以沽於紹興之市。則劣薄不能入口。幸而遇稍良者。則由北京或上海運往者也。專恃俗識之人。睹此事實。惟有咄咄稱怪耳。豈知實有生計上重要之原則支配乎其間。蓋凡物皆集於所需要之地。此生計學上一大原則也。銅元充斥之地。市面不見銀子。紙幣充斥之地。市面並不見銅元。凡居其地者所同見也。問其何以然。則非有相當之學識不能道也。晚清有革命黨。今日亦有革命黨。盡人所同見也。問其何以然。則非有相當之學識不能道也。義和拳起則家家束紅巾。聯軍入京則家家懸順民旗。革命軍起則競纏白布。國民黨解散則提燈祝賀。此四事者若絕不相蒙。且若適相反。實則主觀客觀兩方面。皆有同一之心理以爲之支配。有同一之作用以爲之感應。非有相當之學識不能道也。俗識與學識之異。大略如是。

俗識者。恃直覺與經驗之兩種作用而得之者也。學識者。恃概括分析與推定之三種作用而得之者也。例如磨剃刀使薄則犀利。平峻坂使紓則易登。此兩事者。由俗眼觀之。截然不相蒙。由學者觀之。則一事而已。卽物理學上銳其鍥子之理也。學問之天職。在分析事物而知其組織之成分。然後求得各種事物共通之點。概括綜合之。以尋出其原則。復將此原則推之凡百事物。所謂格物致知。所謂一以貫之者。於是乎在矣。是故見水沸而悟汽機。見蘋墜而悟地動。見牛喘而知失政。見幕烏而知軍退。皆俗眼所認爲絕不相蒙之現象。而能於其間得比較聯絡之關係焉。而天下古今之大事業。往往卽自茲出。學識之可貴。在此而已。

今之論人論事者。一則曰經驗。再則曰經驗。夫經驗誠可貴也。非經驗無以廣儲俗識。而俗識實學識所取資也。雖然。苟無相當之學識。而惟日日馳逐於經驗。則經驗之能致用者有幾。是故有萬不可犯之原則而貿貿然犯之者。有極易遵之原則而落落然置之者。故往往用心甚善。用力甚勤。而反招惡果。惡果相襲。猶不省覺。甚則歷受惡果之煎迫。猶不肯認爲自招也。今日中國政治上社會上一切現象。其循此軌者。何可勝道。嗚呼。遵俗識而蔑學識者。其鑑茲哉。

大抵一國之中流以上之人士。必須有水準線以上之學識。然後其國乃能自立於天地。今世國民敎育之要旨。此其一端也。然操一國之樞機者。據風行草偃之勢。趨嚮稍有偏畸。流弊卽不知所屆。中國學識之以貧乏爲病也。既非一日。而在今日而開口與人言學識。動則成爲非笑之資。嗚呼。吾謂天下事之可憂者。莫過是耳。

中華大字典序

歲甲寅。中華大字典將版行於世。其書凡二千餘篇。四百餘萬言。閱六寒暑而蕆事。與編校之役者。百數十人。可謂勤矣。書局主者陸費君伯鴻屬余爲序。余惟書契之作。肇自史皇。五帝三王改易殊體。封泰山者七十二代。靡有同焉。蓋命書之始。依類象形。其後形聲相益。乃謂之字。始皇焚書。古文熸焉。靡得言矣。秦時字書。李斯蒼頡。趙高爰歷。胡母博學。流衍當代。都其文字。纔三千三百耳。漢興三百餘年之間。古書稍出。相如子長揚雄班固之徒。綴述古籀。搜剔彝鼎。遞有增益。許君苴而合之。成說文一書。爲文九千三百五十。其於秦篆。殆三之矣。小篆既微。隸書攸盛。野王玉篇。祖述許書。寫爲隸體。升降損益。頗有異同。而分部悉合。故後世語小篆者宗說文。言隸書者稱玉篇。六書之指。略備於斯。夫史有闕文。見歎宣聖。嚮壁虛造。鴻生所譏。後有蔑舊藝而善野言。摭俗書而亂古誼。斯則許君所謂未覩字例之條而翫於所習者也。欲以袪謬誤。達神恉。不亦悖乎。有明一代。小學放絕。梅氏字彙。張氏正字通。獨行於世。其建立部首。間出己意。嗜古之士。羣焉訾謷。以爲分合乖宜。復傷蕪雜。夫六書八體。今昔殊形。由簡之繁。久而愈賾。繩以舊列。詎可盡通。必執古以例今。膠柱而鼓瑟。斯亦未免高論矣。清初康熙字典。分別部居。獨取正字通條例。殆有見也。茲編匡俗正謬。遠稽舊文。名物訓詁。時標新解。下至域內方言。海邦術語。兼搜博采。致資研索。倘所謂淩越前賢以述爲作者耶。抑猶有進者。近代詞典。月異日新。博贍精宏。詞事並著。東西學生。循是形聲文字之原。以漸通夫天地人物之故。而周知當世之務。豈止廣知識備遺忘已哉。陸費君沾溉學者。宏願靡涯。然則是編之作。殆猶大輅之椎輪已耳。

麗韓十家文鈔序

韓之遺民金澤榮。最錄其國先達之文之雅正者。命曰麗韓九家文。以貽其友王性淳。王氏復益以金氏所作爲十家。家寫一篇。而介張季直先生以請序於余。余常以爲凡論詩文。非讀全集。不能有所評隲。僅此十篇者。不足以見十家造詣之所至明矣。不足以見彼都文運升降之跡益明矣。然吾讀此而歎彼都固嘗大有人在。卽此十篇者。而其士夫所蘊蓄所宗尚所詒播。蓋可見也。夫國之存亡。非謂夫社稷宗廟之興廢也。非謂夫正朔服色之存替也。蓋有所謂國民性者。國民性而喪。雖社稷宗廟正朔服色儼然。君子謂之未始有國也。反是則雖微社稷宗廟正朔服色。豈害爲有國。國民性何物。一國之人。千數百年來受諸其祖若宗。而因以自覺其卓然別成一合同而化之團體。以示異於他國民者是已。國民性以何道而嗣續。以何道而傳播。以何道而發揚。則文學實傳其薪火而筦其樞機。明乎此義。然後知古人所謂文章爲經國大業不朽盛事者。殊非夸也。今歲歐洲大戰。有胎禍之一國曰塞爾維亞者。世所共聞也。此國之亡。嘗七百年矣。距今百年前。乃始光復舊物。漸得列於附庸。今乃攘臂與世界一大名國戰。而勝敗尚在不可知之數。彼獨非世之鮮民也哉。而至竟若是。吾嘗稽其史乘。知其人尊尚其先民之文學也至深厚。因文學而憶記其先烈。而想慕之。而謳歌之。而似續之。不復其初焉而不止也。豈惟塞爾維亞。希臘也意大利也德意志也。皆若是已耳。夫生爲今日之韓人者。宜若爲宇宙間一奇零之夫。無復可以自效於國家與天壤。顧以吾所持論。則謂宇宙間安有奇零人。人自奇零而已。苟甘自奇零。則當世名國中奇零之人又豈尠。獨韓人也歟哉。然則金王二君之志事。於是乎可敬。而十家文之鈔輯。於是乎非無用矣。

甲寅除夕中華梁啓超序

送一九一四年

語有之天道十年一小變百年一大變豈不信哉今也鐘鳴漏盡一九一四年則既逝矣而戰雲方瀰漫於半空此世界中最莊嚴璀璨之域今乃原野厭肉谿谷飫血不祥之年未有過於今年者也回溯百年以前之一八一四年彼絕世怪傑拿破侖正覆軍於墨斯科全歐各國倡同盟聯軍遂陷巴黎拿翁遜位即是年也更回溯二百年以前之一七一四年北之則有所謂北歐戰爭俄羅斯與瑞典爭霸瑞王查理十二世且煽土耳其以與俄爲難當時之交戰國則俄也瑞也丹麥也波蘭也芬蘭也土耳其也南之則有所謂南歐戰爭因西班牙王位嗣續問題干戈久結不解其交戰國則法蘭西也普魯士也奧大利也英吉利也荷蘭也而拉斯迭 Rastadt 與巴典 Baden 兩條約之成立即是年也蓋二百年前之今日全歐之民皆執干戈以立於野猶今日也而俄普兩國之國基遂自茲確立且俄土之爭始發軔遂爲東方問題之導線貽禍及於今茲百年前之今日全歐之民又皆執干戈以立於野猶今日也而遂以開百年來世界之局今歐洲列國疆域大率皆百年前戰後所畫定也嗚呼彼蒼者天豈其慮斯世之民平和既久習於媮惰而於一定之期間思所以鞭策之豈其疾斯世之民機詐日出罪孽多積而於一定之期間思所以淘汰之將毋慮吾儕讀史者不便記憶而於相距離一定之期間內必發生一驚心動魄之大事使得爲講談之資也吾儕以學者之眼光論世事誠不敢如俾倫哈的 Bernhardi 將軍所主張謂戰爭爲萬善之根原（俾倫哈的將軍德之名將而邃於史學及哲學者也一九一一年著一書曰「德國

與將來之戰爭」Deutschland und nächste Krieg 近三年內世界第一怪書也。彼言戰爭爲一種神聖事業云）然事勢既迫於無可逃避之時。則以戰爭爲一種淸潔治療之醫術。良不敢絕對的認爲罪惡。而每經一次絕大戰役後。必能爲世界史創一新局。或且開百數十年之治。由此以談。今年雖曰不祥之年乎。而莫大之祥。或播種於是。吾烏乎知者。

更以吾中國人之史眼論之。今年甲寅。爲當西歷一九一四年。因歐戰而禍延青島。逆溯前十年爲一九〇四年甲辰。則日俄戰役也。前二十年爲一八九四年甲午。則中日爭高麗之役也。前三十年爲一八八四年甲申。則中法爭越南之役也。每越十年而必有一大事予吾儕以莫大之激刺。若日月運行。躔軌不忒焉。天其或哀吾國民之酣睡偷安。懨懨近死。而思所以震而起之者。而吾儕讀史固已足增無限之低徊感慨。而益起其後顧茫茫之思。嗚呼。自世界有史以來。其爲百年者能幾。人生一世。其爲十年者能幾。吾送此一九一四年。吾乃不知歌哭之奚自也。

嗚呼。一九一四年往矣。一陽萌動。瞬已明年。百年前之明年。則維也納會議之年也。十年前之明年。則樸思茅條約 Portsmouth 之年也。二十年前之明年。則馬關條約之年也。其殆「四」之年恆爲戰爭之年。而「五」之年恆爲平和克復之年。然則此平和神當值之一九一五年。吾儕將於萬爆聲中歡迓之矣。

余之幣制金融政策

敍言

吾不嘗告當世之言論家勸其勿浪費光陰筆墨以商榷政制討論政策耶曷爲復有斯文吾一年來所經歷義當一報告也自吾居東時好扼腕論天下事輒以爲中國救亡圖强之第一義莫先於整理貨幣流通金融謂財政樞機於玆焉麗國民生計命脈於玆焉託也去歲在政府曾屢有所建議然大難甫戡百事未遑重以籩豆司存庖俎難代故僅參末議以成所謂國幣條例及國幣條例施行細則冀爲設施之依據云爾未幾承乏幣局頗奮然思有所以自效其間與各地方事實相接既多每有觸發以增其所信竊自謂所孜孜規畫尙不謬於學理不遠於情實雖然吾竟一無所設施以至自劾而去而局亦隨之而撤吾之政策適成爲紙上政策而已若問曷爲不能設施則吾良不知所對吾惟知吾才力之不逮已耳顧吾所能信者中國若荷天之庥不至滅亡則後之當斯局以成斯業者其於吾所規畫恐不能大有出入吾惟祝此規畫不待至異域之人代我行之斯國家無疆之福也夫以吾之搖筆弄舌以論此項政策者垂十年今亦終於筆舌而已則夫政策論之在今日其價值能幾蓋可想見豈惟幣制凡百皆若是耳故吾益勸世之言論家毋爲費此光陰也

著者識

一　吾曷爲不討論本位問題耶

歐美日本諸國數十年來貨幣政策之爭議則金本位銀本位複本位匯兌本位等其最大之問題也吾國議更幣制已逾十年而尺璧寸陰亦半爲此問題而虛費鄙人疇昔固主張行金匯兌本位而於極短之期間內以銀本位爲過渡者也（所說具見國風報）及民國初建政府有借外債六千萬鎊之議吾在海外不知情實以爲可成乃主張

遂行完全之金本位。以所借金之一部分。寄頓歐美市場。若日本所謂「在外正貨」者然。其一部分則充中央銀行之準備金。而金幣鑄本亦取之於是。當時有財政計畫意見書由共和建設討論會刊布及此項借款不成。吾已不敢復持斯說。則還歸於數年前所主張而已。一年以來。頗聞國中人士或相責備。謂何故不主張用金。而徇俗用銀。為苟且之計。嘻鄙人雖極闇陋。當不至並金銀本位之利害而無所聞知。吾今惟得以數語告彼相責備之諸君子。公等試思。此種苟且一時之銀本位制。今尚成為紙上政策。而況夫碩畫之更進於此者哉。今且勿為浮談。吾見主張用金派之最急進者。至謂無須資金。即可以一躍而成金本位。進步黨某黨員所提案由黨中認為黨議吾未列席討論不知其詳也新自外國歸者驟觀其說固若持之有故。言之成理。若以質諸鄙人耶。則竊以為持此說者。未免過信國家法制之力之偉大。而忘却社會心理之力之尤為偉大。凡此類之急進派。其計畫雖有異同。而其受蔽之原則一也。大抵改革幣制。其運用之妙。全恃銀行兌換券。此稍治國聞者所能共知也。蓋兌換券既能劑市面之供求。則其中必有一大部分不來兌現。而此不兌現之部分。即可以節省硬幣。而其資金得騰挪之餘地。其改革時之鑄本。即可於茲焉取之。吾所謂改革幣制不必須過大之資金者以此。彼急進派並無資金而可以行金本位者。則亦以此。雖然。兩說固有間矣。夫銀行兌換券之通行。雖深賴國家法制為之後援。而終以社會信用為之基礎。信用烏乎立。立於能兌現而已。誠能兌現。則來兌者自希。兌者稍艱。則來兌者且相屬。雖以歐美諸國信用久立之中央銀行。使一旦準備薄弱。其信用猶將驟落。況於我國尚無中央銀行其物者哉。今使談改革幣制者。而毅然敢以不換紙幣為過渡之手段。則用金用銀。洵無所擇。今既不能。而假途於兌換券。則必券能廣發。效用乃生。欲券之廣發。惟兌換無阻。始能致之。既用金而發金券。斯不能無相當之金幣以充準備。此至淺之理也。我國今日非有莫大之金借款。則從何處得金者。（雖有金借款然能得金與否仍一問題也）無相當之金準備而發金券。其結果則金券成爲不換紙幣而已。而論者或曰。金券與銀券並發而特銀爲準備。則吾欲還質之。銀之行使有限制耶。無限制耶。苟無限制。是複本位而非金本位也。複本位之覆轍彰矣。吾何爲蹈之。苟有限制。則銀券安能多發。兌換券之什九宜皆金券也。以多數不換之金券與少數兌換之銀券並行。則金券之價值。非落至與銀幣所含銀之實値相等不止。而銀價變動。金券價且隨而變動。是安能享用金之利。徒紊幣制系統而已。夫日本苟非得甲午償款。其改金計畫未易就也。俄奧改金。皆仰外債。彼諸國者。人口之多不逮我。所需貨幣之數自少於我。其中央銀行久立信用久著。其兌換準備雖薄於我而不爲病。然一改革間所需資金。則既若彼。今我財政狀況若此。而曰咄嗟得成金本位。鄙人不敏。不得不驚怖其言。以爲河漢無極也。吾以爲中國今猶是無貨幣之國也。吾儕但竭吾才焉。使之進爲有貨幣之國。則國與民之受賜。抑已多矣。日夢想於力不能逮之金本位制。以消磨時日。非知務者也。夫誠能進爲有貨幣之國。則他日改完全金本位制。雖須待時機。而改金匯兌本位制。則隨時皆可。今當改革伊始。常留意以作彼時之預備。斯亦足矣。此種計畫。吾數年前卽主張之。至今未嘗變也。

二　國幣條例及其施行細則之要點

去歲春間。頒布國幣條例及施行細則。此兩種法令。與其謂之爲謀改革幣制。毋寧謂之爲謀整理幣制。蓋純屬過渡時代之精神也。今錄以備考。

國幣條例

第一條　國幣之鑄發權專屬於政府
第二條　以庫平純銀六錢四分八釐爲價格之單位定名曰圓
第三條　國幣種類如左
　銀幣四種
　　一圓　五角　二角　一角
　鎳幣一種
　　五分
　銅幣五種
　　二分　一分　五釐　二釐　一釐
第四條　國幣計算均以十進每圓十分之一稱爲角百分之一稱爲分千分之一稱爲釐
第五條　國幣重量成色如左
一　一圓銀幣　總重七錢二分銀九銅一
二　五角銀幣　總重三錢二分四釐銀七銅三
三　二角銀幣　總重一錢二分銀七銅三
四　一角銀幣　總重六分銀七銅三
五　五分鎳幣　總重七分鎳二五銅七五

六　二分銅幣　總重二錢八分銅九五錫百之四鉛百之一

七　一分銅幣　總重一錢八分成色同前

八　五釐銅幣　總重九分成色同前

九　二釐銅幣　總重四分五釐成色同前

十　一釐銅幣　總重二分五釐成色同前

第六條　一圓銀幣用無數限制五角銀幣每次授受以合二十圓以內二角一角銀幣每次授受以合五圓以內鎳幣銅幣每次授受以合一圓以內爲限但租稅之收受國家銀行之兌換不適用此種限制

第七條　國幣之型式之敎令頒定之

第八條　各種銀幣無論何枚其重量與法定重量相比之公差不得逾千分之三各種銀幣每一千枚合計之重量與法定重量相比之公差不得逾萬分之三

第九條　各種銀幣無論何枚其成色與法定成色相比之公差不得逾千分之三

第十條　一圓銀幣如因行用磨損致法定重量減少百分之一者五角以下銀鎳銅幣因行用而磨損減少百分之五者得照數向政府兌換新幣

第十一條　凡毀損之幣如查係故意毀損者不得强人收受

第十二條　以生銀託政府代購一圓銀幣者政府須應允之但每枚收鑄費庫平六釐約純量千分之九强

第十三條　本法施行之期日以敎令定之

國幣條例施行細則

第一條　凡公款出入必須用國幣但本條例有特別規定者依其規定

第二條　舊有各官局所鑄發之一圓銀幣政府以國幣兌換改鑄之但於一定期限內認為與國幣一圓有同一之價格

右期限以教令定之

第三條　市面通用之舊銀角舊銅元舊制錢政府以國幣收回改鑄之但於一定期限內仍准各照市價行用

前項舊幣用以完納公款時每月內各地方公署懸示市價收受之其市價以前一月該地方之平均中價為標準

右期限以教令定之

第四條　市面通用之外國貨幣准適用前條之規定

第五條　凡以生銀完納公款或託政府代鑄國幣者以庫平純銀六錢五分四釐折合一元其他種平色之生銀各依該地方原平色折合庫平純銀計算之

第六條　凡公款出入向例用銀兩計算者一律照各該處銀兩原收原支平色數目依第五條所規定改換記算之名稱但向例用銅元制錢或他項錢文者又由錢文折合銀元者由各地方公署按照收支實數呈報財政部核准折合改換計算之名稱

第七條　各項賦稅稅率依第五第六第七條所規定將實徵數目以釐爲斷釐以下用四捨五入法別爲表率布告之

第八條　凡民間債項以銀兩計者依附表所規定折合國幣改換計算之名稱其以舊銀角舊銅元舊制錢或他項錢文計者依第七條所規定折合國幣改換計算之名稱

凡未依本條於券契上改明計數之名稱者嗣後如有爭訟即照本條例公布日之市價作爲標準判斷之

第九條　凡在中國境內以國幣授受者無論何種款項概不得拒絕

第十條　凡違犯國幣法第四條及本細則第九條者准有關係人告發經審實後處以十元以上千元以下之罰款

官吏及經管官營事業人有犯前項事情時經同一程序後處以五十元以上三千元以下之罰款

第十一條　本細則施行之地域及期日以敎令定之

此條例及其施行細則之要點略如下。

其一　條例第一條「以庫平純銀六錢四分八釐爲價格之單位」云云。不以每圓之總重量算。而以每圓所含之純重量算。以定價格之標準。而正貨幣之觀念也。將來權度法公布後。庫平與格林姆有一定之比例。則我一圓當倫敦銀市若干盎士。可以直接折合。毋須假手於規元矣。

其二　條例第三條所列國幣種類。其銅幣有五釐二釐一釐之三種。蓋緣現在通行銅元省分最小之交易媒介物爲一銅元。零碎買賣滋爲不便。將來新幣施行。此現象若徧及全國。恐强迫人民生活程度日趨於高奢修之風日長。小民不勝其敝。故設此三種以爲調節也。

其三　條例第五條規定五角二角一角之三種銀幣。其成色皆爲銀七銅三。與一圓銀幣九一之成色相差頗遠。蓋輔幣之法價高於實價。本爲普通原則。此不用八二成色而用七三者。預備將來行金匯兌本位時。將一圓銀幣廢去。而擴充五角銀幣之行使制限。其時所定金銀比價大約應爲一與三十二之比。七三成色。則雖銀價漲時。此項通用幣尚能保護。不至流失。若行完全金本位制。則保護輔幣亦同斯理也。

其四　條例第六條。五角銀幣與二角一角銀幣之行使限制有區別者。欲以養成用五角幣之習慣。使將來改本位時。易弘其用。當時亦有人提議擴其限爲五十圓。所以不採者。毋使妨一圓兌換劵之流通也。

其五　條例第十二條。采自由鑄造主義。蓋既暫用銀爲本位。本位幣之性質宜如是也。然若不取鑄費。則非惟國家造幣損耗太鉅。現在市面各種通用銀元。其價格猶在所含純銀之上。國幣以純銀算。不能平彼之價。欲收回舊銀元改鑄。窒礙滋多。故薄收鑄費實不容已。所以定爲六釐者。六錢四分八釐之純銀加以六釐鑄費。共爲六錢五分四釐。約合天津行化銀六錢九分强。合上海規元銀七錢一分强。與現在通用銀元市價最相近。得因之爲整理之資也。

其六　施行細則第一條規定公款出入必須用國幣。蓋政府爲國內生計主體之最大者。有此强制規定。則國幣勢力自優越。可以壓倒其他舊習沿行之媒介品也。

其七　細則第二條規定舊鑄一元銀幣。得於一定期限內認爲與國幣一圓有同一之價格。此條實爲此次計畫之最要點。亦與大清幣制則例最異之點也。蓋欲施行新幣。非有相當之新幣在市場以資流通。則從何著手所謂相當者其數若何今雖驟難確指卽以全國人口半數推擬之（卽每人需用貨幣半元也）亦須二萬萬元乃能敷用若待鑄足二萬萬元然後推行耶則（第一）從何處得此巨款以充鑄本（第二）現計合全國各造幣廠之機器能力若精製國幣每日僅能成四十萬元（實則並不能及此蓋機器已多窳敗也）欲鑄成二萬萬最少當期諸兩年以後（第三）就令得此鑄本而將爾許現銀死藏之經兩年之久則生計界之蹙迫當何若者及其鑄成而發出也市面驟增現銀至二萬萬之鉅則生計界之擾亂又當何若者故待鑄足相當之數乃始發行天下斷無此辦法反是則隨鑄隨發耶現在各地市面上之交易媒介物樊然雜陳生銀也龍洋也鷹洋也小洋也銅元也制錢也其平色種類不可紀極莫能相統每日鑄出區區四十萬元之新幣散在市上則狂瀾中之一漚而已安有力以爭勝於彼等彼等既各自爲市價新幣既出則於無數種類之市價中復添一種焉徒益其擾則何爲者若曰任彼與舊幣各自爲市價但使所鑄日多久之而其勢自大則可以全奪舊幣之席（前清幣制則例立法之意殆卽採用此法）此亦或然然此恐非期成於十年後不可試問今日時局安能從容待收穫於十年後者況乎用此種純任自然之辦法其吸收舊銀元之力極薄弱中間恆不免自騰貶其價以求操縱市面而不知不覺之間遂反爲市面所操縱雖期以十年而目的能達與否吾猶不敢言耳或曰國幣不限於硬幣也兌換券可以代之雖相當之硬幣未能鑄成庸何傷者應之曰斯固然也吾前假定相當之數爲二萬萬亦正恃有兌換券以代用耳不然安有平均一人僅有半圓之主幣而能敷用者雖然當知兌換券之作用純屬代表作用而已欲兌換券信用確立其第一義須使彼與其所代表者能隨時互兌欲兌換券畫一通行其第一義須使彼所代表者專屬一種幣而其價格常固定非是則欲兌換券之推行不可得也今問我國現在之兌換券所代表者爲何

物代表龍洋耶。不然。代表鷹洋耶。不然。代表生銀耶銀角耶銅元耶。更不然。蓋各種皆可借之以作代表。實則無一種焉能代表。質言之。則代表各該市場之通用銀元而已。通用銀元。市市不同。故同一銀行所發之兌換券。其所代表之物。亦市市不同。諸君不見中國交通等行兌換券。其券之兩旁。皆印有北京上海天津等字樣乎。蓋京券不能行於津。津券不能行於滬也。問其曷爲必如此。彼在津則代表津之通用銀元。在滬則代表滬之通用銀元。而津滬銀元價格懸絕。彼欲不如此。安可得也。以市市不相通之兌換券而欲其廣發。安能致者。又問兌換券所代表者爲何種價格乎。易而言之。則吾今持一圓兌換券一枚。吾所持者究爲銀幾錢幾分耶。是又不能對。(在他國則可立對矣例如持日本一圓券一枚可答曰此金二分也持美國一打拉券一枚可答曰金一格蘭姆六六零也此無論何時皆不變者)夫不惟京津滬等所代表各各不同耳。即以一地論。且時時刻刻不同。例如在滬持券一枚。今日代表規元七錢一分者。明日或代表七錢三分。再明日或代表六錢九分。諸君不見各銀行之定期存款。多有不肯存銀元而改存銀兩者乎。豈不以銀元對銀兩之價常變。而銀兩對銀兩之價常不變也。以日日價格無定之兌換券而欲其廣發。又安能致者。然則欲使兌換券廣發。其道何由。第一。當使所代表者專屬一物。而無市市之參差。第二。當使所代表者價格固定。而無日日之變異。(此言夫對內耳若對用金之外國則銀價固日日變動矣故欲求圓滿之幣制非進至用金本位不可也)然則若何而始能致此。曰是甚簡單。卽兌換券專代表國幣。不代表他物。而國幣全國同一。其價格常爲庫平純銀六錢五分四釐也。(並鑄費計)夫既曰代表國幣。則有持券來兌者。必須立能出國幣以予之。欲發券一萬。最少亦須備現幣三千。此不易之理也。今欲借兌換券以推行國幣。試計須發券若干。始能推行有力者。此必非區區三二千萬所能爲力明矣。而欲鑄成三二千萬之國幣。以供彼券之兌換。所費時日既不少。而當此新幣在市場未有勢力之時。彼兌換券與其代表新幣。毋寧代表各該地之通用銀元。反較爲易發。如此。則雖欲利用兌換券以推行幣制。果何術能利用者。故今日改革幣制之第一著。惟當思設何法能使全國兌換券得畫一。其所代表而其所代表者。立有實物以資互兌。能辦到此著。則一切迎刃而解。而施行細則第二條。卽解決此問題最簡易之法也。據民國三年四月所調查。則全國各廠歷年所鑄出之一圓銀幣。共二萬萬一千二百七十六萬八千五百九十枚。雖其間不能無熔毀消失。而現流通於市面者。總應有什之七八。細則第二條若行。則彼與新鑄之國幣。同能爲兌換券之代表。是供兌換券互兌之資者。立可得二萬萬也。難者曰。子言何太易。此二萬萬舊銀元。通行於各市面者數十年。其價各各不同。市市不同。日日不同。今欲以條例中數字之效力。認爲同價。價之由異而同。顧若是其易乎。答之曰。吾絕非謂條例能有此效力。然條例之實行。必賴有機關之動作。以爲之表現。而機關動作。苟能適用生計學之原則。而因勢利導之。則效力之生。固可操券。譬有甲乙丙丁四物於此。持同一分量之甲物以適市。隨時可以易得同一分量之乙丙丁等物。持同一分量之乙物以適市。隨時可以易得同一分量之甲丙丁等物。持丙物丁物亦然。如是。則此四物之市價。猶有不平者乎。必無有也。今假命一圓國幣爲甲。庫純六錢五分四釐生銀爲乙。一圓兌換券爲丙。通用舊銀元爲丁。使此四物者。任持何物。皆得與其他三物互相兌換。而以中央銀行及造幣廠爲其平價之機關。則欲使之常畫一。何難之有。（甲乙丙三項總永遠能互相兌換。幣制所以能維持。兌換券所以能通用。全賴乎此。其丁項則依國幣條例施行細則所規定。惟在一定期限內暫行耳。）夫使舊銀元價格之本質。與國幣相懸絕。或其現在市價與國幣相懸絕。則無論若何强制。終不能使之平。如巨屨小屨之不能同價也。今也不然。彼各種舊銀元相互之差價不過二三釐耳。其與國幣法價之差。亦不過二三釐耳。若政府能忍受極微之損耗。則取而平之。其勢甚順。條例所以定鑄費爲六釐。則亦取其與現在市價最相近。故勞費少而穫實豐也。嘗概算現在市面所有大銀元。（專據各廠歷年鑄數言其間有消失鎔毁則數固當減）若悉取而改鑄之。則政府所損約六百萬內外。（計算別詳下節）然改鑄非能驟也。悉數改完最速亦期以兩三年。以此六百萬攤諸兩三年數甚微也。當改鑄未徧之時。認爲與國幣有同一之價值。此二萬萬舊銀元。中固有成色甚足本與國幣有同一價值者。此不待强制而自能同價。固無待言。其他成色較低者。就法理上論之可認爲公差太大。（國幣條例第八第九兩條規定公差）謂其宜從速改鑄。則誠然。謂未改鑄以前不能成爲合法之幣。斯不然也。故據施行細則第二條所規定。當施行伊始。先鑄成若干精良之新國幣。使其法價確有信用。卽以銀行兌換券爲之代表。而此二萬萬舊銀元者爲之援助。一面施行新制。一面卽發全國統一之兌換券。凡持券來兌現者。初時則新國幣與舊銀元錯雜兌給之。兌換券所吸收得之舊銀元。則擇其成色最低者先行改鑄。其不甚低者。則留以充準備。如此則一年數月間市面低成色之銀元漸絕跡。其尙存者。雖花紋與新國幣不同。而成色幾與新國幣無別。則雖不改鑄亦可矣。故利用此二萬萬元而平其價。則一舉而使全國兌換券得畫一。其所代表。而其所代表者。立有實物以資互兌。故曰推行幣制簡易之法莫過是也。

其八　細則第二條所規定。限於舊有各官局所鑄發之一元銀幣。其第四條處理外國貨幣。不適用第二條之規定。而適用第三條之規定何也。（第二條所規定則准照國幣法價以行用第三條所規定則惟准照市價行用也）夫外國貨幣。亦有大元。其成色分量亦與國幣相去不遠。若一併認爲法幣。豈不更省力而多得現幣以資兌換耶。答曰不然。各官局所鑄發者。鑄否之權操諸我。當施行幣制前。必先將舊模悉行禁鑄。故舊銀元供給之路永絕。政府乃得操縱其價而平之。若外國貨幣而亦賦與以此法價。則彼將源源而來。供過於求。而市價之落無可挽。則政策根本破壞矣。且當行此政策時，政府原忍受若干之損耗。對於舊官局所鑄，其成色低者，政府應負貼本改鑄之義務，對於外國貨幣，則不容負此義務也。

其九　細則第三條市面通用之舊銀角舊銅元舊制錢等，當未改鑄以前，只准照市價行用，而不定其法價者，何也，此諸物者其市價與國幣條例所定法價相去太遠，例如小銀角本宜以十角當一圓，今則須十一角餘矣，銅元本宜以百枚當一圓，今則百三十四枚矣，差額之鉅既若是，欲以法制之力强遏其價，終不可得，卽强而得之，而市面之擾亂，且不可紀極，故惟有別鑄全副新輔幣，不使與舊者相蒙，而舊銀角舊銅元，則以次收回改鑄之，俟所收既多，其市價漸與法價相近，則或一舉而定價收回之，或留其一部分，使與新輔幣並用，而賦予以法幣之性質，皆無所不可也。舊銀角舊銅元等若逐漸收回，至於其市價已近於十進，則將所未收者逕認爲法幣，本無所不可，惟舊鑄者技術形式太惡劣，易於贋造，故仍以悉數收回爲宜也。

以上諸點，皆此次幣制條例之特色，其餘與前淸幣制則例從同者，不備舉也。

三　重量問題之波折

國幣條例方頒，幣制局方設，正商搉所以實行之法，而重量問題忽發生，實爲斯業挫折之第一步。重量問題者何，卽所謂一兩與七錢二分之爭是也。在前淸爲一大公案，爭論未息，而宗社已墟，蓋我國朝野上下，昌言改革幣制，閱十餘年，學界則爭本位問題，老輩則爭重量問題，而此十餘年之光陰，遂盡擲虛牝矣。條例既頒，謂異議當可盡息，而去年三四月間，政府一部分人復有倡以兩爲單位之議者。夫重量之大小，在貨幣論中本不成爲重要問題間有論及者不過曰觀瞻孰美取攜孰便而已而我國老輩之齦齦然致爭於此者則謂吾國歷古以來皆以兩爲計算之單位卽至今日其用元者不過沿江沿海數省耳內地尙大半不知銀元爲何物故爲便習起見宜使所鑄新幣其重量與其價格皆適爲一兩則可以省折合之繁難與人民心理適應而推行自易此其所主張惟一之理由也雖然有數事焉爲此派諸賢所忘却者

一　忘却純銀不能鼓鑄成幣必須攙以一成以上之銅今若鑄總重量一兩之幣耶攙銅一成祇得實銀九錢安能命爲一兩若鑄純銀一兩之幣而外加銅一成耶則其重量已一兩一錢有奇矣此藝術上原則所限制無可逭避而論者忘却之務欲求重量與價格同一而不知此乃必不可得之數也

二　忘却中國各處通用之秤並非一律例如庫平一兩合京公砝平一兩零三分六釐天津行平一兩零三分四釐南省漕平一兩零二分一釐以此推之各省各市其種類不下百數十謂鑄庫平一兩之幣卽可斬截畸零以省折合之繁難蓋昧於事實耳

三　忘却現在內地之交易媒介物非惟銀元極少用卽銀兩亦極少用最通行者銅元與制錢耳若爲遷就舊習起見與其廢元用兩不如廢銀本位而用銅本位試問此尙能成爲幣制否是故謂元難推行則兩亦難推行謂兩可推行則元曷爲不能推行蔽莫甚矣

四　忘却用兩之省分雖多而用元之省分亦已不少且用元省分皆爲商務繁盛之區其左右生計界之力甚偉大彼方面之習慣固當顧全此方面之習慣又豈可忽視强彼就此誠或難强此就彼又豈獨易

五　忘却欲推行新幣須有現幣若干乃能有勢力以左右市場據吾所策最少須有二萬萬枚以上欲將二

萬萬枚之幣。悉數鑄成。同時發出。國中何處得此閒銀二萬萬兩。

六　忘却歷年各廠所鑄七錢二分之幣。已有二萬萬元。今悉廢不用。何道以處置之。

七　忘却中國交通兩銀行所發之兌換劵。皆用以代表市面通用銀元。今若國幣改爲一兩。則此種兌換劵何術收回。萬一人民因此種代表銀元之劵。已失其爲法幣之資格。紛紛持來兌現。何以應之。而重新印刷代表一兩之兌換劵。其所須時日幾何。（現本國不能印刷精良之兌換劵。皆定購於外國。欲印成一萬萬枚。非閱時甚久不可。）

此諸端者。皆極淺顯之事實。而論者遂爾忘却。輒堅持不肯相下。其實吾儕之主張六錢四分八釐。豈其謂按諸學理非此不可者。重量大小。原不成問題。而國幣條例所規定。不過就已成之事實。因勢而利導之耳。吾爲爭此問題。已不知頭痛幾度。由今思之。亦良覺其可笑。其後有以調停之說進者。吾見其朝四暮三。無關宏旨。苟不與條例精神大悖。則漫應之云爾。今幣制之議。亦既閣置矣。吾更何必曉辯。雖然。吾深慮他日若再有提議幣制之時。則此問題或且復燃。又不知費幾許光陰。始能解決。吾故不惜詞費。述吾此番經驗之歷史。而將吾所持論。爲後之人告也。

四　中國現在無貨幣之情狀及其受病之原

痛哉。我國立國數千歲。而至今仍以無貨幣之國聞也。貨幣之要素。吾不必博徵學理以爲釋。粗舉其概。則第一義。當專由政府鑄發。全國中皆用爲唯一之交易媒介物。第二義。當置一固定之價値標準以爲主。而其下有子母相權者數種以輔之。更質言之。則（一）貨幣本身系統內此種與彼種之比價恆一定。（二）無論在何地方。其所表價格不參差。(三)無論何時。其所表價格不變動。若是則貨幣之能事畢矣。我國何有者。歐美人動稱我爲用銀之國。夫使我國能如明治二十九年以前之日本能如一八一六年以前之英國。斯可謂用銀之國矣。而我國不能也。論者又或稱我爲銅本位。夫使全國能如湖北省。斯可謂之銅本位矣。而今亦不能也。中國各省各縣各市。各因其習慣專任假一物爲交易媒介。市面無其物。則惟虛懸其號專以爲與他物比較之標準。例如上海一切交易皆以九八規元銀爲標準然在市面上欲求所謂九八規元銀者不可得也以龍洋鷹洋銀角銅元大條銀各項生銀各項紙幣等皆折合規元計算而已其他各市所用之銀如北京所謂京公砝天津所謂行化某市某市所謂某種秤某種銀皆此類也 故中國現在貨幣情形。在甲地方乙地方。或可勉强謂爲各有本位。而合全國則無本位。即各地方所謂本位者。亦不過虛懸於人人之意識中。而並無實物以表之。在有貨幣國之國民。驟聞此必且百思不得其解。謂似此錯紛幽渺。其將何以通市易。然吾民固不得不以此自安。其可憐之狀固如是矣。去年四月間曾令各省國稅廳查復各種賦稅所納貨幣及其折合率。據所報告者列爲一表。錄之以供參考。

省別	各稅應納貨幣	民間實納貨幣	各種貨幣之折合				
			銀兩	銀元	銅元	制錢	紙幣
直隸	向以庫平純銀計算惟驗契註冊及印花等項新稅徵解銀元現奉部令自民國三年四月起一律改徵銀元	通都大邑多用庫平純銀及銀元偏僻之區多用銅元及制錢	向例銀一兩現改徵銀元二元三角		宣統三年銅元一百二十八枚合銀元一元一百九十七枚合庫平銀一兩 民國三年銅元一百三十一枚合銀元一元二百零一枚合庫平銀一兩	宣統三年制錢一千文合銀元一元二千一百文合庫平銀一兩 民國三年制錢一千二百文合銀元一元二千二百文合庫平銀一兩	

山東	山西	河南
向以庫平純銀計算民國三年地丁改章一律徵收銀元	向以平庫銀兩計算現以銀元計算	概以制錢計算由各縣局按照市價易銀批解
向係制錢銅元銀兩三項近年漸用銀元	銀兩制錢兩種爲多	概用制錢間有銀兩銀元
地丁改章銀一兩作銀元一元五角平以漕平濟平爲最普通漕平每百兩合庫平九十八兩濟平每百兩合庫平九十八兩四錢	銀兩按照各處通行平色折合庫平省城通用紅封平間用新湘平及老湘平庫平銀一兩合紅封平九錢九分二釐新湘平九錢二分二釐老湘平九錢五分二釐	省城庫平銀六錢六分至七錢合銀元一元
	銀兩制錢折合銀元按照多處市用平色及錢價之高下現照審計處所定庫平銀六七六八折合銀元一元省城通用庫平市價常較定例稍高銀元一元約合庫平銀六六五零紅封平銀六七零四新湘平銀七一三零老湘平銀七九八四	
宣統三年銅元四百一十枚合銀一兩民國三年三百九十四枚合銀一兩地丁改章銅元二百六十枚作銀元一元		
地丁改章制錢二千四百七十文作銀元一元	制錢折合銀兩有以一千三四百文合銀一兩者有以一千七八百文合銀一兩者有隨市價高下爲低昂者現省城通用制錢九百六十文即市錢一千二百文合通用銀元一元	省城制錢一千一百至一千二百二十文合銀元一元制錢折銀各屬不同約一千七百文至二千二百文合庫平銀一兩

安徽	江西	浙江	福建	四
向例徵銀徵錢不等現概以銀元計算	概以制錢計算	概以銀元計算	錢糧以鈔票計算驗契印花以銀元計算當稅牙稅以銀兩計算商捐以二九庫平洋銀計算	概以銀兩計算
	銀元制錢銅元紙幣並銀兩	銀元紙幣並用間有銀兩		生銀銀元及軍
向例庫平銀一兩現改徵銀元一元五角		銀兩概照上海規元市價折合銀元	庫平銀每兩合通用台平一兩零二分四釐二九庫平銀每兩合台平一兩零二分九釐洋銀換紋銀每兩貼水一錢或數分	生銀一兩合九
	宣統三年以前銀元折錢每元市價約一千二百文內外銀元納稅少作錢百餘文或數十文光復以後至今銀元市價約一千三百文內外由省城酌定牌價令各屬照收		大洋一元作二九庫平洋銀七錢二分	本省銀元每元
向例錢一千文現改徵銀元八角				
	民國二年六月以前紙幣銅元同一銀格七月至今紙幣折合銅元自千五百文至一千九百文不等當定牌價爲一千三百九十五文不分銅元紙幣實則市價以紙幣易銅元約有七八折之譜	紙幣與現貨同一價格	鈔票一元合通用台平洋銀七錢合庫平洋銀六錢八分三釐六毫鈔票一元作錢一千文又一元零六尖作大洋一元又一元四角七尖作二九庫平銀一兩	

川	湖北	湖南	廣東
惟關稅統捐及雜稅或以元或以錢		舊稅概以庫平紋銀計算釐稅除茶稅及竹木稅釐徵銀其餘百貨釐金向收制錢驗契注册費印花煙酒牌照等項均以銀元計算	
用票	向以生銀制錢紙洋官票兼納民國元年以來以官票紙洋及銅元兼納間有納銀者照各縣平色折成四四庫平	銀兩銀元制錢並納現田賦概以官銀行紙幣釐稅多以銅元及省紋票幣	概用銀元
七市平一兩零四分二釐	銀兩向按各地平色申爲估平寶紋再折合四四庫平足紋現照部章庫平銀一兩合平銀元一元五角宣統三年庫平一兩合制錢一千七八百文上下現合制錢二千有奇	長平銀一百零四兩合庫平銀一百兩	
作邑色九七平七錢一分折合庫平六錢八分一釐三毫八絲	宣統三年銀元一元合制錢一千二百餘文現合制錢一千三百八九十文	常洋購成光洋每百元約需補水五六元	廣毫銀七錢二分合銀元一元廣毫一元三角八仙八文合銀兩一兩
	現市價銅元一千三百八十文合銀元一元	現銅元一百二十枚合銀元一元	
	現照部章制錢一千文合庫平銀五錢二分八釐		
	現市價及票一千四百文折合銀元一元紙洋一元合制錢一千一百二三十文左右以紙洋納稅者依法價每元作一千二百文宣統三年紙洋與銀元一律現紙洋較銀元低二百餘文	紙幣紋銀無現可兌元年秋冬以來匯水日漲每百兩貼水多至百餘兩目下常在六七十兩左右	

廣西	現均改銀兩爲銀元	銀毫或制錢銅元	桂平銀合庫平銀補色伸縮無定庫平純銀六錢五分四釐現合桂平銀元一元一八七一	銀毫十毫合桂平銀元一元即桂平銀七錢三分五釐	銅元百枚合桂平銀元一元	制錢千文合桂平銀元一元	
雲南	田賦釐金契稅礦稅等以銀兩計算酒稅當稅印花牙稅等以銀元計算	概用銀元間有制錢		銀元一元五角合庫平銀一兩		制錢一千三百文合銀元一元	
貴州	向用官錢局公估平銀兩票折合庫平銀兩民國成立以來改用公估平銀元紙幣		庫平銀一兩合公估平一兩零二分五釐五毫	本省銀元紙幣及各省銀元通作公估平七錢二分			
陝西	概以庫平純銀計算	生銀或制錢	庫平銀一百兩合陝市平一百零四兩				
甘肅	向以制錢計算易銀報解均用庫平庫色民國二年改收銀元	向以制錢現以銀元		銀元一元民國二年折合蘭平銀七錢四分或五分現折合蘭平銀七錢一分庫平銀六錢八分零一毫八絲			
奉	田賦收銀兩餘收銀元	銀兩銀元及小銀元	瀋平一兩零四分合庫平一兩	小銀元十二角合銀元一元小			

天				銀元十七角合庫平銀一兩			
吉林	概以官帖計算		吉平銀一兩零三分七釐五毫合庫平銀一兩吉平銀一兩前清光緒三十一年以前約合官帖三串三百文現漲至十七八串	銀元一元現合官帖十一串以上			
黑龍江	概以大銀元計算	江銀江錢大銀元羌帖四種惟江錢羌帖尤多	江銀七錢二分合大銀元一元江銀一兩零三分二釐合庫平純銀一兩			江錢照市價折成江銀再以七二折合大銀元	羌帖照市價折成江銀再以七二折合大銀元
熱河	概以銀兩計算	銀或銅元制錢	熱平銀一百兩零八錢合庫平一百兩		宣統三年銅元二百零六枚半合熱平銀一兩一百三十八枚合銀元一元現市價銅元二百十八枚合熱平銀一兩一百四十二枚合銀元一元	熱制錢八文半合銅元一枚	
新		銀錢並用	向例湘平銀一兩作紅錢四百文歷無增減湘平銀一兩折合庫平銀九錢				前清光緒末年行用官票每張作紅錢四百文惟折合紋銀加水三分

疆	歸綏
	向用生銀制錢上年中央協餉始輸入銀元銅元
六分現辦豫算庫平銀一兩作銀元一元五角	歸化城平銀一兩合城錢四千七百餘文以三二折合制錢約千五百文歸化城平銀一兩零一分一釐合庫平銀一兩
	銀元一元現價約合城平銀六錢八分
	銅元在歸化每枚合制錢八文外屬合制錢七文
民國成立以來官票發行日多由民政長通告與銀元銅元紅錢一體使用不准另行加水實則官票兌換紋銀每兩加水四五錢不等伊票軍用票每兩作的銀六錢	

（附記）江蘇尚未查覆故未列入

右表不過專就徵收租稅所用貨幣而言．其調查尚未為精確．其複雜糾紛之狀既已若是．而一省中各縣各市鎮所用．又無一從同者．若悉列舉之．則恐累十數紙之表．猶不能盡之也．

右表所言各種貨幣折合之價．不過就一時而舉其大概耳．若為之按日列表．則其漲落無定之狀．更不可究詰．夫紙幣與銅元價格之日趨低落．盡人所能悉矣．若夫銀元者．其成色分量本略一定．然等此一枚也．而前後價格．可以相差至一錢餘之多．苟不深求其故．寧不令人駭詫欲絕．今將去年四月間所調查天津近六年間每月銀元市平均價格列爲一表附焉.

天津近六年每月

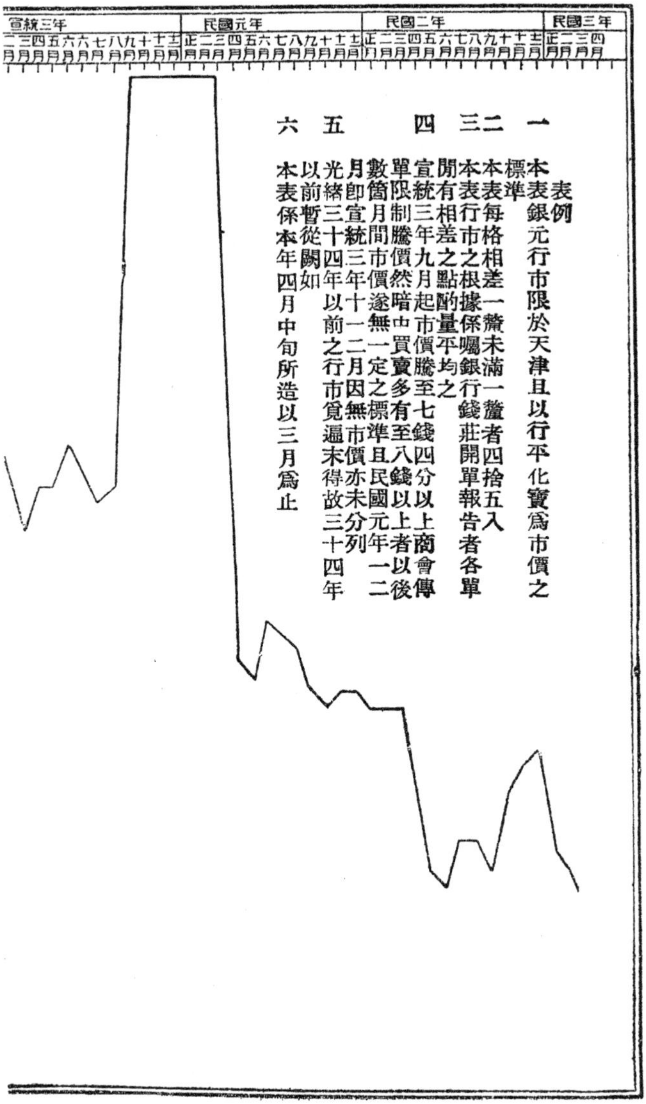

銀元行市平均表

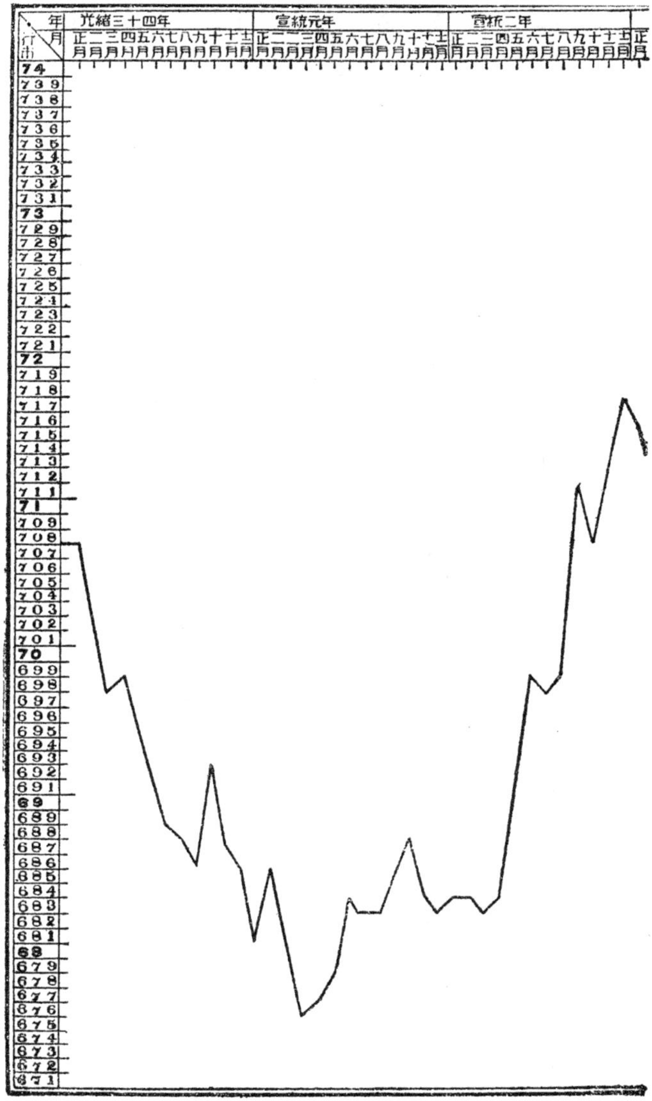

據表觀之等是銀元也其最低之市價僅值六錢七分六釐其最高之市價乃至值七錢四分以上甚有至八錢者據造表時調查六年來之陳迹既若是矣更就吾所目擊者去年六七月間天津銀元價格落至六錢八分以下及歐戰陡發僅旬日間遂漲至七錢五分以上更閱月餘復落至前價非惟天津上海各市皆然夫銀幣對於金幣其市價漲落無定誠無足怪蓋兩物本異質也而識者猶以爲不勝其敝今以銀對銀而漲落之幅乃廣汎若此明明同此總重七錢二分之銀元也貯諸篋笥中旬日時或獲一錢餘之意外贏利時或蒙一錢餘之意外損失天下可駭之事寧復過此而商民生息於此等貨幣狀態之下者其營業何從得確實之保障非相習於投機則裹足不敢有所營已耳

銀元且然其銅元紙幣等更何論若數月前之廣東及現在之東三省兩湖江西四川其混亂慘毒之狀殆不復忍言就中如廣東四川等省紙幣價格一落千丈民日惴惴不知所屆如吉林湖南等省其價驟漲驟落汚吏奸商乘而操縱之朘民脂膏谿壑無厭而現銀乃至現銅元現制錢皆驅逐淨盡市上無復交易媒介品民至用竹籌繩結記數以爲市嗚呼其與非洲澳洲之黑蠻風士相去幾何哉豈惟民病卽國恥蓋既不可湔祓矣

今欲力援茲國使脫離無貨幣之慘苦則選擇本位討論重量皆詞費耳但使能將現行銀元賦予以貨幣之性質使之能作標準以臨萬貨而全國所資皆出一孔則民之受賜已宏多矣問吾國曷爲久不能致此此非抉其病源則藥不可得而施也問病源何在曰在人民不喜用貨幣聞吾言者必將大詫曰吾民亦猶是人也既有交易卽須媒介今曰不喜用貨幣夫豈人情答之曰斯固然雖然吾國前此所供給於人民之貨幣實不能具貨幣之性質不能完貨幣之作用故民用之極覺不便反不如用他種媒介物之爲得卽偶爾用之亦與他種媒介物

同視耳。豈惟人民。卽政府亦然。夫至並政府亦不喜用貨幣。則永爲無貨幣之國。更何足怪者。吾知聞吾此言者。必更惝恍迷離。不得其指歸。吾今請質言之。

夫政府之鼓鑄大小銀元。數十年於茲矣。其意豈不曰。吾將供給人民以貨幣也。然以貨幣相授受者。非僅行於人民相互之間而已。政府出納。其最大宗也。而政府先自不收受其所鼓鑄供給之物。則人民誰肯信而用之者。試觀今日所徵各項賦稅。其用以爲計算之單位者果何物。或曰銀若干兩。或曰錢若干吊。其實收也。或用生銀。或用銀元銀角。或用銅元。或用銀元票銅元票制錢票。而皆還以折合。所謂若干兩若干吊者。而折合之間。全爲市價所左右。官吏或且上下其手。欲民樂用之。其安可得。故欲進吾國於貨幣。其第一義當先令全國所徵一切賦稅。皆以國家所鑄發之貨幣爲授受。而當新幣未鑄發之先及始鑄發之際。先將全國各種稅率改正之。前此納生銀一兩者。今納幣若干。前此納錢一吊者。今納幣若干。然後新幣用途可開。而整理乃能收效。今欲辦到此著。則已難若登天。問其故。非曰民不樂用。則曰無爾許之幣以供其用也。夫政府且不樂受。更何從責民以樂用。苟政府非此不受。則民固非此無可用。政府應人民之必需而供給之。豈患無術。現幣可也。代表現幣之兌換券亦可也。蓋政府歲出歲入。常在二三萬萬以上。其在全國生計界。占最大之勢力。舉足輕重。情勢顯然。非從此處澄清其源。則以下從何著手。雖曰當國幣供給未足之時。而驟改賦稅之算率。將以無物可授受。而變爲空談。然若使日日鑄幣。日日發兌換券。而賦稅授受不以爲用。則欲幣與券之推行。又安可得。質而言之。欲幣制之確立。必須設法將全國生銀貶之。使與百貨同列。而以法律所定之貨幣爲量度百貨之器。夫如是然後貨幣之體系始尊。而其作用始著。而最要之機括。則在賦稅之授受。此稍有常識者皆能知之。卽政府當局。吾亦信其無以爲難。然語於實行。則無數阻力相緣而起。是眞可痛歎也。

人民之不喜用貨幣。雖曰習俗使然。實則由國家未嘗供給人民以正當之貨幣也。貨幣之職務四。曰交易媒介。曰價格尺度。曰借貸用具。曰價値蓄藏。而現在我國市面通行之銀元銀角銅元及紙幣等。僅能勉盡第一種職務而已。其第二三四種則末由盡之。銀元之與銀角銅元。各自離立不成系統。其比價日日差異。故各自因其供求盈朒之關係。與生銀爲比價而已。生銀常爲價格標準之主體。而銀元銀角銅元等。則與此物同爲其客體也。此銀元等不能完價格尺度之義務甚明也。惟其不能充價格之尺度。故不能充價値之蓄藏。例如吾有銀元千存儲銀行。當存入時。每元行市爲七錢三分。所存者爲七百三十兩。越三月後往取。其時行市或落至六錢九分。則取出者僅値六百九十兩。是明蝕四十兩也。故商民存款者。與其存銀元。毋寧存生銀。此銀元等不能完價値蓄藏之義務甚明也。惟其不能充價値之蓄藏。故不能充借貸之用具。今日借人千元。値六百九十兩。數月後或須還以七百三十兩。則借者病。今日貸人千元。値七百三十兩。數月後收回時。或僅得六百九十兩。則貸者病。欲其兩不病。毋寧仍以生銀計算之爲愈。此銀元等不能完借貸用具之職務甚明也。夫貨幣四大職務。而銀元等缺其三焉。則其用之不廣。亦何足怪。故各地商民。惟小宗現款交易。樂用銀元銀角等而已。（以其尙便於交易媒介也）其稍大宗之交易及定期賒借等項。莫不用所謂過帳銀者。以爲計算。曷爲名爲過帳銀。交付雖用銀元。而帳單帳簿所記。必用此項銀也。過帳銀果何物。卽上海之九八規元。天津之行平化寶等是也。在上海市面欲覓所謂九八規元銀者一枚。在天津市面欲覓所謂行平化寶銀者一枚。有之乎。無有也。無有則何以能用。將各種銀元生銀等折合之而已。然則民曷爲便之。曰民何嘗便之。然舍此則無以爲用也。明乎此項過帳銀在市面上之勢力如此其偉大。然後能知銀元之市價曷爲時漲時落。然後能知此市與彼市之銀元市價曷爲參差不齊。銀元市價時漲時落者對於過帳銀而漲落也。過帳銀爲量度百貨價值之衡尺。百貨之價恆應於其供求消息以爲漲落。此定理也。銀元亦不過百貨之一。則其隨供求之狀況以爲漲落。夫何足怪。故每年當陰曆歲暮銀元之價必低於平時。參觀前表其故可得言也。平時市面小宗交易媒介多須用銀元故需要多而價騰。歲暮結帳則須折成過帳銀以相交付故需要少而價落也。此市與彼市之銀元價格參差不齊者。各市之過帳銀本自參差不齊。重以各市對於銀元供求之量又不一定。欲其齊焉。不可得也。故甲市與乙市間相互之匯兌其匯水之多寡。不能僅以兩市間相互之借貸關係而決定也。尤當算兩市過帳銀相互之比價而後定之。尤當算各市通用銀折合過帳銀之市價而後定之。此所以轇轕莫能爲理也。由此觀之中國所以至今仍爲無貨幣之國者。則過帳銀實爲大梗。言幣制者其第一義當求所以戰勝過帳銀之法。（附言　主張用一兩者則降伏過帳銀也吾儕所主張。則求戰勝過帳銀也。使全國惟有一種過帳銀。則吾決降伏之。絕無躊躇。無奈過帳銀之爲物市市不同吾不知何降而可降其一焉等於不降。故非悉數戰勝之不可也。）必戰勝過帳銀。然後能廣國幣之用途。國幣用途廣。則代表國幣之兌換券其用途亦隨之而廣。豈惟國民生計利賴之。卽救濟目前窘涸之財政操術亦莫捷於是矣。（兌換券曷爲能救濟財政以其必須假途於公債以爲保證也此是金融政策一重大樞機下文別論之）夫戰勝過帳銀本非容易之業。稍知此中甘苦者類無不望洋而歎。他市猶或較易。至於上海之所謂規元者實握全國無上之勢力。蓋倫敦每日銀市行情。其在中國皆折合規元計算。然後再由規元折合他種通用銀錢。（每生銀一盎士合若干喜林每一喜林合規元若干此中國銀市與世界銀市相聯之程序也）故必吾國國幣一圓其價值與倫敦市場之若干盎士常爲一定不易之比例。然後能以若干圓直接折合若干喜林無須假途於規元。如是則戰勝過帳銀之大軍。庶幾可以奏凱矣。（附言　吾國以用銀國與用金國相交際。當吾受取債權款項時。則銀價漲。當吾交付債務款項時。則銀價落。其間所謂磅虧者。朘吾膏血至於無藝。此稍明金融大勢者類能知之。此改革幣制不能不以金本位為究竟也。而豈知金銀比價吃虧之外。更有一事焉。則上海規元與各地通用銀之比價是也。規元與通用銀之比價。雖曰由市場供求之關係。而外國銀行實能操縱之。藉曰非有意操縱。而我國公私大宗款項。強半經外國銀行之手。彼但趨時徼利。而我已不堪朘削矣。聞去年鹽稅一項。以例須由外國銀行經理。故其所朘我之匯水。已二百餘萬兩。（此事其後稍有補救之法）他可知矣。夫擾攘掊克。竭澤而漁。欲得二百餘萬兩。亦何容易。而僅鹽稅一項之匯水。可以虧盡之。過帳銀之痛毒。可想見也。非無救理之法。而竟莫能行。以書生理想置之而已。是可一哭也。）夫欲此戰之奏凱。誠非易易。然未嘗修明戰備。未嘗講求戰術。又何由知其必能勝者。若見其難而聽其長此終古已耳。則禍害所中。將何底止。須知就今日現狀論。誠若緣各地有過帳銀。故以至陷國家於無貨幣。推其原因。實緣國家自始未嘗有貨幣。然後各地不得不有過帳銀。倒果為因。則藥不瘳疾宜耳。以吾所規畫。雖未敢謂能迅奏肅清之功。然敢信規模一建。必形勢漸轉。雖然。吾惟託諸空言而已。此則吾不才之所致也。

（附言）吾著此論時為四年一月十日。距辭職後半月也。以文太長。須分期登載。以上所論。尚未及正文。俟全文印布時。當在距今三月後耳。此三月間之變遷。又不知何若。頃聞津廠所鑄新幣。已將次發行。吾猶冀當局者猶採吾說之一二。吾日夜禱祝之。而不然者。則所鑄新幣。不過為市面上增一種媒介貨物耳。本已棼亂之幣制。將益加棼亂。且信用一墜。再圖整理難且倍蓰。孟子不云乎。庶幾改之。予日望之。

告小說家

小說家者流。自昔未嘗爲重於國也。漢志論之曰。小道可觀。致遠恐泥。揚子雲有言。雕蟲小技。壯夫不爲。凡文皆小技矣。矧於文之支與流裔如小說者。然自元明以降。小說勢力入人之深。漸爲識者所共認。蓋全國大多數人之思想業識。强半出自小說。言英雄則三國水滸說唐征西。言哲理則封神西遊。言情緒則紅樓西廂。自餘無量數之長章短帙。樊然雜陳。而各皆分占勢力之一部分。此種勢力。蟠結於人人之腦識中。而因發爲言論行事。雖具有過人之智慧過人之才力者。欲其思想盡脫離小說之束縛。殆爲絕對不可能之事。夫小說之力曷爲能雄長他力。此無異故。蓋人之腦海如熏籠然。其所感受外界之業識如煙。每煙之過。則熏籠必留其痕。雖拂拭洗滌之。而終有不能去者存。其煙之霏襲也愈數。則其熏痕愈深固。其煙質愈濃。則其熏痕愈明顯。夫熏籠則一孤立之死物耳。與他物不相聯屬也。人之腦海。則能以所受之熏。還以熏人。且自熏其前此所受者而擴大之。而繼演於無窮。雖其人已死。而薪盡火傳。猶蛻其一部分以遺其子孫。且集合焉以成爲未來之羣衆心理。蓋業之熏習。其可畏如是也。而小說也者。恆淺易而爲盡人所能解。雖富於學力者。亦常貪其不費腦力也。而藉以消遣。故其霏襲之數。既有以加於他書矣。而其所敍述。恆必予人以一種特別之刺激。譬之則最濃之煙也。故其熏染感化力之偉大。舉凡一切聖經賢傳詩古文辭。皆莫能擬之。然則小說在社會教育界所占之位置。略可識矣。疇昔賢士大夫。不甚知措意於是。故聽其遷流波靡。而影響於人心風俗者。則既若彼。質言之。則十年前之舊社會。大半由舊小說之勢力所鑄成也。憂世之士。睹其險狀。乃思執柯伐柯爲補救之計。於是提倡小說之譯著以躋諸文學之林。豈不曰移風易俗之手段莫捷於是耶。今也其效不虛。所謂小說文學者。亦既蔚為大觀。自餘凡百述作之業。殆為所侵蝕以盡。試一流覽書肆。其出版物除教科書外。什九皆小說也。手報紙而讀之。除蕪雜猥屑之記事外。皆小說及游戲文也。舉國士大夫不悅學之結果。三傳束閣。論語當薪。歐美新學。僅淺嘗焉。為口耳之具。其偶有執卷。舍小說外殆無良伴。故今日小說之勢力。視十年前增加倍蓰什百。此事實之無能為諱者也。然則今後社會之命脈。操於小說家之手者泰半。抑章章明甚也。而還觀今之所謂小說文學者何如。嗚呼。吾安忍言。吾安忍言。其什九則誨盜與誨淫而已。或則尖酸輕薄毫無取義之游戲文也。於以煽誘舉國青年子弟。使其桀黠者濡染於險詖鉤距作奸犯科。而摹擬某種偵探小說中之一節目。其柔靡者浸淫於目成魂與踰牆鑽穴。而自比於某種豔情小說之主人翁。於是其思想習於汚賤齷齪。其行誼習於邪曲放蕩。其言論習於詭隨尖刻。近十年來社會風習。一落千丈。何一非所謂新小說者階之厲。循此橫流。更閱數年。中國殆不陸沈焉不止也。嗚呼。世之自命小說家者乎。吾無以語公等。惟公等須知因果報應。為萬古不磨之眞理。吾儕操筆弄舌者。造福殊艱。造孽乃至易。公等若猶是好作為妖言以迎合社會。直接阬陷全國青年子弟使墮無間地獄。而間接戕賊吾國性。使萬劫不復。則天地無私。其必將有以報公等。不報諸其身。必報諸其子孫。不報諸今世。必報諸來世。嗚呼。吾多言何益。吾惟願公等各還訴諸其天良而已。若有聞吾言而惕然戒懼者。則吾將更有所言也。

清華學校中等科四年級學生畢業紀念册序

清華學校中等科四年級諸生。既畢業晉入高等科。胥謀著一册。紀其學績。而徵言於余。余嘗假館校中著書將浹月。吾愛悅茲校之誠。乃至不能自名狀。吾在城市。與混濁之社會相接。往往悲悗憤悒心灰意盡。吾一詣茲校。則常覽一線光明橫吾前。吾希望無涯涘也。國於今日之世界。而智德力三者不能與他國保持平準。則國家終必淪胥滅裂。無可逃避。此義亦夫人能言之。然欲舉其實。則眞所謂七年之病求三年之艾。負無窮之大任者。則今日在學校中之學生而已。此不獨清華爲然。而清華諸生。又有其特殊之責任。不可不自省也。吾嘗謂一般學生有當念茲在茲者三事。第一當知吾所處者爲最優之境遇。試觀國中與吾年齒相若之人。其數何限。什九皆貧窶。不得衣食。求爲人作傭保給饔飧且難若登天。遑論受教育。則有沒世蠢蠢若鹿豕。坐待天演之淘汰已耳。卽吾之昆弟戚屬少小相習者。其能安然作學校生活如藐躬者。又有幾人。等而上之。吾之祖父伯叔。當其少時欲求如吾儕今日有完善之學校可以就業者。其安可得。夫吾固猶是人耳。獨有何權利能享彼特別優厚之眷顧。使我得良師益友。諄誨切磋。緝熙以進於光明。吾處此百千萬人所願望而不能得之境遇。若自暴棄之。則吾之罪孽當居何等。第二當知吾所負者爲最重之責任。以言夫家。則父母節衣縮食以給我學費。疲精敝神以籌我學業將來。一家之興替。皆惟我是賴。以言夫國。今當存亡絕續之交。千聖百王所詒謀者。一旦掃地隕越是懼。夫使先輩而能支柱此國家。則國家又何至有今日。旣已不能。則無量數艱鉅之業。乃盡壓於吾儕之仔肩。中國而興耶。其必自吾儕之手興之。中國而亡耶。其必自吾儕之手亡之。夫先輩所以不能支柱此國家。豈必其天賦之才力有所不逮。毋亦前此所學不適於新時代之要求。而智德力之發育。有所未盡也。先輩以大業付吾儕。爲吾儕所以養成負荷此大業之能力。其用心則旣苦。而責任亦略盡矣。而終能負荷與否。則吾儕之責也。第三當知吾今所歷者爲一生最危險之時代。凡人一生之命運。二十歲以前則旣略定矣。苟不以此時締構立身基礎。

過此以往。將末由自振。然此時期中血氣未定。情感紛茁。又新離家庭之顧復。孑身以投入團體生活。所遇之新事物。在在足以移情喪志。稍不自愼。將墮落而永不可拔。又寸陰尺璧。畢生皆然。而少年光陰。可寶尤甚。凡記憶力之應用。理想力之啓發。一過其時。則用力倍蓰而收效不逮十一。今試質諸老輩。有一人焉不悔其少時之失學者乎。然悔則何及。然則吾儕在學校時代。刻刻皆吾終身生死關鍵所繫。言念及此。能無戒懼。以上三義。雖至凡近。然爲學生者苟能日三省之。則亦庶乎知所以自處矣。清華學校者。吾所希望爲國中學校之模範者也。今四年級諸生。自中等科以歷高等科。又受本校最完全之教育。尤校中精神所賴以貫注者也。若不以吾言爲老生常談而樂誦焉。則吾愛悅斯校之誠。其有所寄矣。乙卯舊歷元日新會梁啓超

菲斯的人生天職論述評

英人威廉兜遜者。良史也。近著一書曰德國現代史。其發端曰。建設現代之德國者誰乎。腓力特列大王耶。不然。威廉大帝耶。不然。俾士麥耶。不然。今之德國。實四哲所締造。四哲爲誰。一曰戞特。二曰西黎爾。三曰康德。四曰菲斯的。此非兜遜一人之私言。凡稍習於歐洲國故者。皆所同認也。四哲之偉績可得聞乎。戞特與西黎爾。皆百年前之大文豪。創造一種新文學。以詩曲之力。感化國民者也。康德與菲斯的。皆百年前之大學者。研究一種新哲學。以理想道德。奬進國民者也。(菲斯的生於一七六〇年。卒於一八一四年)四哲著述。在德國家絃戶誦。固無論矣。世界各國。有井水飲處。殆莫不有其全集之譯本。讀者無不受至大之感化。獨至我國人。惟康德之名。或尙爲少數學子所嘗耳食。自餘三子。則並姓氏亦罕能舉之。遑論學說。嗚呼。我國之可恥可痛可憐。一至此極也。吾嘗論哲學界之有菲斯的。其開創之功不逮康德。其集大成之功不逮黑嘎爾。(或譯黑智兒)而其有大造於世道人心。則過之。蓋菲斯的之爲敎也。理想雖極高尙。而一一皆歸於力行。其言鞭辟近裏。一字一句。皆能

鼓舞人之責任心。而增長其興會。孟子所謂奮乎百世之上。百世之下聞者莫不興起也。當十八世紀之末。普魯士之腓力特列大王則既逝。承專制之敝。民苦窳不自聊。政治現象與社會風紀。兩皆墮落。西渦强鄰。畏法如虎。至一八〇七年。拿破侖之大軍。遂長驅入柏林。俘繫其士民。而蹂躙其疇晦。女王魯意斯。幾見汚焉。當是時。普之不亡如縷。普猶如是。諸小國更何論。今所謂德意志二十五聯邦者。在當日則華離破碎。供拿翁諸將校之采邑已耳。國勢如此。則人民之憔悴委頓。豈待問者。當時所謂日耳曼民族者。無貧富貴賤智愚賢不肖。人人皆惟亡國是憂。惟爲奴是懼。志氣銷沈。汲汲顧影。而忽有喚醒其噩夢。蹶起其沈疴。拔諸晦盲絕望之淵。而進諸緝熙光明之域者。則菲斯的其人也。相傳法軍之將破柏林也。菲斯的與黑嘎爾方同爲大學教授。黑嘎爾逃往遠縣。菲斯的留在圍城。或問黑嘎爾曷爲逃。黑曰。吾所著書未成。吾確信吾書之成否。爲德國存亡所攸繫。吾安可以國民託命之身輕冒鋒鏑。問菲斯的曷爲留。菲曰。此實現吾學說。以牖導國民之良機會也。吾安肯舍旃。吾嘗以此二子之志事比諸曾子之居武城與子思之居衞。蓋各行其是。而其造福於國民者。亦各踐其言。吾兩皆敬仰之。而菲斯的更倜乎遠矣。菲斯的之在圍城也。著一小册曰「告德意志國民」。至今德國兒童走卒。猶人人能舉其辭。蓋其文章之神力。支配全德人心理者百年如一日。（此文吾只見其斷片耳。常以不得覩全豹爲憾。容當求得而繙譯之）嗚呼。豈惟其言足重。毋亦其人格之高尙偉大。有以深入乎人人之心也。夫我國人。今日所處之境遇。其否塞險艱。誠甚矣。雖然。以吾觀之。猶未至如菲斯的時代之德意志人。蓋其時德意志人。未始有國也。就中國基粗立之普魯士。已爲敵人牧馬之苑。以視今日金甌無缺帶礪如故之中國何如者。以菲斯的時代之德國。僅數十年而能一變爲俾斯麥時代之德國。更一變爲維廉第二時代之德國。而吾國人以區區目前之困心衡慮。進乃神志落寞。奄奄然若氣息不屬。曰吾更有何事。吾待亡而已。嗚呼。其亦未聞菲斯的之敎也。菲斯的所著哲學書甚富。吾學力未充。不敢妄譯。今所述者。則其通俗講演爲一般人說法者也。吾以爲是最適於今日中國之良策。故剌取而論次之。所取材非一篇。行文組織。亦皆非其舊。取便讀者而已。中間尤常以鄙意導發而引伸之。或亦讀者所樂爲是正也。

民國四年二月中日交涉告急時　著者識

人生之疑問

吾身曷爲而生於天地間耶。吾僶焉孳孳。蚤作夜思。以度此數十寒暑。果何所求而何所得耶。此一大疑問者。吾儕蓋久已習焉忘之。雖然。此安可忘者。吾自幼壯而汲汲求智識習技藝。吾須此智識技藝果將作何用。吾勤勤焉踐道德愛名譽厲事功。道德名譽事功果於我何有。吾常與外界各方面爲間接直接之鬭閱。敝精神賭生命以赴之。沈思諦觀。卻爲誰來。爲求衣食保生命耶。爲縱娛樂長子孫耶。問吾之留此生命當有何用。吾且茫然未知所對。則生命之曷爲必須擁護。自反已難索解。今卽勿作此高論。吾儕終日所營營者。豈非於維繫生命外而更有所事。吾生命業已能維繫。吾曷爲猶皇皇進取而無饜者。以云長子孫也。子孫非我也。我一瞑之後。與子孫無復關係。吾茹勞犯險以爲之計。毋乃太愚。以云娛樂也。彼娛樂者爲官體耶。爲心魂耶。如曰官體。彼官體爲數十原素所積成。刹那刹那。生滅蛻變。本非我有。吾務娛彼。曷不務娛木石。如曰心魂。吾見夫人之愈以娛樂爲職志者。其心魂之苦痛恆愈甚耳。蓋人之生本與憂患俱來。而娛樂之度亦至無際。娛樂必與憂患相緣。而所獲恆在不能相償之數。以累日之苦易須臾之樂。以刻骨之苦易過眼之樂。謚爲至愚。寧復云過。等而上之。則有所謂名譽觀念者。然昔人不云乎。千秋萬歲名。寂寞身後事。吾之求此名。果又何所爲。而何所得者。更等而上之。則有所謂道德觀念者。曰吾愛吾所親知。吾愛吾國家。吾愛吾社會。則更當問吾勞精敝神以愛吾所親知。於彼何補者。吾愛國家。吾愛社會。國家與社會則曷爲可愛。吾曷爲必須愛之。吾殫吾力以行吾愛。其所收效果在何處。能有幾何。昔人亦言。堯舜事業。不過太空中半點浮雲。吾之矻矻圖功。毋乃好爲自苦。凡此諸義。吾儕苟當夜氣清明慧根偶動之時試一念及當不免啞然失笑又或當困心衡慮勞苦倦極侘傺無聊之頃返觀內訟心口相質則且廢然若無以自持要之此一疑問者實千萬年來人類公共未能解決之最大疑問也雖然吾儕終不能不圖所以解決之其解決之必得當與否且勿論要之吾儕必當認取一義以自爲受用之地而不然者日日所言思動作若機械之見運而軋軋焉無停晷也曾無所嚮之鵠泯然以終古則吾之受生眞可謂絕無意味且吾儕若長此瞢騰渾沌則凡百動作皆無力以自信常在然疑之間必且怯於趨善而倦於進德其所詒世患何若且勿論而己身已先自陷於酷苦之淵矣菲斯的之人生天職論卽思所以解決此問題其解決之必爲正當與否吾不敢言吾信其可以供吾儕之受用而已

古今中外之哲人達士其思解決此問題者不知凡幾其言亦且汗牛充棟而綜其大概可分三派其第一派以人生毫無意義爲前提舉凡吾前段所言智識學藝道德名譽事功乃至國家社會彼推論其極皆在可以吐棄之列彼蓋求其故而不得則以爲曷爲取此擾擾爲者及進而叩其結論則謂舍樂利外更無道德蓋凡百事物之價値既已一切參透則視善惡譽譏皆爲平等舉無足以攖其心而惟以當前適意爲第一受用此義也在歐西則羅馬末葉嘗甚昌而十九世紀學者變其相以汲其流者亦多在中國則老莊導其源而列子楊朱篇乃盡情發揮無餘蘊若魏晉以來千餘年詩人所謳歌又大率揚其波而醱其醨也故此種之人生觀其中於我國之人心者最深而當叔季喪亂之際其浸染普及也更易此義也在賦性淡泊之人受之或可以增達觀之度益堅其隨分自足之心然既已相率於厭世枯槁無益於時若夫根器淺薄輕佻傑黠之輩而假此義以自文則恣惡可以無復忌憚古今之號稱才子名士者與夫巨駔巧宦往往縱欲敗度公然爲社會之大蠹然猶娓娓譚名理

以自緣飾。且安之若素。而世亦莫或非之。皆此種不健全之人生觀階之厲也。即如今日之中國。幾於盡人有不樂其生之心。見事稍透者。恆蹙然覺吾身爲天壤間一奇零狷潔過甚者。但祈速死。其餘大多數。則一面咨嗟欷歔。一面假日婾樂。而社會萬惡之叢。乃日新而月異。究其實則所婾之樂。能得幾何。而當前之苦與之相乘者。已不啻倍蓰什伯。而未來永刼之苦之隨其後者。更無論也。此第一派之說。不足以解決此問題。而徒流莫大之毒於社會。既如是矣。其第二派以人生罪惡爲前提。謂此五濁惡世。實爲罪孽淪陷之區。凡有生者。皆如重梏之囚。惟嘗求解脫。不更念他事。此義凡宗敎家皆唱導之。雖其出世遁逃之程度方法各有不同。而鵠則略歸於一。其最高尚最偉大之宗敎如佛敎者。其厭棄人生之心亦愈烈。故發宏願。欲舉一切衆生盡入無餘涅槃而滅度之。此其慈悲智慧。豈吾儕鈍根所敢妄擬議。雖然以俗諦觀之。則衆生曷爲而生。爲待滅而生也。以滅爲目的而以生爲手段。爲事已不可解。且云滅盡。滅可盡乎。旋滅旋生。毋乃多事。而況現在含生之儔。敎以自求速滅。能傾聽者。復有幾人。終已不能絕對普及。而此現生未滅之人類。則茫然不知安歸。更不能於現世中得安身立命之道。其不周於世法也亦明矣。此第二派之說雖高妙。而不適於解決此問題也。其第三派則以人生實有天職爲前提。謂人之生於此世。確有一大目的。爲貫徹此目的故。斯有種種之責任隨其後。苟信受此說者。則能知有生之可樂。而對之發生興味。知有生之可貴。而對之發生義務心。以人生觀論之。此派可謂最健全者也。然所辨論者。則在其目的之何指。若所舉目的爲個別的而非普及的。爲一時的而非繼續的。則只能資一時個別之人受用。不能繼續以普及於人人也。又緣目的而發生之責任。倘使片面的而無以爲償。則其道大觳。反天下之心。天下弗堪。若我國之宋鈃墨翟羅馬之斯多噶。雖其道術難能可貴。而不足廣被垂遠以爲敎。此第三派最適於此問題之解決。而論旨之內容又當有擇也。菲斯的者。則屬於第三派。而吾認其論旨之內容為較完善者也。今請以次敍述其說。

人生各自之天職

孔子曰。古之學者為己。自來解釋此語者。言人人殊。而菲斯的之說實能發明之。菲斯的謂吾儕欲自知其天職之所在。則有一義焉首當確信者。曰我曷為生。我為我而生。我曷得存。我為我而存。我曷為勤動。我為我而勤動。故人類一切責任。更無所謂對世責任。所有者惟對我責任而已。（其意謂對世責任不過對我責任之一部分為對我責任所函也）所謂我者。有理性之我。有感覺之我。理性為人類所獨有。感覺則與其他生物同之。故得名為眞我者。惟此理性而已。然此感覺之我。亦實與理性之我俱來。何以故。苟無「非我」。則亦無「我」。我之知有我。緣與「非我」對待而後知之也。知有非我以與我相對待。是卽感覺之作用也。雖然。既有非我以與我相對待。則其緣境之影響於我者。常繼續不斷。故自理性一面言之。其本質誠圓融無礙。就感覺一面言之。則緣受外界種種影響。恆複雜矛盾而不相容。而人類既以有理性為其特徵。是宜勿以感覺之我滅理性之我。苟爾爾者。則人類存在之價值。或幾乎息矣。要而言之。我既為我而生。為我而存。以我之良知別擇事理。以我之良能決定行為。義不應受非我者之宰制。蒙非我者之誘惑。若是者謂之自由意志。謂之獨立精神。一切道德律皆導源於是。我對於我之責任。任此而已。」

以上菲氏所說理性之我與感覺之我。頗有類佛敎之眞如無明。又如宋儒所謂義理之性與氣質之性。其立論之結束。更有似於孔門之克己復禮。然佛說視無明如蟊賊。務欲使之寂滅。宋儒論氣質之性亦然。務欲使之變化。克復之義精矣。然視己若敵。而禮反似外鑠。猶易滋學者之惑。菲斯的則以爲外界之「非我」有時固若爲害於我。有時亦大有益於我。卽其所謂害者。按諸究竟。仍不外爲相益之一手段。（其說詳下）故其敎人也不仇視感覺作用。惟在整理而善用之。其言謂人類對於自己第一之本分。莫要於完其理性。理性如何而能完。則在修養其自由意志。使發動時不至與理性矛盾。此其言與吾先哲所謂率性盡性若合符契。雖然。菲斯的又以爲吾人之性能。其本體雖唯一。然因外界緣境。千差萬別。吾不得不運用吾性能以應之。而諸性能遂緣此易失其統一性。而互相矛盾。夫性能以單純爲體。而以複雜爲用。原不足病也。非複雜則無以盡性能各部分之功用。厭複雜是自窒其性也。然當使複雜之用。常得調和。而無致傷及本體。此蓋非有一種特別伎倆不能致焉。以何道修養而始得此伎倆。此又吾儕所當務也。復次。吾儕當應接外界之時。苟理性之發達未完。則常隨體屈曲。浸假爲外界所役。而主奴易位。其極也能使人格喪滅。若何而能使我常制物而不制於物。若何而能使物皆效用於我。而我常盡其用。是又非有一種特別伎倆不可焉。以何道修養而始得此伎倆。又吾儕所當務也。

菲斯的既陳述此諸義。乃下一結論。謂人生究竟之目的。惟在使吾身與吾固有之本性。一致融合而已。然欲得此一致融合。又當使外界與吾對於外界之觀念一致融合。（所謂外界者略如佛經所指六塵所謂吾對於外界之觀念者略如佛經所指六根）康德所謂至善者。此物此志也。夫既曰融合一致。則更無分別相之可言。故天下之至善。惟一而已。雖然。爲多數通俗人說法。仍可從二方面以區論其性質。其一吾儕行爲所從出之意思。與自由意志之觀念相一致。此則所謂道德也。其二吾儕之合理的意思。與外界事物相一致。此則所謂幸福也。道德與幸福。一而二。二而一者也。

菲斯的又言曰。人既以有理性。故爲萬物之靈。故凡一切無理性之外界事物。悉宜從吾儕人類之所欲以自由支配之人類最大最終之目的實在於是雖然欲達此的前途至遼以吾有涯之生其不能竟此大業明矣然吾不容以此自諉亦不必以此自餒人人共向此的以進行則其去的必日以近此萬千年來人類公同賡續之大業也而我既以人類之資格參加其間則宜盡一分之力以貢獻於此大業之一部人生天職莫此爲大矣

以上所說與中外諸古哲之教若無甚異同而其最鞭辟近裏之點則一曰尊我二曰體物蓋諸哲言道德之本原多謂有超乎人類以外者以爲之宰或稱天命或明自然稱天命者謂有監越乎吾上者吾對之不敢不盡義務也明自然者謂吾蓋一切不能自主惟任運以順受而已而菲斯的之意則謂即我即天惟我宜宰制自然而自然不能宰制我此其鞭策人類自重自覺之精神至有力也諸哲言修養者恆以扞物制欲爲入手之條件菲斯的雖亦不廢斯義然其意以爲物欲之利害參半與其言扞制毋寧言利用毋寧言調和故其爲道既不流於縱亦不失於縠此其特徵也前哲言修養者多以主靜立極爲根本義我國宋元以後儒者益暢斯旨蓋以靜爲吾性之本體而動乃其病態樂記所謂人生而靜天之性也感於物而動性之欲也菲斯的之說則謂性乃生物而非死物故以生生蕃動爲其本來與大易健行不息中庸至誠無息之義相契故其所標道德律絕對持進取主義而不陷於退嬰主義此又其特徵也

對於社會之天職

昔楊子取爲我拔一毛而利天下不爲也墨子兼愛摩頂放踵利天下爲之楊子之說稍有人心者宜咸引爲詬病墨子之說發願信偉然能否帖然印契於人人之恆性世之治方術者多疑之故莊子論之曰「恐其不可以

為聖人之道。反天下之心。天下弗堪。墨子雖能獨任。奈天下何。」蓋為其道雖高美。而慮不可以普及也。大抵自愛他愛之兩主義。常為古今中外談道學者交鬩之衝。夫曰博愛。曰汎愛。聞其義者亦復誰能致難。然使自私自利之本能。實蟠結於衆生根性之奧隅。則矯揉以反所趨。為力能幾。寖假競以口頭禪相尚。則是率人於為偽也。而投時翫世者流。或反乘弱瑕以騁詭論。取人性之卑濁一方面。推波助瀾以煽發之。以謂一身現在之外他無可尚。而凡百道藝。歸宿只資以自營。則陷溺橫流。更伊胡底。魏晉淸譚流毒。導源蓋實由茲。乃至如歐洲十九世紀末之樂利主義。自然主義。倡導者雖或別有苦心。而汲其流者恆不勝其敝。斯可以鑒矣。菲斯的之教義。常謂我為我而生。我為我而存。驟視之若與楊氏之說同一根柢。而其感化力所及。殆率天下而為墨氏之徒。此無他故焉。彼其於人我間之溝通。別有所懸解。深察乎非兼用他愛。則無以舉自愛之實。故其倡導他愛也。常根據自愛主義以立言。未嘗陳高義。厲畸行。而自能鞭辟近裏。此菲氏社會觀之所為可貴也。

菲斯的發問曰。哲學上有兩先決問題。常為世人所習焉不察者。其一。吾儕曷為認己之軀殼為己所有乎。夫軀殼本物質所構成。為理性的自我之對境。我不命之曰物而命之曰我。寧非異事。其二。吾儕曷為於己身之外而認有他人乎。此與我同類之人人者。其對於我則釐然示別為非我。其對於物則又釐然示別為非物。此非我非物之他人。究為吾心識所幻造耶。抑其體相本自實有耶。此二問者。謂之奇問也可。謂之切問也亦可。菲氏乃作答曰。軀殼本非我而物也。而我固已確然認之為我。此非緣我認之而始成為我也。彼實我之一部。苟無彼焉。則我將不可得實現。因此可知凡物皆與我同體。凡物皆為我之一部。所謂萬物皆備於我也。而此備於我躬之物。一方面固常資我利用。一方面又若為我蟊賊。試即以此冥頑之軀殼論。我一切行為。皆託彼以表現。彼之有造於我甚明也。然肢官百體之慾。在在常誘我以納於邪。然則使我之行爲與我之理性相矛盾者。何一非彼爲之祟。夫我與物之關係。無論在身中者與在身外者皆若是。已明乎此義。從可知常人所謂我者。實由我之一部與物之一部結合而成。我之一部謂理性也物之一部謂物質所構成之軀殼也此二部雖相依不可離。而要當使我中之我不爲我中之物所制。菲氏之所以答第一問者大略如是。吾儒常言盡人合天。由菲氏之說。殆可謂之盡物合我也。

其答第二問曰。吾七尺之軀之中。有我之一部與物之一部結合而成。嚴密剖辨。則此物之一部。我而非我也。吾七尺之軀以外。其與吾同類之人人。亦各有我之一部與物之一部結合而成。嚴密剖辨。則他人體中所含我之一部。指人人之理性非我而我也。夫吾視吾身外之人與視吾身外之庶物。其觀念宜無差別也。然而竟不能無差別者何也。與吾同類之人與夫與吾不同類之庶物。其間相異之特徵有一焉。曰人類有自由意志。而庶物無之也。蓋一切衆生之行動。雖不敢謂其絕無所嚮之鵠。然常爲必然之法則所宰制。例如鳥獸之飢食倦息當春而孳尾其求食求息求孳尾不能不謂之有一目的然皆有一必然之法則爲之支配吾人固可以布算而預測之與推算歲躔化分物質無異也人類之食息運動。固亦有一大部分爲必然之法則所宰制。然常有多數之行爲。除由吾自己之意思自行發動外。則求其原因焉而不可得。例如或爲一善事或爲一惡事一念之間轉移甚速絕非別有他力能相牽制此即意志之自由也然則人類意思之絕對自由。確爲不可磨滅之眞理。此即理性所由發寄。而人之所以貴於萬物也。吾儕既自覺我躬之具有此自由意志。又覺乎多數圓顱方趾與吾並立於宇宙間者。亦同具有此自由意志。於是乃別而異之曰。彼乃我非類。而此乃我同類也。此則社會觀念所由成立也。夫一切衆生之無自由意志者。其行爲常受他種原因所宰制。吾儕人類既有自由意志。宜無復他力能宰制我矣。雖然。有此自由意志者不獨我一人也。凡我同類皆有之。故我之自由意志。其影響常波及於他人。他人之自由意志。其影響亦常波及於我於是乎意志之本體雖不受他力宰制其發而爲用也自不能不有互相宰制者存使多數人自由意志之發動而能與本來之理性相應耶則吾所感受者其良影響也反是則所感受者其惡影響也人我相互之間其影響於我躬者如此其巨此社會所以爲重者一矣復次前文嘗言彼庶物者一面常資我利用一面又若爲我蟊賊而欲善其利用有時非獨力所克致欲禦此蟊賊有時亦非獨力所能任不得不藉同類之分勞趨功通力合作此社會所以爲重者二矣菲氏論社會成立之根柢大略如是於是下一斷語曰凡人必與其同類營共同生活此正所以自完其本性之作用實我對於我之一種義務也彼山林隱遯者流欲離羣絶世以終古者非直不忠於社會實乃不忠於自己也

菲斯的更進論國家之位置以謂人類最高之理想務欲使理性圓滿實現理性圓滿實現之社會則必蠻力絶跡邪智潛形舉全世界人悉遵正軌以求多福然茲事體大非期諸千萬年以後不能爲功而在緝熙進取之長途間尤必賴有無數之派分社會相與趨功集事（人類全體社會爲最大之總社會自餘則皆派分社會也）國家者即在諸種派分社會中占最高之位置且常爲諸種社會之淵源吾儕曷爲貴有國家國家者凡以實現吾最高理想之一大手段也故凡司國家之機關者宜知國家實負此重大責任而思所以完之爲國民之一員者亦宜知國家實爲我負此重大責任而竭誠以愛之

綜上所述則菲斯的之社會觀可見一斑菲斯的所常倡道之警語曰爲義務而盡義務此語實予百年來德國人之性質以莫大之感化所謂爲義務而盡義務者謂凡人皆有自發達其理性使進於圓滿之義務其他凡百義務皆爲此一大義務而盡者也倘更有致詰者曰此一大義務吾儕曷爲而必須赴之吾不求吾理性之圓滿

發達。何爲不可。菲氏則曰。此非人之情也。人既有理性。非完其理性。則不能以自卽安。試觀吾儕日常之行爲。苟有與吾理性相矛盾者。蓋未嘗不受良心之督責。蹙然無以自容。又使與吾接搆之人。人日以非理相加。則我躬之困橫。又曷其有極。從可知理性之完否。與幸福之多寡。恰成比例。是故由菲氏之說。則義務卽權利。權利卽義務。曰爲義務而盡義務也可。卽曰爲權利而盡義務也亦奚不可。若是者吾名之曰福德合一主義。夫惟深有見於福德合一。則知進德不倦。正所以求福不回。此菲氏所三致意也。

菲斯的又曰。吾言理性之圓滿實現。爲人類最高之理想。夫此事非欲其終於理想也。然又不可以一蹴幾。故在今日適成其爲理想而已。雖然。但使人人咸知向此理想以進行。則理想之成爲事實也。自日近。問者曰。如何能使人人共向於此理想以進行乎。更申言之。則人人各懷其理想。曷由而能使之常與此大理想相應乎。菲氏則答曰。理想之本質。固萬人同一也。然其程度則千差萬別。人人各以自己所懷理想之程度。以律他人。見他人程度不如我者。恆欲誘而進之。使與我同化。如螟蛉負果蠃之子。日日教誨。式穀之曰。似我似我也。如此交互相律相誘。彼我精神之角鬬無休時。而優者恆勝。劣者恆敗。則不知不覺之間。社會自日遷於善。所謂中也養不中。才也養不才。吾儕對於社會之天職。莫此爲大矣。如使中也棄不中。才也棄不才。則社會前途之希望。一切斷絕。行且萬古如長夜也。（菲氏原文言社會之優秀者常當思所以敎化其劣下者今借孟子之語譯之）雖然。放眼以觀過去歷史之趨勢。能使吾儕之杞憂自然冰釋。蓋使先知覺後知。使先覺覺後覺。既儼若天命之莫敢違。己欲立而立人。己欲達而達人。抑且人情所不能自已。人類精神之角鬬。本莫之爲而爲。莫之致而致。而角鬬之結果。則優勝劣敗。遂無可逃。世間之愚不肖者。早晚必直接間接爲賢智者所同化。此事實之章章不可揜者也。菲氏以爲必深達斯義。然後對於社會有樂觀。

無悲觀。此心境所必能常泰而興味所以能不衰也。

菲斯的曰。社會道德律不一而足。而恪守自他平等之原則。此其第一義諦也。我既自知我之有此理性。同時復知與我同類者皆有此理性。又知彼我理性同爲一體。關係至爲密切。而影響互相波及。則欲求我理性之發達。自必以他人理性同時發達爲一重要條件。故尊重我之自由意志。同時亦尊重他人之自由意志。而非然者。則忽復與我先天之理性相戾矣。是故凡以奴隸視人者。必其先自視如奴隸者也。豈惟奴隸。乃更自夷於禽獸。蓋人之所以異於禽獸者。惟此幾希。欲取我同類者之此幾希而滅絕之。是謂我同類者與禽獸竟無擇也。我同類既與禽獸無擇。則我自處復何等者。抑不必徒膀理論也。凡奴畜人者。恆先自奴。徵諸事實而最易見。蓋驕與諂必相緣。苟遇弱於我者而恣意壓制之。則遇强於我者必曲意屈服之。此自然之數也。故不知他人之自由意志爲可尊者。必其不知自己自由意志爲可尊者也。若此者。社會之蟊賊也。且夫强奪他人之自由以從我者。不必其出於惡意也。卽臨以善。亦非所宜。逆人之意志而强迫之爲善。强迫之力能支幾時。究其竟則徒勞而已。況行爲不由意志出者。雖惡焉不任受罰。則雖善焉亦不任受賞也。（例如近世有施催眠術驅遣他人爲某惡事或某善事者被遣者義固不合受賞罰矣）然則蔑視他人之自由者。果無一而可也。

菲氏此論。驟視之若與彼前說微相矛盾。彼既稱優勝劣敗爲社會進化之動機。豈非認優者征服劣者爲吉祥善事。則欲絕不侵人自由。其安可得。雖然。菲氏之指。殊不爾爾。彼所謂精神角鬬者。正謂各出其自由意志以相競。人人皆欲使他人同化於我。而惟至善爲能制最後之勝。其所恃者乃感化力。非强制力也。故與前說絕無矛盾也。

自由平等之義。歐哲咸樂誦說。然轉輸以入中國。若不勝其流弊。憂世者輒引爲詬病焉。若如菲氏所說則何豪釐流弊之與有。蓋必有意志之自由然後行爲善惡之責任。始有所歸。而不然者。吾生若器械然。其爲善也有他力使之。其爲惡也有他力使之。既非我所自爲。則我亦何能任其責。夫惟自由之性與生俱來。故擇善趨惡。悉我主之。更無絲毫可容假借。然吾之理性。本自向善。試觀行偶不慊。斯良心立加督責。羞惡應時而發。則性善之義。夫何容疑。其漸習於爲惡也。不過爲四肢百骸之慾所搆煽。而心君忽失其宰制之力。質言之。則心爲形役也。夫四肢百骸物也。而非我也。我爲之役。寧復得云自由。標自由意志之義以爲敎者。正所以使我躬超然於氣拘物蔽之外。而蕩蕩以返其眞也。而我國少年耳食自由者之所爲。自菲氏觀之。則純然爲外物之奴隸。而與自由之本性適相反者也。平等之義亦然。菲氏之說平等。其第一義卽在尊重他人之自由。夫互相尊重其自由。則平等乃秩序所由生。而豈復爭軼假擾之足爲患。彼託言平等以破秩序者。又正與菲氏所謂平等相反者也。故如菲氏者。可謂善言自由平等也已。

菲斯的又曰。人類發達之極致。則理性之和同是已。驟觀夫人人之言思動作。各有所倚。或左或右。樊然若不得其朕。雖然。同歸而殊塗。一致而百慮。既有同一之理性以爲之樞源。則自能嚮於和同之鵠以趨進。及其完全貫達此鵠。則理性之本體平等一味。斯所謂止於至善也。吾儕對於社會之天職。卽盡吾戔戔之力。助促社會使止於至善而已。吾嘗繹菲氏所謂理性本體平等一味之義。殆與佛說眞如同一旨趣。然佛說謂欲涵養眞如。其致力全在斷絕生滅。菲氏之敎。則正與相反。謂非生滅錯逭。不足爲眞如實現之媒。故佛說以解脫世法爲旨歸。而菲氏則以不離世法爲究竟。其言曰。欲達理性和同之域。惟有人人各自發揮其理性。而相扶相助緝熙光明云爾。而其致力之法。不出二途。一曰與。二曰取。與者何。謂與他人以自由也。取者何。謂向他人受取利益也。與他人以自由。爲社會成立最要之基礎。既如前述。然苟無欲向他人受取利益之觀念。則社會之進步亦終不可期。教化曷爲而能施。長短曷爲而相補。皆此向他人受取利益之一念爲之動機也。孟子稱莫大乎與人爲善。又稱樂取諸人以爲善。菲氏所說正與之相發矣。

菲氏以爲但能解取與二法之妙諦。則自能有無相通。剛柔相濟。羨不足相補。對一人如此。對人人盡然。橫有億萬萬人。竪歷億萬萬載。而此取與交互之作用。流行其間。無少凝滯。如萬鏡之相映。如萬網之相絡。如萬輪之相銜。如萬波之相盪。苟名爲人。斯莫不爲社會之一員。苟爲社會之一員。斯莫不參加於社會之大活動。三人行必有我師。而我亦無往不爲人師也。凡各人之言思動作。不論時之久暫。不論力之大小。而必有一日焉生出若干之反影反響。以波及於他人。寖假而波及於全社會。而且留其跡於億萬年以後。吾之此權能。吾之此勢力。蓋與受生俱來。非惟非他力所能撓。卽欲自磨滅之而亦不可得。人類之所以可尊。人生之所以可貴。凡以此而已。夫惟其可尊可貴若此。則所以思舉其天職者。益不可不兢兢也。

階級與分業

社會曷爲而有階級乎。此階級果偶然湊泊以發生乎。抑有所不得已乎。此階級果合於正則乎。抑戻於人道乎。

菲氏復根據哲理以解答之。其言曰。人類日與外境之自然界相接也。（自然界對理想界言指宇宙萬有也）自然界森羅萬象。其狀態參伍錯綜。至賾而不一也。而吾人所感受亦各各異。或感受此象而不感受彼象。卽同一象也。而各人所感受之程度與所感受之影響．亦決不能一致．其差別有緣生理作用而起者．亦有緣心理作用而起者．感受既有差別．則其因應之之能力亦隨而生差別．此自然之階級所由發生．無可逃避者也．夫人生之目的既以使理性圓滿發達爲職志．若何、而能使理性圓滿發達．惟有善用自己所有之諸能力．媒介於內界與外界．使相適應．其在社會．則宜使全社會之人人各各善利用其所有之諸能力．互相補助．互相膠合．而媒介全理想界與全自然界使相適應．如是則非階級不爲功也．故菲氏認階級差別爲社會所必要也．

菲斯的曰．人類之幸福．其緣利用自然界而得之者．什而八九也．自然界能詒我以利益．能注我以教育．（人類之衣食住及凡百物質上之受用無不取給於自然界之百物故曰詒我以利益一切科學以自然界爲其研究之對象者什而八九故曰注我以教育）雖然．欲以個人而直接向自然界攫取利益．享受教育．爲事殆極難．蓋孤獨生活而能致文化之發生者．未之前聞也．社會者．則取凡個人獨力不能利用自然界之事業．而悉負荷之．取凡個人不能向自然界享取之利益．而悉儲蓄之．而還以媒介之於個人．自有社會．而一人之利得．成爲萬人共同之利得．古人之財產．成爲今人世襲之財產．不寧惟是．個人有耗損．此公共財產者．社會常分擔其責任．思所以補塡之．而無所於吝．由此言之．個人之所託庇於社會者如此其深厚也．（此段意義極精闢吾所譯恐不免晦澀願讀者細玩而會其意彼所謂利得所謂財產者不過一種譬喻語並非專指物質上有形之利得財產而言例如瓦特發明蒸汽奈端發明吸力而吾儕不勞而易明蒸汽吸力之理此非一人之利得成爲萬人共同之利得乎釋迦孔子基督倡導種種道德而後世率由之以善其俗此非古人之財產成爲今人世襲之財產乎菲氏立言之意蓋如此）復次．利用自然界云者．豈非使自然界常服從我乎哉．雖然．自然界固甚倔强．欲使之服從．常不得不與之奮戰．質言之．則世界上一切文化皆人類戰勝自然界之鹵獲品而已．（例如野蠻人常病水患文明人則食水利戰勝之結果也百年以前電氣未嘗爲人服役今則所至利用戰勝之結果也苟悉數之無一事物不然）夫以云作戰．抑何容易．使人人徒手以搏．各不相謀．則雖一人偶奏凱歌．而其他千百人乃望風而靡．有終於敗而已．於是彼社會者。乃結軍團以策戰略。但使有一人獲勝。則是社會之獲勝也。萬衆乃鼓勇突進以隨其後。乘勢破敵而役屬之。如是。此社會軍之各戰鬬員各各有其特殊之伎倆。各出之以克敵致果。一有可乘。即全軍逐利。如是。則社會必能獲無前之大捷。而鹵獲品則全軍共焉。所謂一人有慶。兆民賴之。社會之謂也。夫欲組織軍團。非萃合種種階級不爲功。此又階級之所爲必要也。

菲斯的曰。吾儕生今之世。承萬數千年來詒傳之歷史。其在自然界。經幾許之墾闢耕耘。其在理想界。經幾許之觀摩進展。吾儕所應盡之職。我祖宗先我而盡之者。不知凡幾矣。吾儕所不能就之業。他人爲我就之者。又不知凡幾矣。由是以思。則社會之恩我。云胡可量。我受生伊始。已如席父兄之業。毋恤飢寒。今若飽食以嬉。不思自效。書有之。厥父築室。厥子乃弗肯堂。矧肯構。厥父菑。厥子乃弗肯播。矧肯穫。此其爲一家之罪人也明矣。對社會亦然。既受社會深恩。安可不夙興夜寐。思所以爲報。報之維何。即常以社會一分子之資格。加於社會軍團之活動。務有所貢獻。使社會傳襲之財產。繼長增高。以詒諸方來已耳。而非然者。則社會之罪人也。

菲斯的曰。處世之道。二途而已。分業主義與萬能主義是也。萬能主義之生活。一切不仰給於人。惟恃一己一身之力以開拓自然界。所謂一人之身。而百工之所爲備。必自爲而後用之也。信如是也。則雖賭七生賭十生。終不克與今之文明人伍。常覺日暮途遠。啜泣以終古已耳。（試懸想魯濱遜漂流記之境界。終歲勤動。其所得結果幾何。蓋孤獨生活。僅欲自維繫其生命。已不知費幾許辛勤。更安有餘力以求進步也。）分業主義不然。人人各異其性質。故各有特殊之專長。人人各異其嗜好。故各有特殊之興味。人惟就吾所特長者。與吾所特好者。努力以赴之。期發展吾能力無所遺。其餘事則委諸他人。勿兼顧也。夫如是。而吾之靖獻於社會者。抑已多矣。菲氏此論可謂博深切明。大抵文明人與野蠻人之分。則分業之有無疏密。其最顯之徵幟也。吾中國非不講分業。然以視歐美。其程度之細密。相去遠甚矣。故各人之能力。緣重規疊矩而枉費者不知凡幾。其尤病者。則才智之士。對於各種事業。恆貪多務得。以故用力多而成功希。菲氏所謂專就吾所特長者與所特好者全力赴之。餘事則委諸他人。此義最可深長思也。

菲斯的又曰。人之擇術。不可以不自由。不可以不明愼。蓋人苟自好用其所短。而不用其所長。則其固有之所長。必漸萎縮磨滅。而其本來所短者。雖欲竭蹶以赴。而成就終不能如人。又可斷言矣。如是則必且自舉其有用之身。埋沒於社會之暗陬。而侘傺抑鬱以死。若此者謂之自棄。其爲人長上者。或直接間接以干涉他人。使之不復能有選擇職業之自由。則其所生惡果亦必同一。若此者謂之暴殄。二者有一於此。其對於社會之罪。蓋不可逭也。菲氏之意。以爲各人之能力。譬之則社會之公共資本也。分之爲各人私有之資本合之爲社會公共之資本資本能善用之於適當之地。則孳乳增殖無已時。而不然者。則一耗而不可復。以社會生計學之原理論之。個人資本之損失。即社會資本之損失也。故游惰與奢侈。固爲厲戒。即投資誤其所嚮。治計學者亦引爲大病。人之才力亦然。大木爲柱。小木爲桷。各得其宜。是以成室。其有錯迕。則大小兩成棄材。嗚呼。使菲氏之說如信者。則吾國今日人才之消乏。抑何足怪。豈必其眞無材。奈其所以自位置或被位置者。皆不適也。

菲斯的重言曰。吾儕若能體會社會自他相聯屬之關係。則知爲他人而勤動者。正爲自己而勤動也。爲自己而勤動者。正爲社會而勤動也。社會之福利。他人之福利。自己之福利。實三位一體。相倚而不可離。明乎此義。則知我眇眇七尺之軀。雖曰其細已甚乎。然而繼往開來。爲此大宙中無窮歷史之一連環。所以樞紐夫其間者。至重且大。夫如是。然後吾之生爲有意義。吾之生爲有價值。明乎斯義。雖懦者其可以有立志矣。

菲斯的又曰。明乎斯義。則吾所處階級之高下。絕可以無容心於其間。蓋社會之事業。千百其塗。赴之者若有所偏枯。則千金之堤。安見不緣蟻穴而潰。譬諸軍隊。倘全軍盡爲將校。何以能戰。戰勝策勳。則卒伍之勞。蓋與將校等也。惟各應其地位而各竭其才能。斯返諸心而即安。責諸效而可見。社會不負我。而我亦不負社會矣。

菲斯的又曰。明乎斯義。則可以齊成敗。可以一死生。此非謬爲大言高論也。人生之大目的。無有窮期。前乎我者既萬千年。其協力嚮此目的以進取之人。若恆河沙數也。其間聖賢豪傑。亦比肩立。今所邁進者。猶未及半塗也。以云成也。則孰爲有成。非其人之無成。蓋此事業之性質。本無盡。無人能盡。斯無人能成也。以云無成也。錙寸之力作。皆能貯其結果。以成爲社會資產之一部。而後之人必有賡續之而收其功者。故惟棄義務者爲全敗。踐義務者未或能敗也。更進而語於死生。以社會千萬年之眼光觀之。彭祖殤子。相去能幾。但使此身一日立於宙合。斷不肯甘爲虛蠹。而常思有所靖獻。則社會息息無冗員。無棄材。自緝熙以向上。個人之死。於此無窮大目的。有何影響。蓋此無窮之大目的。實吾生命也。目的無窮。吾生命又安有窮。明乎此義。眞乃掉臂游行。得大自在。舉一切險艱。更何足以芥蔕於吾胸中。養勇之術。於是乎在矣。

中日交涉彙評

中日最近交涉平議

日本借撤銷軍區問題爲名。提出嚴重之要求條件。以與我政府交涉。此既爲不可掩之事實。其餘條件內容。雖祕莫得知然其中必有大足惹世界注目者存此可想像而得也吾以爲撤銷軍區問題之是非曲直爲一事借此問題而提出要求條件其於兩國有益與否別爲一事條件內容合理與否又別爲一事三者不容混也其第三事則今日條件內容如何未由揣測可暫置勿論其第一事所爭者則法理問題也吾國爲撤銷之宣言於法理絕無背戾本報辯之已悉毋俟喋喋日本報所相反詰者雖多然於法理上吾恐其終不能自圓其說也惟其言有最足令吾儕悚動者前日本東京某報論說中謂此等宣言明知必不發生效力何必多此一舉而因以責我政府外交手段之幼稚此其語深可味也蓋法理非爲弱者而設既久爲明眼人所道破今茲戰役發生以來而「勢力卽正義」之一語尤有種種事實以爲之證明在今日而斷斷爭法理之曲直寧非癡人說夢記一九〇八年奧人兼併坡士尼亞赫斯戈維納二州時俄國議會責其外交總長伊士倭士奇謂何故不提出抗議伊士答曰「諸君亦知外交上提出抗議當有重大之責任隨其後乎質而言之倘無用武之決心而貿然提抗議外交家所大忌也」夫坡赫二州之主權規定於柏林條約之第二十五條俄國本柏林條約署名國之一據此以與獨斷背約之奧國抗議在法理上寧非至當而俄人不爾者蓋深知正義之爲物惟有勢力者能專有之故不肯漫然提抗議以損威重此其外交手段之所以爲老練也我國此次之宣言其性質與抗議稍異蓋抗議則對於一國行之宣言則對於世界行之而不專指某國吾最初之宣言局外中立中間之宣言暫設行軍區域以至今日之宣言撤銷皆出同一形式本無所待於外以爲此與抗議不同斷不至開罪於他國也又以爲東方有君子國其愛重正義之念最强斷不至緣我履行正義之故而反相責也於是泰然用普通之程序以發此宣言而不知卽此已足以逢大國之怒此實由我外交當局徒泥法理而不察事勢吾不能爲辨也若以此爲我罪乎

則傳有之。匹夫無罪。懷璧其罪。又曰。欲加之罪。何患無辭。我國擁世界之寶藏。而不能與世界共之。則何往而非罪者。既不能令。又不受命。則更何往而非罪者。夫比利時有罪乎。曰有。比利時曷爲不效盧森堡。此卽比利時之罪也。中國有罪乎。曰有。中國曷爲不效高麗。此卽中國之罪也。中國既負此重罪。若在歐戰期內。終不能爲日本所赦。則何事不足爲問罪之口實。借軍區問題可也。借他問題亦可也。問罪與否及何時來問。悉屬日本人之自由。吾儕舍靜以待之之外。更有何術。惟吾有一言欲求日本反省者。曰當此時勢。借此問題以問吾罪。是果爲日本之利焉否也。吾不知日本此次提出條件。其所聲明之目的何指。吾竊料條件第一行。總不免有爲保持東亞和平起見等語以爲裝飾。夫日本之願保東亞和平。本吾儕所篤信。此種美意。尤爲吾儕所深感。但爲保東亞和平起見。曷爲必須以今日汲汲提出條件。要求解決。則吾之愚。乃百思不得其解。夫與東亞有重大之關係者。日本而外。惟英俄法德美五國。美之無意擾亂和平。天下所共信矣。德則在東方戰鬭力已盡。雖欲擾亂而無能爲役也。英俄法則方與日本同袍澤者也。故在歐戰期間內。但使日本不擾亂此和平。且不許人擾亂此和平。則誰得而擾亂之者，而謂在此期間內必須與中國議種種條件。乃足爲和平之保障。雖有蘇張之舌。恐不能完其說也。且願保東亞和平者。豈惟日本。歐美諸國人同此心也。誠欲爲保持永遠和平計。思累保障以保障。則俟歐洲戰爭中止之時。卽爲世界外交開始之日。其時諸大問題待決者不知凡幾。遠東問題。亦其一也。日本以彼時杖義發言。豈憂無力。而必汲汲焉以今日提出。惟恐後時。則日本人雖信誓旦旦。而兩種之嫌疑。終不能免。兩種者何。其一。歐美人心目所見。必以爲日本乘彼無暇東顧。因以攫取優越之權。使彼等他日立於不能競爭之地位。其二。中國人心目所見。必以爲日本人乘我內亂初平。外援正絕。而因以謀蹙我於死地。此二者在日本容或確無此心。然在今日而忽有此等咄咄逼人之舉動。欲人之無猜疑。決不可得也。今日本人所要求。其遂能成功與否良未可知。藉曰悉成功矣。問其曷爲而能成功。則必曰歐美人無如日本何。故日本成功焉。中國人無如日本何。故日本成功焉。夫在今日則誠無如何矣。而永留各方面莫大之惡感。以爲成功之代價。其得稱爲圓滿之成功乎。吾願日本有遠識之政治家。一深長思也。

吾嘗徧讀半月以來日本之報紙矣。其千篇一律之論調。皆曰中國待日本無誠意。中國侮慢日本。故日本宜加以膺懲。噫嘻。我國今日所處何時。所處何地。而敢侮人耶。推挹之言。良不敢當。若云無誠意耶。則客觀的論評。吾儕亦何能以主觀的自爲强辯。抑吾聞之。惟以誠感人者。人始以誠應。假膺懲之手段以致人之誠。吾未之聞也。日本欲得吾國人之誠意耶。是不難。請日本先施之而已。吾居日本久。吾雖知日本無利我土地之心。然此意不能盡人而喻也。國中多數人民。覩日本近日舉動。恆竊竊私語曰。日本人果欲友助我中國耶。抑欲翦滅我中國耶。吾輒與之辨。謂日本人爲保全友邦領土之宣言。非止一度。豈其有反思翦滅之理。難我者曰。日本人宣言保全朝鮮領土。又豈止一度。且屢載之於盟約矣。而今竟何如者。吾聞此竟無以應也。凡有生之物。其遭危難愈多者。則其警戒之感覺愈敏銳。此公例也。吾國數十年來。遘閔既多。受侮不少。故多數人神經刺激過度。而不輕推信於人。凡稍明我所處之境遇者。當能相諒也。日本誠以我爲唇齒休戚之邦。則其所以翼而進之者。必當有其道。今日本人肺腑中所懷抱之熱誠何若。吾儕苦未能見也。若徒觀其發表於言論者。則惟有日日陷吾儕於驚怖與憂憤而已。吾今亦不能一一悉舉其例。吾願日本深思遠識之士。試取歐戰以來之新聞雜誌。平心一加省覽。觀其大體之論調果何如者。蓋幾許當局有力之人。幾許學界高名之士。其所論處分中國問題。予我以極難堪之刺激者。蓋不知幾何篇也。日本人動責我以無誠意。我實未知日本意之所在。則吾誠將掬之於何處者。夫謂日本而欲翦滅中國耶。吾敢信日本人必不若是之愚。蓋中國決非朝鮮比也。欲我元首如李王之揖讓署約。欲我人民如一進會之要求合邦。此殆海枯石爛斷不能致之事。舍此而將以力征經營得之耶。則彼我兵力之不敵。此固無庸深諱。有聽客之所爲而已。雖然傳不云乎。鋌而走險。急何能擇。又曰蜂蠆有毒。而況於國。試回想日本戡定臺灣。其所耗血汗幾許。若欲戡定中國全國。則所耗日本兵力財力必二三十倍於臺灣。此事之至易見者也。若必逼吾國使出於鋌而走險之一途乎。則吾國必爲玉碎而無復絲毫瓦全之希冀。自無論矣。而日本亦何利者。恐戡定中國之業未及半。而歐戰早已告終。其時爲侵略計畫之大梗者。又不僅中國人已也。藉曰乘今日之勢。可以指揮旋定。而遂爲日本之福與否。良未敢言。夫統治異種人。譚何容易。博觀世界歷史。彼强國之緣拓土太廣。統治難周。而反致自身之滅亡者。不知幾何姓矣。苟有國焉。欲滅我國乎。除非將我數千年傳來之國民性盡行剗奪。使一切同化於彼。庶可以高枕無患。然試思此事果能致否。我國之國民性。果能被剗奪以同化於人否。終已不能。而但恃兵力以得志於一時。當其兵力方張。吾民或不能不暫時屈伏於其下。然兵力則何常之有。兵力一弛。大業全隳。如壓皮球。壓力一鬆。其張猶昔耳。蒙古滿洲之在中國。土耳其之在歐洲。西班牙人之在新大陸。皆其顯證也。是故吾中國決無憂亡焉。苟有國焉試以兵力亡我。則數十年後。其國必反以是自取亡。此吾所敢斷言耳。吾今絮絮爲此言。在日本識者聞之。當必且笑我爲無的而放矢。夫此種譏誚。固吾所極樂承認也。吾深信日本之善於謀國者。必不出此下策。吾故昌言之而無忌也。

夫日本既決無翦滅中國之心。而中國積弱。又常足以貽日本之累。然則爲日本者。無論自爲計及爲中國計。惟有希望中國人自處理其國。而常引日本爲良師益友。以改進其今日之地位。斯則兩國無疆之福耳。夫日本人固常以此義。信誓旦旦於吾前也。而曷爲兩國感情。不惟不能日親。而反若日閡。在日本人豈不曰支那人冥頑不靈也。吾誠不敢專自辯護。謂吾國民絲毫不分其咎。然日本方面遂得曰無責任乎。吾願日本之識者一自反也。夫空言且勿論。請論實事。遠事且勿論。請論近事。卽如日本此次之攻青島。豈不曰德人以懷抱侵略中國之野心。故乃占此地。吾日本認爲與保全中國領土之前途有危險。故驅之使去也。然則凡占居此地者。其於侵略中國極爲便利甚明。日本苟欲表示其絕無侵略之心。則踐其戰前之宣言。攻陷後卽交還中國。則其義聲所著。予中國人以感動當何若者。然歐戰未終。日本人不能以其戰利品私相授受。亦情理之常。吾國人亦斷不以此相責望。若夫山東撤兵。則我國爲整理該地行政。防禦該地內亂起見。皆非此無由得利便。我之以此希望於日本。揆諸天經地義。寧得曰非當者。日本人則曰。日德今方在交戰中。吾留兵以防德人。安能遽撤。夫若彼此以門面語相角。則此何嘗不持之有故。言之成理。然按之事實。信耶否耶。日本人寧不知德國在東方之戰鬭力已掃蕩無餘。難道德人在歐戰期間能有力以復攻青島。有力以復奪膠濟鐵路。五尺之童。知其不然矣。防德既爲門面語。則兵之不撤。意欲何爲。日本人責吾儕以妄事猜疑。深吾望日本人有所以解吾儕之猜疑也。且我國撤兵之要求。尚未提出也。宣言劃出行軍區域。本我國之單獨行爲。宣言撤銷行軍區域。亦宜爲我國之單獨行爲。似此果有何事開罪於日本。而膺懲之語。大昌於東報。支那問題根本解決之言。更絡繹不絕。初以爲是不過報館無責任之閒言耳。曾幾何時。而嚴重條件之提出。既已見告。吾願日本人平心一自反。似此舉動。謂非如日本諺語所謂針小棒大者得乎。日本人如稍以友誼相待者。充其量不過仍作門面語。提出未能遽行撤兵之理由以相謝。則亦已矣。今不惟飈言不撤兵。而反突然提出種種要求。夫蹊牛於田而奪諸牛。君子猶譏其無道。況並未蹊牛而强奪之者哉。日本人日責我不誠。責我無禮。日本此舉。果爲誠耶。果爲禮耶。吾願日本識者一易地思之。夫前車不必論矣。日本人謂我不當遝爲宣言。而宣言則既已出。吾儕謂日本人不當於此時提出要求條件。而條件則既已提。成事不說。吾復何云。然吾猶有拳拳之意。欲爲日本當局日本國民告者。日本既決無吞滅中國之心。且深察吞滅中國非日本之利。則無論如何。終須兩國善意提攜。始能挽斯危局。若日日以傷害感情之事相加。則是北行而南其轅。手段與目的相反。則將來可痛之事。安知所屆。聞所提條件。行將開議矣。吾儕深望其條件皆爲雙方利益可以交換者。吾政府則開心見誠以議之。期能得圓滿之良果。萬一其中有傷害我主權爲我所萬不能堪者乎。則吾望日本撤回之。如其否也。則政府顧全邦交之苦心。豈能盡喻於國民。雙方之國民。互以劇烈之感情相搏激。前途豈堪設想。如是則日本保持東亞平和之本志。不其荒耶。嗚呼雙方當局交涉者之一言一動。數千萬人之生命繫之。尙其敬愼哉。尙其敬愼哉。

中日時局與鄙人之言論

一昨吾爲一文論中日交涉事。登入本報。爲日本當局及日本言論界一效忠告。吾言質直。無所掩飾。頗自信能代表我國多數人之心理。吾深冀吾言能發生幾分效力。則東亞前途之險象。庶可幸免。雖然凡聽言者最患有所蔽。一有所蔽。則成見橫亙於胸。看朱成碧。勢所難免。故吾頗欲說明鄙人對於各交戰國之所感想。因推論及吾國一般言論家之態度。願日本人一傾聽也。

日本報紙之論調。有一事最可笑者。則強將我國知名之士。及稍有價值之報館。加以排日派親德派種種名目。又揑稱德人以金錢運動某某人。賄買某某報館。若此者吾數見不鮮矣。而鄙人亦在其所指斥之列。數月以來。彼中各報登載鄙人言論行事。羌無故實。而嚮壁虛造者。何啻數十次。頃聞近來更有摭拾吾所著書中之斷言片語。譯成英法俄各國文字。分送東京各使館。指爲吾祖德之實證。此事眞否。吾不敢斷言。若誠有之。吾乃不能不驚日本人舉動之可笑。一至於此也。吾黨德與否。何必致辯。吾本中立國人民。無論與何國結深厚之交誼。對於國家不爲罪惡。對於世界不爲罪惡。吾誠黨德。何必諱言。顧吾甚遺憾。吾於各國皆有知友。惟德乃適無之。在北京外交團中。亦惟德使館往還最少。蓋事實適與彼所揣度者相反也。吾所著歐洲戰役史論第一編。頃已出版。無論何國人皆可取讀。吾敢信全世界中著此類書者雖多。而求其持論公平如吾書者。殆不易見。蓋吾國人與各交戰國無絲毫政治上血統上之關係。故無所偏好偏惡。而其言易得正鵠也。吾書中推挹德國之言誠不少。然謂德人無推挹之價值得乎。譬之有人於此。崇拜傑特西黎爾之詩曲。誦說康德黑嘎爾之哲學。而謂其人爲祖德可乎。且吾書中非難德人之語。又豈少。德人執此謂吾排德可乎。學者之批評與政治分野有何關係。混爲一談。適見其陋耳。竊計日人所最不慊於我者。因我在參政院嘗提出質問。當時日本報紙責我忘恩負義。謂我受人嗾使。議論紛紛百出。雖然吾請日本人易地相處。爲良心上之判斷。吾儕立於國家之最高立法機關。當國家遇此大變。是否有發言質問當局之權利及責任。若謂吾曾受日本保護十餘年。即當放棄其對於國家之責任耶。試問日本保護鄙人之初心。豈非以鄙人爲一愛國者。循國際法上保護國事犯之大義耶。使鄙人而非愛國者。則日本昔時保護之不當也。使鄙人而爲愛國者。則日本今日之責備不當也。日本人得毋欲鄙人如亂黨首領某某輩日思引外人以擾亂祖國而始爲報恩耶。果爾。則日本光明義俠以履行國際法上之天職者。其究也乃有所爲而爲之。則初志荒矣。誰謂文明之日本而乃有此。若夫無論何人稍持正論。輒誣以受人嗾使。此豈上流社會之所宜妄語者。須知自由意志實人格成立之根本義。不認人有自由意志。是侮辱其人之人格也。侮辱他人之人格者。即無異侮辱自己之人格，日本人好爲此等言。吾甚爲日本人不取耳。於鄙人則何傷者日本著名某報公然揭載特電。謂德國散二十餘萬打拉賄買中國各報。又言北京報館二十餘家盡爲德使所敎唆。就中如吾今者投稿之北京某報。日本報每引其說。輒冠以德報機關報之徽號。此其事實之無根固不必深辯。日本人曾亦思造作此種謠言。其侮辱他人人格爲何如者。蓋此種謠言之背後必須有一前提焉。曰「凡中國人絕不知有所謂主義。不知有所謂國家。所知者惟金錢耳。故代表一國輿論之報館。外國人用金錢之力即可操縱」。日本人苟非認此前提爲正確。則所謂二十餘報館盡爲德人賄買之說決無由成立。苟認此前提爲正確。則何異昌言凡中國之新聞記者皆無人格也。此在歐洲舊俗。則決鬭之題目矣。日本人常怪我國報紙對於日本動生惡感。試思此種惡感誰實挑撥之者。且二十餘萬打拉爲數非鉅也。日本人既認我國輿論爲可以金錢操縱之。何妨試以此數或倍蓰此數一爲操縱。看其效力何如者。夫噂沓譏搆妾婦之道也。某某等報號稱日本極有價值之報。而乃有此等言論。其毋乃太不謹愼矣乎。

吾更欲赤裸裸的爲日本人一言。吾勸日本人切勿誤認題目。以第二之朝鮮視我中國。彼日本在朝鮮之交涉。積有經驗。習見夫疇昔之朝鮮有所謂聯華黨者。有所謂聯俄黨者。有所謂聯日黨者。因以爲中國亦必爾爾。殊不知我中國絕非朝鮮比也。我國雖積弱已甚。而國民常自覺其國必能巋然立於大地。歷刧不磨。此殆成一種信仰。深銘刻於人人心目中。而末由拔。故所謂某國黨某國黨者。終古決不能出現於我國中。凡以正義待我者。無論何國。吾皆友之。凡以無禮加我者。無論何國。吾皆敵之。夫以日本人與我國人交際之切密。猶不能在我國中造出所謂日本黨者。況以德人與吾國人交際之疏遠。又安能在我國中造出所謂德國黨者。使我國人而有好黨附他國之性質耶。疏遠之德國尚能造黨。而密切之日本反不能。是日本無能力之表徵也。夫惟我國人本無黨附他國之性質。故無論如何強國。終無術以得我之黨附。對於日本有然。對於日本之友國亦有然。對於日本之敵國亦有然。今日本見我之不黨附於彼也。則以爲必黨附於其敵。天下寧有此等論理。日本人而不知此中眞相耶。是曰不智。明知此中眞相而故顚倒其詞以相讒構耶。尤爲無謂。兩者皆爲日本人不取也。

夫吾此種論辯本亦甚無謂也。無論日本人若何讒構。毫不足爲吾儕輕重。吾何必辯者。雖然吾爲東方平和大局計。謂必以中日兩國人勿傷感情爲第一要義。日本朝野頗多俊傑。何爲見不及此。而日日以挑撥惡感爲國。吾竊怪之。吾儕於日本亦豈敢爲過分之責備。吾惟願日本對於我國國際之交涉。勿忘却我國與日本猶同爲平等之國家。對於我國箇人及社會之批評。勿忘却我國人與日本人固同爲有理性之人類。循是以往。式好無尤。勢至順也。吾願日本人愼思之。

解決懸案耶新要求耶

吾既兩次忠告日本人矣。今更有所論。

吾第一次論文曾言今所當討論者有三問題。一爲撤銷軍區是否合法之問題。二爲在今日提出要求條件是否有利於日本之問題。三爲條件內容是否合理之問題。吾前所詳論者則第二問題耳。今欲進論第三問題。論第三問題。必須先知條件之內容。今內容尙堅守祕密。非吾儕所能與知。何從論者。雖然。吾得爲抽象的一論之。大抵其條件若屬於解決懸案者。則其比較的合理者也。其條件若屬於新要求。則其絕對的不合理者也。是故我政府對於解決懸案之條件。有談判之餘地者也。對於新要求之條件。則斷無談判之餘地者也。請言其理。當民國二年余初入政府時。日與同僚討論大政方針於總統之前。余之論外交方針。卽以與各國解決懸案爲第一要義。蓋前此之外交。專以延宕敷衍爲能事。故未決之案頗多。然往往延宕愈久。而權利之損失愈甚。徒傷友邦感情。而不爲本國之利。故吾謂宜乘列國承認共和之後。開心見誠。相與談判。以迅速解決外交上種種大小未了之案。毋使爲彼我親睦之障。吾謂對於各國。皆宜取此態度。而先著手交涉者。則爲日本。以其壤地接近。公私交際頻繁。能相信則最易締親交。若相疑亦最易生衝突也。吾之此論。具載於前年之國務會議錄。當時幸蒙大總統之嘉納。及同僚之贊成。方擬次第辦理。而國內多故。日不暇給。未幾遂有歐戰之禍。要之我政府欲迅速解決各懸案。一掃國際間之雲霧。此方針至今未嘗變也。蓋凡一切懸案。皆根本於國際條約或契約上既定之權利義務。所以懸而未決者。或約文解釋上有異同。或節目上有伸縮。兩造各持一是已耳。吾既欲示親愛於友邦。則解釋上節目上。不妨特爲讓步。但使友邦情好日敦。則緣平和所生之利益。何在不足以相償。吾所以以解決懸案爲我國對外要義者以此。今歐戰方殷。而日本又爲交戰國之一。在今日而忽提出條件。無論其條件屬於何種性質。吾皆以爲非其時。前文既詳論之矣。雖然既已提出矣。則深望其性質爲屬於解決懸案者。果爾則吾望吾政府速開誠布公以相談判。苟非大有不得已者。不妨稍屈己見。以容納日本人之意見。蓋此舉本爲我政府久蓄意欲辦者。特以時機未至。故暫閣置。日本政府既提出。則亦我政府貫徹初志之一機會也。果爾。則談判之結果。雖不能悉如我意。我國民亦宜爲政府諒。徒叫囂責難。甚不可也。

若夫新要求。則與此異。解決懸案者。繼續國際關係之舊現象。而加以確定耳。新要求者。則變更國際關係。使將來別成一新現象也。申言之。則解決懸案者。兩造舊權利義務之實踐。新要求者。兩造新權利義務之設置也。凡國際上之新要求。或則爲戰爭之原因。或則爲戰爭之結果。何謂爲戰爭之原因。例如甲國以萬不能堪之條件要求乙國。乙國不應。則以之爲開戰之口實。苟非蓄挑戰之志。未有輕以新要求加諸人者也。何謂爲戰爭之結果。則戰勝國對於戰敗國。當然應享之權利也。使日本而果有新要求耶。日本方與我式好無尤。此要求決非戰爭之結果。抑甚明矣。既非戰爭之結果。曷爲加我以不能堪之要求。得毋欲借此以爲戰爭之原因耶。此豈惟我國人不能無惑。恐世界各國皆不能無惑也。夫日本人固日揭保持東亞和平之旗幟。以號於衆者也。而謂其蓄志欲與我挑戰。殊覺不近情理。既已不然。則曷爲有此怪異之舉動。此吾儕所爲大惑不解也。苟日本人誠不惜以此爲戰爭之原因耶。則此要求能貫徹與否。吾儕亦惟俟諸戰爭之結果已耳。據連日順天時報之論說。皆言日本此次所提條件。不過解決懸案。而非別有所新要求。其言若信。何幸如之。顧吾猶有所不解者。信如該報所言。則此等條件。何須祕密。曷爲不公開之。以免我國民及歐美友邦之紛紛妄揣。而日使乃以不許第三國竊聞條件內容爲第一重要之附屬條件。則又何也。我國稗官記一笑話。謂有愚農藏鏹於地。懼人知之。乃於其地樹一標曰。此地下並無藏鏹。今日本此舉。毋乃類是。該報諄勸我國民以勿誤會。然此誤會誰始之。日本自始之也。是故日本而果無新要求耶。吾甚望其將條件公開之。若不能公開。則是其條件之內容。決不堪予世界人以共見。譬諸男女愛情相浹。合意結婚。其婚約必不妨以事前證諸牧師。宣諸親友。惟踰東家牆以摟人處子者。乃不得不持刀以脅使緘默。斯喻雖褻。實含至理。願日本人有以自解之也。

夫使日本人而果有新要求耶。以吾兩國脣齒兄弟之交。就情分上原可不必齗齗計較。無如承允此新要求之後。則兩國國際上權利義務之關係。必生大變動。然爲此世界中國際團體之分子者。不僅中日兩國而已。與吾國有國際關係者。日本以外更十數國焉。吾與日本之國際關係若積極的生變動。則與日本以外諸國之國際關係。亦必同時消極的生變動。此非惟吾國所不能堪。抑亦凡與我有關係之國。皆所不能堪也。夫日本國既以國際團體一分子之資格立於此世界。而予與己並立之分子以所不堪。恐亦非日本之利。故吾願日本人慎之也。

外交軌道外之外交

日本今茲之行動。無論從何方面觀之。要之非外交的行動也。近數日來。日本人之言論。益復奇橫。足令吾儕驚心動魄。彼此次之要求。經其政府與黑幕中之元老數次密議決定而始提出。斷無輕易撤回之理。不寧惟是。彼之大隈內閣方解散議會。必欲於選舉之前。立奇功以徼譽於國民。而藉以自固其位。不寧惟是。彼國中握政治實權者則軍人也。而其軍人方趾高氣揚。謂當此歐戰期間。四海九州皆宜爲吾日本人橫行之地。安肯逸此千載一時之機。而不染指於中國。今日之中國人。將與日本言理耶。則理豈爲弱者而設。與日本言情耶。未聞向操刀之屠伯而語同情者也。欲鄰邦之仗義執言耶。此在平時已不可恃。況於今日。是故今日事勢。日本誠天之驕

子我國則有聽客之所爲已耳吾更何言吾更何言

雖然吾猶欲有言者日本人而欲得其所不當得之權利於中國耶請日本人自取之欲吾國人捧手以相授受焉決不可得也或曰有物於此客自取之與主人親授之於客其結果則等是失物耳兩者又何擇答曰吾惟知其無擇也故與其授之不如待其自取之爲愈也授受者友誼之行爲也人既不以友誼待我吾又安敢抗顏行以相授受者日本人豈不曰汝其速以我之所欲者悉授我毋俟我無敵艦與機關礮之來日本之有無敵艦機關礮吾儕熟知之其要求書之紙背有無敵艦機關礮之影痕在焉吾儕亦熟知之雖然苟其條件爲可許容者初無待艦與礮之力吾自能慨然許之苟其條件爲不可許容者則艦與礮自出勞力以取之爲事或可能艦與礮命令我使我獻之爲事決不可能也借艦與礮之影以助外交成功對付前清政府誠不失爲妙術而在今日則無所用何也凡人有畏死之心者覩鬼魅之影而怖焉既已懷必死之志則視鬼魅何有者

吾非故爲憤激之言以與日本人爭意氣也吾於日本對待我國之大方針欲有所問問日本果欲吞滅我國患師出無名而借今茲之要求以爲導線耶抑實無此心而惟欲屈我於談笑尊俎間以償所欲耶此兩方針者取舍之間其手段固不得不異其結果亦自不得不異吾願代日本人一借箸籌之也若欲采第一方針耶則今茲所用之手段誠爲至當初迫我開議開議不調則限期答覆答覆不滿足則發最後通牒而南滿山東之兵隨之以進夫我國之抵抗力能有幾許固不能逃日本之洞鑒卵石之不敵非惟日本人知之吾亦自知之雖然中國能否免於亡爲一事日本能否吞滅中國別爲一事吞滅中國是否卽爲日本之利又別爲一事日本如確自信其力能獨吞中國也倘信獨吞中國永爲日本之利也與今茲之舉動可謂爲手段與目的相應矣而此目的有

誤與否。吾願日本人一深考之。若欲采第二方針耶。則必須以中國國家存在爲前提。且須我政府威信不墜。常能維持其秩序以與列邦相對立。今日本所以加諸我者。我若應之耶。則威信墜而秩序將不可保。我若不應耶。則戰爭開而或並國家而亡之。如是則目的雖不誤。而所執手段。乃與目的相反。將來所生結果何若。又願日本人一深考也。

夫謂日本人決定吞滅中國之方針。然後有此舉動耶。吾至今猶敢言其不然。日本蓋逆料中國之現狀必可不戰而屈耳。夫以我國今日所處之地位。欲絲毫不屈於日本。吾儕誠不敢作此妄想。然而有可屈者。有不可屈者。若欲並其不可屈者而屈之。吾勸日本人亦勿作此妄想也。

天下事每出於所料之外。遠者勿論。即如今玆歐洲戰爭。彼德奧亦豈必自始焉有意求戰者。彼蓋見一九零八年之役。德皇一紙宸翰。而俄塞吞聲。以爲今玆之事。亦當復爾。而豈意前此屢次可以空言屈者。今次遂不可以空言屈。而滔天之禍。乃作矣。又如以比利時抗德國。寧非天下極不自量之事。苟非自樂取亡。斷不出此乖謬之舉。夫有國者誰則以亡爲樂。比之必屈於德。宜無俟蓍龜矣。然而天下竟有義可亡不可辱如比利時者。豈必其夙有計畫。事勢相激。忽呈異狀。豈惟旁觀不能逆料。即自身時亦不能自主也。若日本人以爲無敵艦機關礮之影。可以屈我乎。其能屈與否。當俟事後乃下斷案耳。

交涉乎命令乎

自日本提出交涉案以來。忽既匝月。今交涉方在進行中。吾信我政府當局內之必能自省其對於國民之責任。

外之必能自省其對於世界諸友邦之責任。而在此兩種責任所許之範圍內。尤必能開心見誠。予日本以相當之滿意。然則吾儕國民當此交涉未揭曉之際。誠宜謹守靜默。勿徒弄閒言語以致釀出枝節。以增當局之艱窘。吾之旬日來不復論中日交涉問題。蓋以此也。乃最近據內外各報紙所記述日本人對我之態度。有令我復不能已於言者。

日本人之態度。有極難索解者二事。

其一　當其提出條件後。我政府卽與彼逐條開議。日使不許。云須先討論大體。吾唯唯應之。卽與討論大體。表示我政府所主張。既表示後。宜可以議及各條矣。而日使遂憤然停議。以迄於今。今已復行開議與否。非吾儕所能知也。

其二　其所提出之條件。據聞凡二十一條。而別以絕對祕密不許第三國聞知爲一附帶條件。乃自停議以來。日本政府忽將該條件中之十一條通告各國。又令我政府亦以十一條通告。而其餘十條仍須極端守祕密。

此二事者。吾據內外各報紙所記載云爾。其信否吾不敢知。若純屬虛構。吾深望兩國當局者聲明一言以解衆惑。如是則吾本篇所論純爲無的放矢。直拉雜摧燒之可耳。若此二事猶不大謬於事實。則吾欲以吾所疑者質諸日本人。且質諸全世界人。更要求日本人與世界人各各解答之。

夫日本人果據何權利。且有何種不得已之故。而於此時忽提出條件以向我。此事本已爲全世界人所難索解。我若嘗稍加危害於日本。則全世界人固宜承認日本之自衛。我若嘗稍加無禮於日本。則我亦宜甘受日本之責言。我則何如。自山東軍興以來。事事先意承志。若孝子之事父母。朝野上下。常兢兢焉惟開罪於日本是懼。吾人未嘗敢絲毫失禮於日本。吾自知之。全世界人亦宜共知之。即日本人亦寧不知之。夫以塞人謀殺奧太子。其開罪於奧之重大何如者。奧人聲言不侵略塞國領土。而於此範圍內提出要求。然各國猶且爲塞不平。競執干戈以與之共命。今吾欲普請全世界人各對越上帝以鞫我國之罪。試問我國果有何事開罪於日本。藉曰有之。然以與塞人之開罪於奧者相比較。能否及其十分之一。能否及其百分之一。千分之一。萬分之一。然日本之以奧人待塞者待我。則既若是矣。所謝彼厚愛者。未限我以二十四小時答覆而已。以天經地義論之。我政府接到此等條件時。直可婉言謝絕。不與談判。雖然。我政府顧念邦交。忍辱負重。日本曰汝其開議。吾唯唯開議。日本曰汝其祕密。吾唯唯祕密。日本曰汝其討論大體。吾唯唯討論大體。日本曰汝其停議。吾唯唯停議。昔鄭子產有言「在我小國。則蔑以加此矣。今大國曰爾未逞吾欲。小國有亡。無以應焉。」嗚呼上帝其鑒茲。苟我國如有萬分一可以自屈。自屈焉。而我猶能以國家資格立於天壤。則吾雖至愚至悖。亦何至不自量以輕觸堂堂大日本國之怒。吾料我政府對於日本所提條件。其稍可商榷者。則固披肝瀝膽以商榷之矣。其稍可許者。則亦將忍氣吞聲以許之矣。若並其必不可商榷者。而欲我商榷焉。並其必不可許者。而欲我許焉。則我亦何言。惟勸日本好自爲之而已。夫暮夜持刀以入處女之室。何求不得。雖然。凡百皆可得。而或有一物焉竟不可得。其物維何。恐是玉手親署之婚書也。

日本人必曰「何至如汝所言之甚。事苟爲汝所不可商不可許者。吾決不以加諸汝。今我所要求汝者。固既已爲汝地也。」唯然。吾敬聞命。雖然。所謂可不可者。一面既以兩造之主觀爲衡。一面又以局外之公論爲斷。暮夜入處子之室以求一清談。清談至雅豔之事也。何爲不可。進而求一偎香肩一親檀口。非一偎而肩遂削。一親而口遂瘖也。又何爲不可。更進而求暫假借方寸之地以供片刻消渴之資。非暫借也而卽奪其命也。又何爲不可。然可不可之間。有不能專以狂且之所主張爲斷者矣。今且勿爲游談。要之日本此次所要求是否尚予我以可以承認之餘地。非觀其條件內容無以斷之。今條件諱莫如深。局外何由論定。夫外交之事前祕密本屬通例。吾儕亦何必故爲曉曉。雖然。交涉中之兩造。其一造專提祕密二字爲一附帶條件。則吾之固陋尚未前聞。不寧唯是。始責我以祕密者。未幾而自宣布之矣。所宣布者又僅其一部分。而仍隱其一部分。又責我如其意以宣布之。其所宣布者是否卽爲原物。又且在不可知之數也。雖曰外交術不辭詭祕。然未聞詭祕至此而尚可稱爲外交也。玆事而誤傳則已耳。苟非其誤。則日本政府何故作此舉動。願有以解之。嗚呼。日本人乎。君其勿怪旁人之好疑也。君當一自反省焉。君今所擇之時。非暮夜乎。君今所入者。非處子之室乎。君手何物。非明刀乎。今君齗齗自辯曰。吾求清談而已。君於此時宜與人家好女子清談與否。且勿具論。若果僅求清談耳。卽不關戶延衆人入以共證。亦宜開牖使外人得以靜窺。今乃鍵扉鑰垂簾幕搤此處女之喉。以絮塞其口。而曰吾求清談。而猶嗔人之不我信也。君試平心一思之。此果何狀態。果何情理也。

吾更有一言欲爲日本人正告者。願日本人一垂聽之。我中國今日誠有類於一纖弱之女子。此無庸深諱者也。遭家多難。新病方起。吾今誠無意與人結婚。然亦豈必終身不婚者。雖然。自來求婚皆有常道。以誠相感。積誠成愛。休戚相關。利害與共。時日既積。機緣湊泊。素心之遂。或有其期。未聞有以刃加頸。以絮塞口。而能締兩姓之歡者也。君或亦曾遇竈下之婢。小試此技。而竟得志。須知我家雖暫中落。固猶是簪纓世胄。蘭桂淑媛。千金之軀。尚解愛惜。與其墮溷。寧願化塵。君其圖之。吾言亦幾盡矣。惟更有一義。聊欲質言。日本人每謂吾儕欲潛煽歐美各國以相牽掣。此或君之見影怖魅。而在我則決不作斯想也。愁病之軀。斗室獨坐。林莽深繞。風雨如磬。豪客枉臨。而欲呼救。聲嘶力竭。誰則聽聞。即有聽聞。救亦何術。吾雖至愚。決不希此援。既不望。拒亦不能。吾獨何所逃於天地之間乎。吾誠無所逃於天地之間也。則豪客乎。其恣意淩轢之踐踏之。以我爲虀薦。以我爲灰塵。玉隕香銷。音沈影滅。天荒地老。石爛海枯。若欲懷鴛牒以言歸。駕雲輧而來迓。請謝妄想。還俟他生。

中國地位之動搖與外交當局之責任

一月以來。吾方避囂著書於郊外。於時局進行狀況。隔膜殊甚。惟據所傳聞。則中日交涉。連日開議。其關於南滿內蒙之條件。解決者什已七八。自餘各件。我政府雖據理峻拒。而日人要挾不稍寬假。至下動員令以相威偪。然則交涉結果若何。今猶未能逆料也。吾嘗屢爲文警告日本。勸其勿犯衆怒以企難成之業。今日本既不悛。則當此千鈞一髮之交。我外交當局不可不思所以自處也。

吾以爲我政府若承諾日本此次之要求。則當承諾之日。即爲我國國際上地位動搖之時。此最不可不猛省也。我國國際上地位。自一八九五年而一變。自一九零五年而又一變。而中間則以一八九八年爲轉捩之期。蓋自一八九五年馬關條約成。日本於臺灣外更割遼東半島。開割據大陸之端緒。遂致有俄法德三國干涉之舉。未幾德人驀進。以租借膠州灣。而旅順大連威海衞廣州灣繼之。各國且紛紛要我締結某省不讓與人之約。各畫定勢力範圍。謀獨占優越地位。此瓜分論占勝之時代也。當一八九八年此論最猖獗之時。而美國國務卿約翰海氏。獨以保全中國領土開放門戶之主義。通告列國。此種光明正大之主張。無論何人不能持異議也。而英國尤夙抱此爲職志。一九零二年。遂獲見英日同盟之成立。其同盟之要旨。卽與美政府所宣言者同一精神也。自是瓜分論之勢力日漸消沮矣。而俄人之在滿洲。猶未能驟變其疇昔之方針。於是有日俄戰役。及一九零五年朴斯茅條約成。而局勢遂銳變。自是英美法俄日德諸國相互締結協約。其對於中國之態度。皆宣言保全領土尊重主權開放門戶機會均等。蓋十年以來。實保全論占勝之時代也。夫有國者不能自樹立其地位。而常視他國之政策以爲轉移。此誠我國民最可恥之事。吾寧忍言之。雖然。此十年來。當國家多難鼎革絕續之交。而猶能金甌無缺。以待我之徐謀善後。則我國民對於諸友邦。夫安得不深感謝。其拔我於沈淵而躋諸袵席者。則美英兩國提倡之功最高。而日本實行之誼亦篤。若俄若法若德。皆能鑑大勢。幡改初度。愛平和重正義者。固宜如是也。

何圖今日。當歐戰方酣之際。而日本乃忽有此震動一世之要求。吾儕初亦以爲不過商議細碎之懸案。以圖兩國感情日趨融洽。及條件漸漏聞於外。而內容乃大反於吾儕所豫期。吾不必遠徵他例。吾願世界明眼人。試取一九零零年十一月五日俄使亞歷斯夫與我奉天將軍增祺所訂密約。以之與日本此次所要求之條件相比較。當能發見其性質之酷相類似。而範圍之廣闊。義務之苛酷。則又遠過之矣。夫增祺密約者何物。實瓜分論全盛時代之產物也。今當保全論久占優勝之時。而日本又夙以保全論主唱者自命。而忽有此舉。吾實不得不爲日本人惜之。

以吾所見。則日本此次所提條件。與美國兩次宣言。與英日兩次盟約。與諸國屢次相互協約。其精神殆無一不衝突。此實明目張膽。以與十年來之保全論宣戰。而欲力蹙我國使返於一九零四年以前之地位。在日本或爲調和國內政爭起見。借此作一手段。或竟翻其初志。此皆非吾之所能遽斷。雖然。我國若貿然許之。是無異我國甘心從日本之後。以與世界列强十年來之大政策宣戰。其結果之危險當何若者。此最我外交當局所宜自審也。

夫他人雖甚愛我。要當視我所以自樹立者何如。然後其愛乃可得而施也。他國勿具論。若英國者。其決無利我土地之心。當爲天下所共信。然何以當一八九七九八年之交。遂幾幾乎不能不與他國同爭一臠。蓋大勢所壓。非此不足以自全耳。幸而幾經波折。大勢漸變。以獲十年來之安謐。今萬一復變此大勢以返於十年前之舊。則誰復能挽之者。嗚呼。我外交當局其愼思之。今日若以此許日本。將來他國提出同等之要求。何辭以拒。試問我中國有幾個南滿。有幾個山東。有幾個福建。有幾個警察權。有幾個顧問席。指顧之間。全軀糜碎耳。夫此豈惟亡我祖國。亦且禍延世界。願我外交當局愼思之。勿爲祖國罪人。且爲全世界罪人也。

再警告外交當局

吾有一言。欲請我外交當局常目在之者。曰公等當與日本交涉時。勿忘却尚有戰後之列强交涉。行卽相踵而至也。戰後必有大會議。此大會議中。中國問題。必爲重要議題之一。此稍有識者所同料及也。屆會議時。日本對於此議題。必能享得最有力之發言權。此非惟吾國人知之。非惟日本人自知之。卽世界各國當無不同認之日本如有正當之主張在。彼時豈憂不能貫徹。何爲汲汲焉。必以今日提出。其必以今日提出者。彼蓋確信其所要求之條件。在大會議時決無通過之望。故乘各國之無暇東顧。而因以脅我云爾。夫大會議時不能通過之條件。則非惟大不利於中國而已。而必且大不利於列强。以大不利於列强之條件。而日本提出之。日本將來固不得不任其責。以大不利於列强之條件。而我國承諾之。我國將來亦安得不任其責。吾竊料我國若貿然承諾。則其將來所生之結果。不出三途。皆徵諸前事而可爲例者也。其一如一九零零年奉天將軍增祺與俄人所訂密約。當時迫於俄之要脅。謂姑應之可以紓一時之難也。然遂成爲日俄戰爭之禍胎。今之日本則昔之俄也。若再蹈增祺之覆轍。將來或惹動第三國蹶起。如一九零二年之日本。則中國又將以境內爲戰場。何以堪此。此一種可危之象也。其二如一八七八年俄土戰爭後。俄人脅土廷締結聖士的夫條約。所獲權利至優。然既與列强利害衝突。未幾經柏林會議。以撤銷其效力。俄人喉中之物。固被人探取。然土之所失如故也。不過前此壟斷於一國者。後此分潤於多數國而已。故我國此次若承認日本之要求。他日大會議時。日本斷不能將所要求已得者完全享受。而我所已失者。則不可復返。馴至迫令各國不能不趨瓜分之方針。此又一種可危之象也。其三如一九零七年奧人恃德後援。而迫土耳其以割讓坡士尼亞赫斯戈維納之領土權。當時列强戰備未整。無如德奧何。固吞聲以認之。然歷數年後。卒爲今次大戰之媒。德奧與土同陷危地。今我若承認日本要求。各國雖或以力難東顧之故。權時隱忍。然數年後之戰禍。必且更烈。此又一種可危之象也。吾以爲此次我政府若因應稍失當。則此三種危象。必有一焉。行將實現。而受其禍者。非獨我國也。日本亦不免焉。世界各國亦皆不免焉。嗚呼。尊俎之間。十數萬萬生靈之安危繫焉。尙其念之哉。尙其念之哉。

示威耶挑戰耶

此文爲四月初旬作登英文報者都下各報閒有選錄今復登於此固以賡續前載諸篇以紀此公案且玆事波瀾殆將未已我國民所以應之者不可不有所決似不得以明日黃花視也　著者識

日本今紛紛增兵於我境內已爲不可掩之事實其答我當局之質問則曰爲換防來也然今日是否有換防之必要今日是否爲換防之時雖五尺之童恐難相誑然則日本增兵之意不外兩途一曰示威二曰挑戰示威者本無用武之心而特借此以張勢此欲達外交之目的而以軍事爲其手段者也挑戰者本有用武之心而故藉端以發難此欲達軍事之目的而以外交爲其手段者也日本增兵之本意二者中果何所屬吾至今尙苦索解雖然以吾觀之此兩種態度皆非日本之利故吾欲效最後之忠告求日本人一傾聽也

日本而志在示威也則固有怵於兵凶戰危未嘗設心以壞和平之局不過假此後援使外交較易就範然吾料此種手段所演生之結果不出二途其一則示威無效之結果其二則示威有效之結果示威無效之結果奈何我國本以平和爲職志斷不肯輕言開釁此環球所能共信然若事關國家存亡則寧爲玉碎不圖瓦全亦國民心理之無可逃避譬諸性命呼吸之頃雖懦夫亦或不復卻顧毅然以行其自衞權然則我將束手以待臠割耶抑鋌而一謀走險耶非惟日本人今日不能逆料卽我國人今日亦未能自料也又況兩姑之閒笑啼俱罪我之與日本與歐美諸國皆同爲友邦今日本所取於我之利益旣與其他多數友邦相衝突今我以一國之示威而降心相就他日更遇多國之示威將何以應言念及玆又安見不早爲引決夫兩月以來我國開誠交涉其於日

本所提條件，苟有萬分一可許者，則既許之矣，此絕不待示威然後能得者也，其斷不可許之條件，雖威偪至於極地，然其不可許之性質自若也，萬一日本以示威之故，而迫我國使不得不出於破裂，則日本愛重和平之本意，不其荒耶，所謂示威無效之結果，其不良有如是也。

示威有效之結果奈何，我國武力之薄弱，無可諱言，或卽懾於日本一震之威，而忍氣吞聲以受斯辱，此或亦意中事，雖然，如此遂爲日本之利乎，試問日本人之意，是否以爲但得此條件，卽可以供數百千年之利賴，抑尚冀他日兩民族披襟提攜，以謀兩造各種有形無形之相互利益，由前之說，諒日本人不若是其愚，由後之說，則兩國感情，安可以漫然傷害，昔人有言，怨毒之於人甚矣，凡爲人類，皆有血氣，拯之於危，雖涼知感，乘之於危，雖懦知憤，今我內丁多難，外值無援，而日本乃覷此時以謀饜之於死地，其怨毒所中，將永留傳於吾儕世世子孫之腦中，歷刼不能洗滌，而兩民族交驩之業，遂若有插空之峻壁以爲之障，試問日本究何利者，卽如近日各地排斥日貨之事，在吾輩誠甚覺其非軌於正，卽我政府亦既三令五申力圖鎭壓，然箇人之情感各有其自由，逆其情而壓制之，雖有效亦僅耳，今吾國民之對於此次交涉，其希望猶未盡絕也，而感情之不可遏，則既若此，萬一絕望之後，憤極而狂，則燎原之勢，復誰能禦，日本人幸無以此爲一時之現象不足顧慮也，近年來兩國民感情之不調，其醞釀既已甚久，雖無今次之刺激，而解釋已不易易，況復如水益深，如火益熱，抱刻骨之痛，爲嘗膽之計，欲其健忘，談何容易，夫謂僅恃武力而足以立國於今之世，吾未之聞，經濟力支配之強，其視武力何啻倍蓰，以武力攫取銖黍之利益，而不顧經濟邱山之損失，隨乎其後，以此云善於謀國，吾竊惑之。

且日本今茲之舉動，非徒乘我之危也，而實亦乘歐洲各國之危，故其示威也，非徒示威於我，而實並示威於歐洲各國。夫在今日而語東方事。舉世界中固無一國焉能如日本何者。日本欲向世界示威。則全世界人亦惟有忍氣吞聲。與我國等耳。然苟思此種怨毒。一國受之。已所不堪。全世界受之。則冤憤塞於兩間。而以怨毒加人者。又豈其永能得志。日本人得毋以歐人今次之戰。將海枯石爛無休期耶。得毋以經此一戰後。全世界更無一國可以强立。而惟讓日本獨占此宇宙耶。就令日本武力橫絕四海。而財政與生計。豈能不有所仰給於外。而乃敢悍然示威於萬國。以日本號稱吸受西洋文化數十年。而今茲之舉動。一若全爲鎖國思想所蔽。退化之銳。吾實驚之。

準此以談。日本增兵之意而誠出於示威。示威無效耶。其結果之不良既若彼。示威有效耶。其結果之不良又若此。此所關者。非中國之利害。而日本之利害也。以日本賢明之政治家。豈其見不及此。既見及此而猶有此離奇之舉動。吾儕求其故而不得。無已。則殆爲挑戰。

吾聞國人中有好爲深刻之論者。其言曰。日本人之以挑戰態度臨我也。既非止一次。當辛亥革命南北兩政府並立時。則既躍躍欲試。逮癸丑湖口亂起。南京抗命。日人之死於是役者蓋千數焉。後以一二細僑遭難爲口實。要求種種苛酷條件。務欲迫我以所不能堪。一旦憤起與抗。而彼遂得所藉手。幸當時我政府忍辱負重。致彼計不得逞。而歐美各國亦不直其所爲。故暫自戢。及歐戰興。而日本千載一時之機乃至。誓欲於此期間內。令中國發生事端。以遂其侵略之欲。故最初我方宣言中立。而日軍遽在我領土內上陸。凡欲挑戰也。我更宣言局部中立。而日軍仍於局部中立地帶外自由行動。凡欲挑戰也。屢挑而我終不與戰。計無復之。乃借撤消軍區問題。提出條件。當其提出伊始。非謂交涉來。實爲挑戰來也。苟能深知此中消息。則今茲增兵之舉。曾何足怪。蓋當條件初提出時。吾儕早知有今日。不寧惟是。當歐戰初發生時。吾儕早知有今日也。

此說也。誅心之論。失諸太深刻。吾良不敢謂然。使日本最初卽以挑戰爲目的。而以交涉爲手段。則何不自始卽發哀的美敦書。更何必與我爲兩月餘之交涉。故以此重誣日本。吾竊爲日本人呼寃也。雖然。彼其增兵之本意。吾苦索焉。終不可得。而旬日來之態度。又無往而不予人以挑戰之疑竇。則日本國民中有一部分人作此計畫。亦意中事也。吾以爲日本人而誠作此計畫。則我之所以應之者。宜別有道。何也。我篤愛和平之一念。旣爲日本所不許容。非戰焉而不能饜其望。一挑不應則再挑。再挑不應則三四挑。在歐戰期內。其挑我之機會。無有窮極。我雖將此次條件全體承諾。而彼所以繼續相挑者。亦豈患別無口實。謂承諾可以免戰。徒虛語耳。夫吾固深望其本意非如此。若果如此。則吾謂其自謀之拙。眞不可思議也。

夫吾卽至不自量。亦何敢謂吾之武力足抗日本。日本與我戰。其勝算之十全。不待問也。並世諸國中。又無一焉能有餘力以代我戰日本。又不待問也。然則日本苟挑戰而得戰。其結果當何如。吾試如其所欲以計其後效。我一戰而敗。則我之政府播越。我之首都淪陷。日本則據吾樞以臨吾衆。斯可謂成功也已矣。雖然。當思我中國非彈丸黑子之地。我內地交通不便之區。晝出一省。其幅員可當人一國。吾揣使全國繁盛之都。鼎沸糜爛。而嬰山谷以相持。則玻亞之於英。菲律賓之於美。有其前例。欲襲受我遺產。其代價之大小。稍有識者當能料之。更讓一步。謂我民脆弱闒冗。更無復絲毫抵抗力。其侵略我者。風捲殘雲。指揮若定。乘此歐力不能東顧之會。一二年間。戡定我全境。我四萬萬人蜷伏於其治下。而莫敢復動。斯更可謂大成功也已矣。雖然。吾猶願其一讀歷史。考吾族與他族消長之前迹。他族之以武力征服我國者。誠非止一度。當其盛也。分色目。設駐防。吾民莫之誰何。然自古無百年不衰之武力非惟徵諸東洋史有然卽全世界史亦莫不然矣以武力征服人國者武力一弛其禍敗或更慘於所征服之國殷鑒不遠卽在滿洲二百年前滿洲之威在中國復誰與禦者而今竟何如滿洲滅中國耶中國滅滿洲耶蓋我中國既有萬不能亡之原質蟠結於體中而二百年前之舊恨刻入於人人之腦髓中而不能去此滿洲之所以卒有今日也今我以滿洲比日本吾知日本人必爭唾吾面雖然吾試爲日本人充其志得意滿之量計其征服中國全國後之情狀則其最初十餘年或數十年間必且各省到處設駐防兵吾民莫敢誰何猶之二百年前之滿洲也競圈美地以自豐殖猶之二百年前之滿洲也盡占重要官職別爲階級吾民不得與之平等猶之二百年前之滿洲也坐是之故寖假而日本之人皆願居中國而不復願居日本寖假而在中國之日本人以權利優越生計充裕故相率習於驕奢淫泆寖假而駐防之軍皆成土著寖假而所長之子孫皆操中國言語樂中國習俗其兵力一日未衰則其權力一日猶能維持而局勢既至此而兵力猶不衰者則未之聞也如此閱數十年百年後其結果與今之滿洲有以異乎無以異乎五尺之童當能知之是故日本雖絕無阻力指顧之間征服中國而其禍福蓋已可逆覩而況在今日羣雄並立之世非可以旁若無人之概行之者哉夫日本而誠志在挑戰則其目的不過欲侵略中國之一部分或征服中國之全部然以吾爲日本人計則利殊不足以償其害也

吾之此文吾知日本有識者讀之必將斥爲夢囈謂所言絕不當於情實等於無的而放矢也夫吾言誠爲夢囈則吾所最願也吾知日本朝野達識之士車載斗量何至出此計畫惟吾於日本近日之舉措百思不得其解故舉吾國多數人猜疑之詞一引申而剖辯之云爾詩有之常棣之花鄂不韡韡凡今之人莫如兄弟又曰習習谷

風。以陰以雨。黽勉同心。不宜有怒。又曰。煮豆然豆萁。豆在釜中泣。本是同根生。相煎何太急。日本人乎。願一思我兩國歷史上之關係何如。地理上之關係何如。文化上之關係何如。蓋亦稍敬愼以爲他日地也。

飲冰室文集之三十三

痛定罪言

一

嗚呼。中日交涉。今以平和解決告矣。吾儕試平心靜氣。就事論事。則雅不欲空以無責任之言。漫集矢於政府。蓋當牖戶未完之時。遭風雨漂搖之厄。無論何人處此。斷未由當機以禦侮。尊俎折衝。其技量止於此數。專責政府外交無能。非篤論也。而或者曰。曷爲不賭一戰以相抗。似此漫作豪語。誰則不能。實則今之中國。何恃以爲戰具。侈言曰寧爲玉碎。毋爲瓦全。夫碎則竟碎耳。寧更有嘗試僥倖於其間者。正恐操此論之人。返諸方寸之眞。未必果有所引決。不過以己身非直當事衝。故不憚作大言以翹人以意氣。謂吏事理。吾未敢承。乃若集怨毒於强鄰。恣嫚駡以洩憤。曾亦思强權之下。安有公理。使我與彼易地以處。亦安肯逸此千載一時之會。不爲兼弱攻昧之圖。吾儕人類。爲口腹之欲。烹羔炰羜。殺雞供鶩。羔羜雞鶩。寧復有權與吾校量恩怨。即其相校。吾又何恤。攘臂扼腕。祇是噪噪閑言語耳。是故以前事論之。凡百無復可言。責備政府。無聊之責備也。怨憤强鄰。無聊之怨憤也。平和解決一語。自交涉伊始。彼我皆早已料其結果之必出於此一途。所爭者平和代價之輕重何如耳。今此次平和之代價。爲輕耶。爲重耶。其代價爲吾所堪任受耶。否耶。此當俟我政府我國民各自憑其天良。各自出其常識以判斷之。吾固無庸以肊見漫騰口說。若必强吾一言。則吾謂四月來之交涉。我政府盡瘁事國之誠。良不可誣。

其應付之方略。亦不得云大誤。至其所得結果。譬之則百步與五十步。於國家存亡根本之補救絲毫無與也。甑已破矣。顧之何益。此一義也。亡羊補牢。猶未爲遲。此又一義也。吾儕今所當有言者。非言過去。言將來耳。吾於政府過去之事。無所復責備。吾所大懼者。政府或且因獲平和解決。故而自以爲功。以謂遭此偌大之驟雨橫風。而破舟碎帆。尚能無恙。忘其垢辱。反兆驕盈。則今後吾儕小民。眞乃不知死所。夫吾安敢漫然以不肖之心待人。吾政府苟非病狂喪心。諒斷不至安國家之危。利國家之菑。而以爲己榮。雖然。吾以冷眼默燭機先。吾蓋見夫多數仰食於國庫之人。聞平和解決之聲。蓋各竊竊額手相慶。口頭雖尚作憤慨之言。而私心實已欣幸無極矣。其在人民方面亦有然。以中國今日人民之地位。本無力以左右國是。所謂多數輿論所謂國民心理者。其本質夫既已不甚足爲重輕矣。然所謂輿論所謂心理。其根礎又極薄弱。而不能有確實繼續之表見。其少數血氣方剛之青年。爲國恥觀念所刺激。曷嘗不侘傺悲憤。躍然思有所以自效。然其所想像所言議。終已爲情勢所不許。恆歸於無結果而已。其氣無道以養之。則安能經時而不竭。自餘操觚之士。談說之儔。大半乃借義憤之容。以投合於社會。其所發激厲大衆之言。先自不誠無物。事過境遷。更復何痕爪之能留者。嗚呼。非吾好爲嫉俗之言。吾竊計平和解決一語。舉國中以私人利害關係。故積誠心以歡迎之者。十人而八九。而國家所出平和代價何若。則已不甚足芥蒂於胸中。果眞能持續平和。則更閱三數月後。中日交涉事。非特不挂諸全國人之齒頰。且永不縈及全國人之魂夢矣。嗚呼。吾甚希幸吾言之不中。雖然。吾恐遂終無幸也。

嗚呼。平和之夢。如能久耶。吾儕固樂之。平和之代價。如僅止此耶。吾儕猶將忍之。雖然。事勢正恐未必爾爾。日本要求條件中最苛酷之諸條。今雖暫緩議。然並未嘗撤回。僅以另案辦理之名義。暫擺脫此次交涉範圍以外。日本據此名義隨時賡續要求。已不能不謂爲正當之權利。此姑不具論。實則國際交涉。惟力是視。權利正當與否。豈復成問題。今茲要求事前豈有正當權利之可依憑。而結果則既若是。人豈以一之謂甚而憚於再三瀆者。但使歐戰一日未終。則刹那刹那。皆日本大展驥足之機會。就令歐戰告終。然或緣此而一破均勢之局。則我之藩籬更何怙恃。又就令均勢未破。而彫敝之餘。亦誰復有力東顧以捍吾牧圉。故在人則日日有從容進取之餘裕。在我乃無尺寸可據以爲退嬰之資。此猶對一國言也。假使其他諸國者。其餘威尚能爲此一國所敬憚。則吾之隱憂或且更大。蓋吾所大賚於此一國者。他國行且如其量以責償。割臂施鷹。捨身飼虎。鷹虎朋集。身肉幾何。循是以思。我國今日正如汎孤舟以遡叢灘。灘灘相銜。愈遡愈險。今一灘甫通。既已帆裂楫折。幸而全舟未成虀粉。而舟中人遽竊竊相賀。謂自茲更生焉。所冀天幸。天易諶乎。嗚呼。彼以平和解決相慶慰者。願一慮其後也。

二

中國人究竟猶有愛國心否耶。中國人究竟猶有統治自國之能力否耶。吾悍然驟發此奇問。吾知國人必將羣起而唾吾面。但據今日之現象。固未由禁我使勿懷疑。吾亦信此二事者。斷非我國人良知良能中之所本無。而在今日實已窒塞摧殘。幾無復萌櫱可以爲滋長之地。吾每念此。蓋不寒而慄也。以云乎愛國心耶。愛國二字。十年以來。朝野上下。共相習以爲口頭禪。事無公私。皆曰爲國家起見。人無賢不肖。皆曰以國家爲前提。實則當國家利害與私人利害稍不相容之時。則國更何有者。夫敵國外患之乘。最足以促國家觀念之發達。此有生之恆情也。我國頻年以來。受創寧得復云不鉅。負痛寧得復云不深。使愛國之本能猶未盡淪。則經此百罹。法當蓬勃踔厲而末由自制。然而其日斲喪日萎縮乃反若是。稍見遠者。共知人民與國家休戚漠不相關。則國必終於無幸。日日謀所以振起而聯屬之。乃至政府之文告號令。亦且襲報館之套調學演說家之口吻慷慨激昂。以愛國之義責諸有衆。然而人民之聽受者則何如。其無血性無意識者馬耳東風。過而不留。聽猶勿聽也。其稍有血性稍有意識者。一反脣以相詰。而持說者必將無以自完。吾以此見窘於人者屢矣。吾勸客以愛國。客曰、吾子之言愛國。豈不以中國者中國人之中國。宜勿使他國翦滅而統治之耶。余曰、然。客曰、豈不以受統治於他國。則吾民不復有參政權。而一切政治。非復吾國民所能過問。匪直當前疾苦無可控訴。而吾儕之政治能力。且斲喪以終古耶。余曰、然。客曰、今中國猶是中國人之中國也。未嘗受統治於他國人也。而吾民曾有參政權否。吾民曾有練習政治智識發展政治能力之機會否。蓋亡國之民如印度人如波蘭人者。猶有地方議會。人民於其切膚利害之事。猶得自評騭而處理之。吾民則並此而不能也。吾不知有國之優於無國者果何在也。余愀然無以應。客曰、豈不以受統治於他國。則吾民不能受平等法律之保障。而生命財產。皆常若儽然不可終日耶。余曰、然。客曰、今中國猶是中國人之中國也。未嘗受統治於他國人也。然曾否有法律以爲吾生命財產之保障。所謂法律者。是否能爲吾生命財產之保障。蓋彼亡國之民。雖其所受治之法律不獲與上國齊。然未始不有法律也。法雖或苛。然既布之後。猶與民共守之也。今乃並此而不能致也。吾不知有國之優於無國者果何在也。吾愀然無以應。客又曰、豈不以受統治於他國。則其於財政也。不復計吾民所堪負擔者何如。惟取盈而已。其於一切產業。且將在在予彼族以特權。而吾民衣食之途。乃爲所朘削壓迫。不能自進取。循此稍久。則全國且憔瘵以盡耶。今中國猶是中國人之中國也。未嘗受統治於他國人也。而吾民之受掊克於官吏者果何若。國家正供之賦稅。誠甚微薄。

然民之耕鑿於吾土者。反恆覺不如受租界重斂之爲適也。私人生產之業。祇有摧殘。更無保護。反不如僑寓於外者猶得安其居而樂其業也。吾不知有國之優於無國者果何在也。余又愀然無以應。客又曰、豈不以受統治於他國。則人將務所以愚吾民。不復使受高等教育。而吾儕子孫將永劫蠢蠢如鹿豕。無道以自振拔耶。今中國猶是中國人之中國也。未嘗受統治於他國人也。試問所謂高等教育者安在。豈惟高等。蓋並普通教育而澌滅以盡也。吾不知有國之優於無國者果何在也。余又愀然無以應。若此者。使客異其詞。則類此之發難累數十事。而吾將皆一一愀然無以應也。夫客之言雖曰偏宕不詭於正乎。然事實既已若茲。則多數之心理。自不期而與之相發。嗚呼吾見夫舉國人睊睊作此想者。蓋十人而八九也。特不敢質言耳。大抵愛國之義。本爲人人所不學而知不慮而能。國民而至於不愛其國。則必執國命者厝其國於不可愛之地而已。譬諸人孰不愛其身。而當顛連困橫疾痛慘怛之既極。則有祈速死者。彼寧不知死之爲苦。然既已不覺有生之可樂。以爲充死苦之量。亦不過等於有生。則生死奚擇也。人孰不愛其家。然庭闈閨房之間有隱痛者。往往遯舍一瞑不反顧。豈徒曰無家與有家奚擇。彼實以有家之苦。不如無家之反爲樂也。人之託身於此國也。千百年祖宗血氣之所似續。丘墓室廬之所棲宅。饘粥歌哭之所憑借。妻孥雲來之所怙恃。此而不愛。孰云人情。況吾國人者。亢宗之念。懷土之情。以校他族。强有加焉。語於愛國。宜無待教誨激厲。然而吾民乃以不愛國聞於天下。豈果吾民之不肖至於此極哉。彼蓋求國之所以可愛者而不可得。故雖欲强用其愛焉。而亦不可得也。孟子曰。父子之間不責善。責善則離。離則不祥莫大焉。又曰。夫子教我以正。夫子未出於正也。則是父子相夷也。父子以天合。而天之有時不能强合者。猶且如是。況政府人民相與之際者耶。在昔專制之主。何嘗不自有其所謂愛國之義。以責諸吾民。動則曰食毛踐士。具有天良。謂是可以悚民聽也。庸知反以墮民信而賈民怨。今政府勸人民以愛國。其有以異於彼者能幾。民將曰國如當愛也。則愛之者其請自當道有司始。今當道有司是否以國家之休戚爲休戚。而顧乃責難於吾民。寖假吾民眞輸其愛國之誠。安知不反爲當道有司所利用以自遂其私也。嗚呼。其非民之訛言也。自甲午庚子之難以迄今日。吾國民愛國心之發動而表現於事實者。蓋不計幾度。其究也則爲桀黠之黨人所利用者什而四三。爲鄙劣之官吏所利用者什而六七。所謂愛國捐。所謂國民捐。所謂愛國公債及其他某種某種公債。所謂某礦廢約。某路贖股。試問其結果有一能使人躊躇滿志者否耶。人之眞性情能有幾許。夫安得不摧挫汨沒以盡。譬諸處女本秉抱至純潔之情愛。若數度爲狂且所絓誤。其眞性安得以不牿亡。我國人相習以愛國爲口頭禪。而恬然相視不爲怪者。其原因豈不由是耶。吾願我政府勿復以痛哭流涕之語貌責善於人民。痛哭流涕者。處士之業。新進之容耳。若乃手執國之大命。當機以行。局中之艱難。固不必執途人以求其共諒。而苟積誠以相孚。格則下之所以應之者。亦必適如其分。而不然者。雖陳義侃侃。信誓旦旦。民之聽者目笑存之耳。不見夫前清耶。每當一次大難之後。曷嘗不有數篇怵惕維厲之文告。冀以塗飾天下耳目。（記前清上諭有云當此創鉅痛深之日正我君臣臥薪嘗膽之時此類文告蓋數見不鮮）然而其效竟何若者。昔人有言。應天以實不以文。天且有然。而況於民視民聽之至切近者耶。政府而猶欲與全國人共此國也。政府而灼知非與全國人共此國而國將無與立也。毋亦洗心革面。改絃更張。開誠布公。信賞必罰。使人民稍蘇復其樂生之心。庶無復時日曷喪及汝偕亡之戚。使人民不致以有國爲病。庶無復簞食壺漿以避水火之思。逮乎國與民之休戚既相一致。則民之愛國其天性也。抑何待勸。而不然者。勸焉奚濟。嗚呼。政府其亦知國民之大多數。大都汲汲顧影。蹙然若不審命在何時。他省吾不敢知。吾新自故鄉廣東來。聞諸父老昆弟所言。殆不復知人間何世。官吏也。軍士也。盜賊也。荼毒之。煎迫之。民之黠者悍者。則或鑽營以求爲官吏軍士。或相率投於盜賊。而還以荼毒煎迫他人。其馴善樸愿者。無力遠舉。斯已耳。稍能自拔。則咸竊竊然曰。逝將去汝。適彼樂郊。香港澳門青島乃至各通商口岸。所以共趨之如水就壑者。夫豈眞樂不思蜀。救死而已。夫人至救死。猶恐不贍。而欲責以愛國。爲道其安能致。然而我民之睠懷祖國。每遇國恥。義憤飆舉。猶且如是。乃至老婦幼女。販夫乞丐。一聞國難。義形於色。輸財效命。惟恐後時。以若彼之政象。猶能得若此之人心。蓋普世界之最愛國者。莫中國人若矣。嗚呼。此眞國家之元氣。而一綫之國命所藉以援繫也。其纖長增高耶。在今日。其摧萌拉蘖耶。在今日。二者孰擇。則惟視政府之所嚮。夫謂政府而欲摧拉人民愛國心之萌蘖。天下斷無此人情。雖然。苟政象循此不變。則人民怙恃國家之心。安得不日就澌滅。若更等而甚之。政府或以人民之樸愚而易與也。利用其愛國心。而術取其財與力。以圖一時之小補。而不復顧其後。則其所斲喪者。將永刼而不能復。嗚呼。政府其毋使吾不幸而言中也。

嗚呼。交涉之事。則既往矣。無論政府若何勞勩。而結果安得謂之不屈辱。曷爲得此屈辱。必曰我不能戰也。問何以不能戰。必曰兵少也。或未練也。械不足也。財政窘也。語練兵數十年矣。今舉國之兵且數百萬矣。國家歲出用於軍事費者什而七八矣。曷爲而等於無一兵。曷爲而實際無一械。且以中國土宇之廣。物力之厚。而財政曷爲日以窘聞。此極顯淺之事理。人民不問責於政府。而誰問者。夫政府之所以逃責者。則亦有詞矣。必曰大難初平。日不暇給。元氣未復。近效難期也。吾知人民稍平心論事者。未始不能以此爲政府諒。顧吾民所最耿耿者最惴惴者。不在前此陳迹之得失。而在後此希望之有無。今固不能戰也。而他日是否有能戰之時。械不足是否有道能使之足。財不繼是否有道能使之繼。兵也械也財也。是否能離他政而自立。他政不舉。此數者是否能有收效之期。而凡百要政。今日是否能謂之已舉。能謂之漸舉。凡所興革。是否能與國家之利益一致。能與人民之利益一致。循此以往。政象能否有以瘉於疇昔。凡此百端。安得不一一問其責於政府。吾民既不幸而有今日。今日所刈之果。前此所種之因也。因之不善。吾民能爲今日之政府諒。吾民能否猶有將來。今日所種之因。將來終必有刈果之時。果如不善。吾民不能爲今日之政府諒也。嗚呼政府。其善思所以自處矣。

三

然則宜責備者惟在政府耶。曰、惡是何言。無論以何人居政府。其人要之皆中國人民也。惡劣之政府。惟惡劣之人民乃能產之。善良之政府。亦惟善良之人民乃能產之。吾國人民究爲善良耶。爲非善良耶。吾敢遜答曰。大多數地位低微之人民。什九皆其善良者也。少數地位優越之人民。什九皆其不善良者也。故中國將來一綫之希望。孰維繫之。則至劬瘁至質直之老百姓。卽其人也。而此一綫之希望。孰斷送之。則如我輩之號稱士大夫者。卽其人也。（指全國上中等社會之人）夫一國之命運。其樞紐全繫於士大夫。徵諸吾國歷史有然。徵諸並世各國之現象。亦莫不有然。蓋所謂士大夫者。國家一切機關奉公職之人。於此取材焉。乃至社會凡百要津。皆所分據焉。故不惟其舉措能直演波瀾。卽其性習亦立成風氣。豈必徵諸遠。卽如現今最刺激吾儕心目之日本。彼當數十年前。又豈嘗有善良之政府。而其少數之士大夫。能精白其心術。而鍊磨其藝能。寖假而國家之公職。不得不出於此焉。寖假而社會之要津。莫或與競焉。寖假而全國全社會之空氣。皆爲所濩布。相引彌長。火傳不絕。迄於今日。乃能舉其區區三島。凌轢我而莫敢誰何。我則何如。前此之士大夫既種甚惡之因以貽諸今日。今日之士大夫又將種更惡之因以貽諸方來。官僚蠹國。衆所疾首也。誰爲官僚。士大夫也。黨人病國。衆所切齒也。誰爲黨人。士大夫也。國家曷爲設官位置士大夫而已。國家曷爲費財豢養士大夫而已。士大夫學無專長。事無專業。無一知而無一不知。無一能而無一不能。謂此一羣士大夫不可用。更易一羣。其不可用如故也。勸老百姓以愛國者。士大夫也。而視國家之危難漠然無所動於中者。卽此士大夫也。利用老百姓之愛國以自爲進身之徑謀食之資者。亦卽此士大夫也。社會凡百事業。非士大夫則末由壟斷。社會凡百事業。經士大夫而無不摧殘。士大夫之勢力能使人憚。故莫由糾其非以爲驅除。士大夫之地位能使人羨。故相率習其術以圖援附。嗚呼。今日國事敗壞之大原。豈不由是耶。以如此之人爲社會之中堅。言整軍則誰與整。言理財則誰與理。言勸工則誰與勸。言興學則誰與興。言議會則誰爲政黨。言自治則誰爲搢紳。故凡東西各國一切良法美意。一入吾國而無不爲萬弊之叢。循此以往。豈特今日之恥永無雪期。恐踵而至者而再而三。以底於亡已耳。於是乎中國人是否尚有統治自國之能力。果成一疑問矣。嗚呼。我輩號稱士大夫者乎。勿諉過政府。政府不過我輩之產物而已。勿藉口於一般國民。一般國民皆最善良之國民。以校他邦。略無愧色。我輩陷之於苦。陷之於罪而已。今欲國恥之一洒。其在我輩之自新。我輩革面。然後國事始有所寄。然後可以語於事之得失與其緩急先後之序。然後可以寧於內而謀禦於外。而不然者。豈必外患。我終亦魚爛而亡已耳。夫我輩則多矣。欲盡人而自新云胡可致。我勿問他人。問我而已。斯乃眞顧亭林所謂天下興亡匹夫有責也。

憲法起草問題答客問

參政院遵據約法推舉憲法起草委員十人鄙人忝與其列會中討論內容宜守祕密非可妄宣惟鄙人對於茲事之感想多有以爲問者輒草斯篇以普答之

今日汲汲草制憲法吾自始本不甚謂然所以者何蓋新約法之修正公布未逾一年今復有草制憲法之事則何如去年卽逕行草制憲法而不必多此修正約法之一舉夫去年曷爲不逕制憲法而先修改約法豈不以憲法之性質宜期諸永久而約法之性質取適於一時永久適用之憲法不能不懸一稍完善之理想以爲標準使國民循軌志彀以圖進步而或恐以不能實行之故而成爲具文或强欲實行焉而反不與時勢相應於是乎乃爲一時的約法以救濟之質言之則憲法宜采純立憲的精神而約法則不妨略帶開明專制的精神此其大較也今制定憲法若卽以約法之精神爲精神耶則約法之名奚損於尊嚴而憲法之名豈加於崇貴何必將此種國家根本大法旋公布而旋棄置以淆民視聽者若於原約法精神之外而別求新憲法精神耶學理上之選舉猶爲別問題然試問法之爲物是否求其適應求其可行謂約法不適應不可行耶則宜勿公布約法旣適應可行耶則與約法異精神之憲法其不適應不可行可推見也謂一年前宜於彼者一年後卽宜於此天下寧有是理是故據鄙人私見謂今日誠無汲汲制定憲法之必要也

復次法也者非將以爲裝飾品也而實踐之之爲貴今約法能實踐耶否耶他勿細論若第二章人民權利之諸條若第六章之司法若第八章之會計自該法公布以來何嘗有一焉曾經實行者卽將來亦何嘗有一焉有意

實行者。條文云云。不過爲政府公報上多添數行墨點。於實際有何關係。夫約法之效力而僅於數行墨點。其導人民以蔑法之心理則既甚矣。試問易其名爲憲法。而此態度遂能否一變。苟率此態度以視將來之憲法則與其汲汲制定。毋寧其已也。

吾於現時制定憲法。其所懷疑者如右。然而猶就此職者。則以其所擬者爲中華民國憲法草案。故子貢欲去告朔之餼羊。子曰。賜也。爾愛其羊。我愛其禮。吾之不舍。猶斯志也。若夫全案精神乎。條文內容乎。寧復有討論之價值。所謂內閣責任制。所謂議會監督權等。久已成過去之問題。固無所容其嘵嘵。乃至若緊急命令權若財政緊急處分權。若預算不成立時之救濟法等。公認爲憲法上極有研究價值之問題者。其在我國。則何有焉。本無法律。遑問以何種程序變更法律。無論何種命令皆可變更法律。而緊急命令權之有無。又豈必復問。且無論法律也。命令也。一切原不求其發生效力。且亦無從發生效力。上自元首。下逮極低級之官廳。隨時皆得以行政處分自由變更之。而其名稱之爲何。又豈必復問。本無預算。何有於成立與不成立。財政上無時無事非緊急處分。又何論此權之有無。諸如此類。任舉一義。則皆言語道斷。乃欲懸爲問題以研究討論之。寧非譫語。昔吾於民國二年曾著有憲法草案刊布於世。頗自謂斟酌損益。深具苦心。吾至今乃甘願盡拋棄其所主張。但求能得一憲法焉。其精神主義視今約法劣下什倍百倍。惟一經制定公布之後。則字字實行。絲毫無所假借。洵能得此。斯國民受賜多矣。雖然。烏可得者。是故吾個人對於憲法起草問題之感想。舍告朔餼羊外。乃更無所冀也。嗚呼。

歐戰蠡測

小敍

吾國人對於世界知識之興味。淺薄極矣。歐戰驟起。四海鼎沸。於是廟堂之士。闤闠之夫。每相見必以歐戰爲一談資。雖所言半皆影響。不得要領。然求知外事之心。固已日漸懇切。此亦我思想界一進步之機也。夫此次歐戰。其範圍亙十數國。其導源遠者自數十年百年前。近者亦自數年前。蓋政治上學術上生計上種種因果關係。參伍錯綜。醞釀鬱積。千回百折。若懸崖轉石。以成今日之局。而自茲以往。新時代行將發生。舉凡一切國家社會之組織。皆將大異乎其前。譬則蠶將化蛾。而中間必作繭結蛹。閱無量之苦痛。今亦全世界作繭結蛹之時也。吾儕生值此時。靜觀其蕃變劇嬗之跡。蓋天下趣味最饒之事。莫或過是矣。而吾中國人者。雖曰幸超然立於事變之外。其直接所蒙影響不甚劇。而戰後之狂潮。勢必且坌涌以集於我。譬之颶風方怒號於新加坡。則知其三日後必且簸盪以薄香港。而吾儕生斯土者。宜如何恐懼修省以應大變。此尤蚤作暮思所當有事。是故吾儕對於此次歐戰之研究。一方面可以得最穠醇之興味。一方面可以助長極健實之國民自覺心。其不容以隔岸觀火之態出之也明矣。吾旣爲歐洲戰役史論。成第一編。以公諸世。雖然。著書之體。自有別裁。詳於甲部分者。則不能不略於乙部分。其不能悉應吾思想界之要求。又明也。乃與吾友湯君明水謀各取其研究所得者。草爲專篇。錯綜以登本報。名曰歐戰蠡測。夫以茲役規模之大。頭緒之繁。雖彼都濬哲之士。日日就近鉤稽觀察。猶未易洞明癥結。加以戰爭中凡百祕密。彼中最著名之大報館。猶共以不得真相爲苦。況乃以數萬里外異國之民。坐斗室中。點筆伸紙。而欲求所論次者悉中肯綮。寧有是處。是故適成其爲蠡測而已。雖然。我佛不云乎。四海之水皆一味也。孟子亦言。觀海有術。必觀其瀾。讀茲編者。或亦可玩其瀾而察其味也。

歐戰之動因

一

天下雖至微末之事。未有能突然發生者。況於掀天撼地之大事如今茲歐戰者哉。人但見以區區奧儲一命案。忽然而奧塞戰。忽然而奧俄戰。忽然而俄德戰。忽然而法英比日土門皆戰。殆如中國劇臺上之演武。翹其羽塗其面者錯雜跳擲以出。其有以異於中風狂走者幾希。一旦深入以求其故。然後知其間因果連屬。蓋一一皆出於自然之運。必至之符。而其所蘊釀蓄積者。皆在數年數十年以前。而絕非一時一事所能誘致其借一時一事以發者。不過機括偶觸。而各方面無量數待發之機。適與湊泊耳。猶有疑吾言者乎。其最切近之比例。莫如我國辛亥革命之役。以區區四川一隅鐵路國有之爭議。遂乃覆前清三百年之社稷。以變國體為共和。寧非絕可怪駭之象。而治國聞察世變之士。必能知前乎此者並乎此者。有極深遠極複雜之因果關係。愈推求焉。而理解趣味乃愈相引於無窮。而鑑往知來。其瀹發吾儕之感想。指導吾儕之趨嚮者。即由茲而出。此讀史論世之所為可貴也。明乎此義。庶可與共從事於歐戰之研究矣。

十年以來。歐洲之瀕於戰者屢矣。一九零四年（距今十年）德法間為摩洛哥問題則幾戰。以德國之屈讓。法外相狄爾咯西之去位。幸而免。一九零八年十月一九零九年三月。奧塞俄德間兩次為奧國併吞坡赫二州問題則幾戰。以德皇手書之脅迫。俄國之退讓。英法之調停。幸而免。一九一一年（距今四年）七月九月。德法德英間兩次復為摩洛哥問題則幾戰。以柏林市面之恐慌。德國之屈讓。幸而免。一九一三年七月（去年）奧塞奧俄間為門的內哥與阿爾巴尼畫界問題則幾戰。以各國共同制止幸而免。（各事始末具詳拙著歐洲大戰史論第一編）夫此諸役者苟有一焉竟成於戰。則戰者決不止一國。而今日全歐鼎沸之現象早已見於彼時。此猶言乎有形之戰爭也若其無形者。則有若關稅戰爭。有若投資戰爭有若金幣吸收戰爭有若軍備擴張戰爭無一不以極劇烈之手段行之互思所以制敵之死命。故雖謂歐洲十年以來無日不在戰爭狀態中焉可也。然則此次戰役其決非偶然不幸之突發。從可識矣。

今請略述茲役之經過之大概。然後語其所由來。茲役發端伊始則六月念八日奧皇儲遇刺於奧境內坡士尼亞州之州城。兇客二人當場就逮。皆塞爾維亞人也。而其主使者則為塞京之國民共厲協會。此協會之幹部員。皆塞國當道要人也。奧人審問得實。乃以七月二十三日發最後通牒於塞。條件凡十。頗極苛酷。限四十八時答覆。二十五日塞覆牒至奧人不慊。遂以兵壓塞境。俄人為塞請命。奧人以兩國之事。第三國宜勿干預謝焉。俄人遂發動員令迫奧境上。當俄奧交涉時。英人倡議聯合英法德意四國出為調停。德人不欲。俄既動員德人要求其中止。俄人不應。二十九日俄軍遂迫奧東北境。德人遂以其日下動員令於全國。俄遣使來告曰。俄之動兵救塞非敵德也。亦要求德人中止動員。德人不應。德之既動員也使告於法。詢以俄德交戰法能否中立。法人不答。德軍遂轉其鋒以先向於法。取道於盧森堡與比利時。盧比二國皆國際法上所謂永久中立國也。英人責德人以破壞國際法。要求退兵。德人不許。英兵遂渡海合於法。以同禦德軍。自奧人發最後通牒之日起。不及半月。而奧大利塞爾維亞門的內哥俄羅斯德意志法蘭西比利時英吉利八國。遂大鬨於歐洲海陸各方面。未幾而日本加入。未幾而土耳其加入。至今為交戰國者凡十。此戰役大勢之最簡單的說明也。欲求其故。則當將各國國情及其對外關係分別論之。

二

茲役戎首必推塞國。塞人若不殺奧太子。則以後一切波瀾。自無從起。然則塞人何故無端而殺人太子耶。何故能殺之於其國境內耶。何故全國當道要人皆爲謀殺之共犯耶。此寧非極駭特不可索解之事。然試一細察其國情。則知彼之憤而出此。亦有所不得已也。塞本中世一雄國也。其疆域跨有巴爾幹西北境之一大部分。今奧屬之坡士尼亞赫斯戈維納兩州。皆其舊境。塞民至今居焉。中間爲土耳其所滅垂七百年。直至十九世紀之初。始與坡赫兩州之民同叛土。遂建塞國。而坡赫仍隸於土。塞人乃日謀併有坡赫。即坡赫之民亦所同欲也。而一八七八年柏林會議之結果。德人市恩於奧。竟奪二州於土耳其之手。而委奧統治。塞人與二州之民皆大怨。然爲大勢所壓。則已無可奈何。三十年來。塞人厲精圖治。國勢大昌。然壤地褊小。懼終不能自存。且其國爲五國所圍繞。無尺寸之海岸線。並河流之稍大者亦無之。今國中只有一艘六百噸之小輪船耳。似此其終安能立國。故其國人所夢寐不忘者有三大計畫。第一則與門的內哥合併。建一聯合王國。如奧之與匈然。門固有海岸也。塞乃得而公用之。第二則仍謀兼併坡赫二州。二州自柏林會議後。雖歸奧治。然領土權猶在土也。塞人終將以力取之於土焉。第三則併呑土屬之馬基頓州。能全併最上也。否亦必佔據其西部沿海一帶。如是則塞國幾將亞德里亞海東西岸之領海權。皆歸己手。可以稱雄於南歐矣。此三大計畫之成否。實塞國存亡所攸決也。其第一計畫絕無障礙。且晚且見諸實行。蓋門與塞本同種。其幅員且小於塞兩倍。非與塞併。終難自存。故彼此默契有成言矣。其第二計畫則爲奧所破。距今六年前。奧人乘土耳其革命之役。突然取二州合併於己。自是二州名實俱歸奧。而塞人進取之望殆絕。故當時塞人出死力以爭之。吾前所謂一九零八零九兩年幾不免於戰者。即爲此也。當時俄亦盡其力所逮以援塞。而與奧同盟之德國示威脅俄。俄不敢校。而塞卒吞聲。塞之深致恨於奧抑可想矣。其第三計畫。則前年去年兩次巴爾幹戰爭。塞人席全勝之威。居然克償其欲。馬基頓州。幾全爲塞軍占領矣。而奧意協商。將該州別建一國。名爲阿爾巴尼亞。塞人已屈於威而勉從之矣。及其畫界。又將沿海一帶地悉歸阿屬。而塞一無所得。當其逼塞人退兵時。全塞人民。殆皆願以頭與壁俱碎。吾前所謂去年幾不免於戰者此也。然而竟何濟者。緣此兩役。塞之怨奧深入骨髓。螳臂當車。終已無幸。窮無復之。則惟有煽動其內亂。暗殺其要人。此凡在政治上懷抱不平。而力不能與抗者。恆橫決以出於此途。不能專爲塞人尤也。而奧皇儲菲的南者。實一世之英物。將來奧之國命攸託焉。且屢次挫塞之規畫。半出其手。塞人以爲去此人則莫余毒也。而奧之國運或將隨之以俱絕。此所以舉全國之力以圖之也。而奧之境內塞種實繁有徒。坡士尼亞爲之中堅。以大塞爾維亞主義煽動之。使其人回念中世時代之榮譽。則仇奧暱塞之心。自油然而生。則塞可以不戰而割全奧之半。夫塞人欲釋憾於奧。舍此蓋無他術。此所以舉國合謀以戕一夫之命。而竟能奏功於敵之境內也。明乎此中消息。則知塞戕奧儲一事。其跡固甚可鄙。而其志抑甚可哀矣。

三

然則奧人之無道。不亦太甚耶。既屢次蹙人國於不能立足之地。彼窮無復之。乃出於困鼠嚙貓之險著。猶不知自反。乃更甚之。傳不云乎。蹊牛於田而奪之牛。蹊田者固有罪矣。而奪之牛。不已甚乎。夫太子雖貴。亦猶人耳。一人之命。而以一國償之。毋乃太過。彼其致塞之最後通牒第五第六兩條。責塞人在其境內鎮壓人民排奧之運動。而鎮壓之業須奧政府派代表協力行之。又審判懲罰暗殺皇儲之元兇。須奧政府派員會審。似此則塞將成奧之縣鄙。何國之爲然則此次釀衅。惟奧實尸其咎也。雖然更還察奧之國情。則又有不能歸獄於奧者存。奧之爲國也其人口五千一百餘萬。而所含種族十有一。其中與皇室同族之民僅一千萬有奇耳。而塞爾維亞人已五百五十餘萬。與塞同祖之其他斯拉夫種人合計且二千五百萬。（斯拉夫族支派甚多塞爾維亞人其一也）彼塞人者以大塞爾維亞主義煽動奧境內之塞爾維亞人。則可以奪奧民十分之一。更以大斯拉夫主義煽動奧境內之斯拉夫人。則可以奪奧民三分之二。夫塞人之持此術以苦奧者。二十餘年於茲矣。其學校以是爲教科。其政府以是爲國是。戕刺皇儲一事。不過其尤彰明較著者耳。且卽以此事論。以堂堂一國之政府。一面方與人國敦槃相盟誓縞紵相酬答。一面乃君民上下處心積慮結人國之叛黨以戕人國之儲貳。是先不以有體面之國家自處。則人之懲創之者亦不復顧惜其國家之體面亦何足怪。茲事起後。駐意之奧使某君嘗語意人曰。

歐洲西境之人。未嘗親受人種錯居之痛苦。故於塞人此種詭異之行動。終苦索解。彼所謂大塞爾維亞主義者非他。質言之則謀宰割奧國併吞奧境內操塞語之各州而已。彼其國民共厲協會之主腦。卽前首相畢治博士也。而此次戕我儲君。全由該會慘淡經營。乃至兇客旅費。亦該會所給。此而可忍。孰不可忍。夫奧與塞戰。譬則以珠彈雀。吾奧何利焉。徒以爲國家自衞計。不得已而出於此。諸君試思假如有國焉煽俄境之芬蘭人使叛俄。煽德境之波蘭人使叛德。不得逞則戕其元首以洩忿。諸君謂俄德之待此國宜何如者。而又豈更有第三國調停之餘地者。

此其言於奧國之境遇及其態度。蓋說明無餘蘊矣。奧通牒之未發也。駐德英使語德外相曰。數年來奧之待塞。本已非常忍耐。此次加以嚴重之膺懲。固義所宜爾卽通牒發出之日。駐奧俄使猶語駐奧英使曰。奧之通牒。尚不失爲中和。奧人若無併吞塞國之野心。吾俄固願靜觀其後。由此言之。則謂奧人此舉欺塞太甚。吾亦良不敢目爲定評。昔伊藤博文遇刺。而朝鮮爲縣焉。夫統監之貴。（伊藤時爲朝鮮統監）孰與太子。刺伊藤之安重根。則匹夫之義憤耳。其當道曾無所與聞。而日本所以懲治朝鮮竟何若者。今奧之通牒。聲明絕無利塞土地之心。其待塞亦可云寬假。若以前此併吞坡赫二州及建置阿爾巴尼爲奧人罪。則思啓封疆。何國蔑有。況坡赫二州之統治。實由柏林公會列國共委之者哉。阿爾巴尼之地。昔本土藩。塞人兵力勝土也。故奪之於土。其兵力不能勝列國也。還爲列國所奪。顧不還諸土。而還諸阿爾巴尼人。則亦未爲過當也。要而論之。奧與塞既久處於莫能兩大之勢。各爲自衞計。而出全力以相持。塞之切齒於奧固至理常情。奧之致命於塞。亦天經地義。惟然。則非一戰焉曷由決之。

四

前文述奧塞兩國國情既若彼。非一戰不能解紛。爲事甚明。各國如不忍兩國生民塗炭。則姑勸解之。勸而不從。則惟聽之。前此國與國之相戰亦多矣。第三國之態度。何一非如彼者。而今茲曷爲因兩國而牽涉至七八國。則由俄人干涉啓之也。奧之致通牒於塞也。同時亦牒告列國。謂友邦有欲爲調人者。吾奧敬謝焉。奧人之決不願第三國與聞。已明白表示。而俄國偏容喙於其間。則滔天之禍。非俄實尸其咎。而又誰尸者。雖然。更細察俄國國情。及其與茲事直接間接之舊緣。則知俄之出於不得已。亦猶奧塞也。夫俄泱泱大國也。其所屬之斯拉夫族。新興之民也。俄凡百皆備。其所缺者惟暖海。（俄當大彼得即位時其所有海北則白海南則裏海西則亞章吉爾海白海每歲寒冰八閱月裏海則死海耳亞章吉爾海雖臨波羅的然瑞典扼其喉故彼得與瑞典十二年血戰始得波羅的海岸建聖彼得堡也）血戰瑞典十二年。始得波羅的海之東北岸。然偏在窮北。不足爲經略中原之資。十八世紀中葉。幾經經營慘澹。乃奪得黑海東北岸之克里米以爲立足地。然僅有黑海而不能出地中海。

則黑海亦猶死湖也。而黑海與地中海之間。則達達尼爾海峽綰轂其口。此徑寸咽喉之地。在土耳其手。土人出死力護之。列强亦羣助土護之。故俄覬覦百餘年。不能得志。俄之屢與土戰。且煽動巴爾幹人日搆衅於土。皆此之由。巴爾幹人種至複雜。而斯拉夫人居其强半。俄人乃倡所謂大斯拉夫主義者以結合之。使爲己前驅。蓋百年於茲矣。而其效不虛。塞爾維亞門的內哥布加利牙坡士尼亞赫斯戈維納諸地。紛紛獨立。土不能制。俄乘此機。以全力蹙土。一八七七年。戰土而勝之。締結聖士的夫條約。所得至豐。彼得以來之宿志。至是殆幾達矣。而柏林會議旋開。德相俾士麥與英戮力舉俄所既得之權利削奪其泰半。坡赫二州之委奧統治。即此時也。夫俄之求出海於巴爾幹。既爲其國勢所不容不爾。而塞爾維亞等國。事實上又不啻爲俄人所建立。俄蓋撫之如弱弟。殷勤顧復。以迄成年。其不能坐視他人之蹴踏之。固恆情也。柏林會議之役。俄之怨德奧既甚。及一九零八年。（距今六年前）奧人竟背柏林條約以併坡赫二州。（柏林條約以二州委奧統治其領土權未予之。）俄助塞張目。亦義所宜爾。而德人察俄方疲弊。乃脅以手書。使之屈服。（各事具詳拙著歐洲大戰史論）俄人稍有血氣。能無切齒。此今次俄皇宣戰詔勅所爲有忍辱含垢於茲七年之語也。自茲以往。俄人蓋如越之在會稽。臥薪嘗膽。生聚教訓以冀得機一洒斯恥。今海軍漸復興矣。陸軍又大整矣。而奧人以皇儲遇難案。蹙其弱弟陷於死地。塞若屈服。便成奧縣。塞亡而門亦隨之。羅布諸邦亦畏偪日甚。於是俄出黑海之望將永絕。且反諸扶助諸國自立之初心。亦幾無以自聊。故託於齊桓存邢救衛之大義。爲塞執言。謂曲在俄。俄不任受也。

五

然則主動者其殆德人耶。德人當柏林會議之役。既予俄塞以大不堪。與併坡赫二州。德皇復以手書脅俄。使之屈服。抑奧之不競久矣。苟非有大力者慫恿於其後。必不致輕與人挑釁。奧致塞之最後通牒。其爲挑釁甚明。謂非德人暗嗾。其誰信之。且雖戰機將裂之時。苟德人一言。必能使奧稍事遷就。以弭斯大禍。乃英人唱四國調停之議。（英法德意四國也。奧塞交戰前後五日內。英外相格黎力倡此議。）德人託詞拒謝。而暗中調兵備戰。苟非有意求戰。曷爲如此。故英法俄日各國報紙。競集矢於德皇。謂其刻意摹仿亞歷山大拿破崙。不惜糜爛全世界之民。以快一人之欲。斯言殆不爲過。雖然。試又平心以一察德國國情。則知德人之出此。亦有所不得已。且其事實爲德國全國民榮悴所攸決。而絕非一人之野心所能煽動也。德國建國之日雖淺。然其國勢發育之速。乃出言思擬議之外。就人口論。一八七零年始建國時。僅四千零八十一萬耳。一九一零年。已增至六千四百九十三萬。僅四十年間。而所增乃三之一。據最近統計。每年平均增加九十萬以上。今境內地方則既竭矣。以養現在之民。猶苦不贍。繼今所孳。將從何處得容足地。就產業論。緣科學發達。民俗勤敏之故。其工藝品之發達。乃不知紀極。鋼鐵一項。五十年間增加六十倍。棉花之消費額亦增二十倍。梳打一項。三十年間由四五萬噸增至百萬噸。硫磺一項。亦由十萬噸增至百萬噸。其外國貿易之輸出額。一八九二年（距今二十二年前）約三十萬萬馬克。一九零七年（距今七年前）已踰七十萬萬馬克。略舉數端。可見一斑。其年年遞增之物產。苟非得市場以爲之消納。則其資本寧非擲諸虛牝。而環顧各國。皆用關稅保護政策。深閉固拒。末由侵踰。故德人汲汲思得殖民地。眞如病渴之夫。亟求杯勺。蓋一以容納其過賸之人口。一以消受其過賸之物品。非此則無以圖存也。無奈著手稍遲。全世界之奧區。久已爲他人所掠奪。雖得太平洋偏遠之數島。與亞非利加洲磽确之諸地。而經營之殊非易易。深恐所得不足以償其勞。於是其眼光所注。有三大廣原。一曰中國。二曰南亞美利加。三曰小亞細亞。然中國久已爲英俄日諸國勢力所瀰漫。雖强攫一青島爲立足地。其不易大得志甚明也。南美洲則巴西祕魯等地。德人移殖者歲增。一切工商業。多爲所壟斷。實德人將來最有希望之勢力範圍也。然以美人大倡新門羅主義之故。（前大總統盧斯福所倡其意謂凡南北美兩洲皆當受美國保護也）其進取亦不能無障。獨小亞細亞之土耳其斯坦一帶地。今在土耳其孱王治下。而其地實爲全世界最沃衍之野。且全世界文明發祥地也。幼發拉底泰格士兩河流域。三千年前不知幾許名國迭相雄長於其間。今雖暫荒落。而稍加人力以經營之。將來收穫之豐。乃爲巧曆所不能算。德人以全神注於此地。欲製造出亞洲之德意志帝國。而其下手之法。則在與土交驩。故一八九八年。德皇躬自入朝於君士但丁。與土皇備致殷勤。越兩年。遂得有巴克達鐵路之敷設權。巴克達鐵路者。起點於君士但丁之對岸。經巴克達以直達波斯灣者也。延長四千餘啓羅米突。爲全世界最大幹線之一。而前此巴爾幹半島內土屬諸州之鐵路。本已爲德人資本所經營。今輔以此路。則成一大幹線。北起漢堡。經柏林維也納君士但丁以接巴克達。路線兩端。北出北海。南出波斯灣。如常山之蛇。首尾相應。則亞洲之大德意志帝國。遂將湧現。今此路期以三年後竣工矣。然德人此種規畫之成就。實以土耳其國存在爲前提。苟無土耳其。則德失其東道主。而一切無所附麗。今俄人日持其大斯拉夫主義以煽動巴爾幹而削弱土耳其。其實足使德人旰食。故德俄之不得不爭巴爾幹勢也。而兩年來兩次巴爾幹戰爭之結果。土耳其之歐洲領土失其什九。漢堡巴克達間之大幹線。中間一段已落於其仇敵之斯拉夫人手。十年遠略。行將中挫。德人必出死力以爭之。又何足怪。況奧之與德。三十年來爲忠實之同盟。倡隨之好。有如夫婦。今俄塞之謀。勢且致奧於傾覆。德人一面與奧相依爲命。固不容自撤藩籬。一面以友愛義俠之情。又豈能坐視其危而不援手。奧人既有不得不敵俄塞之勢。則雖德人暗中左右其間。抑已不能深爲德咎。況德人又自有其切膚之痛者哉。故吾於德人今茲孤注一擲之舉。良亦哀而敬之。謂由德皇一人之好大喜功。非所敢聞也。

六

德有外患。法必起而掎之。此五尺之童所能逆睹。本無待吾喋喋也。然亦有當論次者。一八七零年普法之役。德人割取法之奧斯洛靈兩州。此德人之大失計也。聞當時俾斯麥大不謂然。其所見遠矣。（此事極祕前此無知者近俾公日記出世中有此段云）而當時爲羣將官所脅。卒勉徇之。坐是爲法人留一絕大之國恥紀念。常作其敵愾之氣。德人之旰食四十餘年於茲矣。俾公竭畢生之力。以伐法人之交。使之孤立。而已則結强大之兩同盟國以爲捍蔽。夫俾公以善外交聞於天下。其外交凡以對法而已。故終俾公之世。法人無援。不得不屏息以自晦。俾公去位僅二年。俄法同盟成。法德對抗之勢漸見矣。然俄方有事於遠東。且內難未靖。又其與德相偪之勢不甚。故法之聯俄。僅藉以自保。未敢語於進取也。及日俄戰起。形勢將變。法國大政治家洞察機先。疾起與英握手。棄百年之夙怨以締協約。又與意大利交換利益。離意德之交。未幾遂媒合英俄。成三國協商之局。於是法之元氣爲之一蘇。吾嘗目狄爾喀西爲法國之俾斯麥。彼蓋全襲俾公之術。推其矛以陷其盾。前此德人伐法之交。使法人屏息垂三十年。今則德人之交爲法所伐殆盡矣。（狄氏嘗任法國外交總長七年辭職後未幾復入長海軍去年再辭職戰事起後今復任外交總長吾所著時局叢書第一編歐洲戰役之中堅人物有其小傳）故一九零五年一九一一年兩次爲摩洛哥問題。法人敢公然與德爲難。其第一次法雖見屈於德。其第二次則德已漸見屈於法。近又整飭海軍。成效漸著。陸軍亦改三年兵役制。蓄力愈厚。枕戈雪恨。念茲在茲。今緣奧塞搆衅。牽及俄德。則法人與其同盟國協力以謀踣其四十年之怨敵。雖成敗不可知。君子以爲凡有國者義固宜爾也。

七

英人之自投於旋渦者何也。英人之侈然自大久矣。彼當各國內亂如麻。歐洲大陸全土俶擾之際。晏然坐得無數殖民地於海外。而環顧諸邦殆莫余毒。故當各國皇皇求同盟惟恐不及。而英人乃以名譽之孤立自夸於天下。及德今皇維廉第二卽位未幾。而其乳虎食牛之氣。有以撼英人之酣夢而警之起。蓋英人之知自危十餘年於茲耳。初英軍侵南非洲之玻亞。玻人拒而勝之。德皇致電玻之大總統古魯加賀焉。英德最初之交惡。實起於是。未幾德皇復詔其民曰。「德國之將來在於海上」。於是英人漸驚。當五十年前英人有恆言曰。英人霸於海。法人霸於陸。德人霸於空。蓋藐德也。曾幾何時。而霸陸之法。已蟄伏於德人一擊之下。今彼又曰將來在海。夫英人之以世襲海王自命也久矣。使德之將來而果在海。則海不其有二王哉。當德人之初興海軍也。英京一游戲報嗤之曰。田鼠忽習水嬉。意欲何爲。蓋於蔑視之中。已略含猜忌之意。乃未幾而德之海軍。二次三次四次擴張。駸駸乎有與君代興之勢。英人始瞠目撟舌。而日日與之競走。疲於奔命。且其工商業亦到處爲德人所侵略所厭伏。前此英人以鐵國自豪者。今德國每歲所產之鋼鐵。且視英三倍。他更何論。循此以往。英人非降爲德之輿臺。勢且不止。使德人海軍而能競勝於英。則遠者且勿論。一旦將歐洲門戶之直布羅陀海峽亞丁灣蘇彝士河三處落於其手。則英人更有何術以馭其殖民地者。且德之陸軍。任舉一國。莫能與抗顏行。此天下所共知也。而德法又爲世仇。使法而爲德所併吞。德人復襲拿破崙封鎖大陸之故智以待英。則全英之民。可以餒斃。英人睹此新敵之可怖。乃不得不降心以與其世仇之俄法相結。英俄法既合。則今茲之戰。計早定。其未發者特需時耳。一九一二年年前英人曾與德交涉。相約制限海軍。無爲各自疲其力。德人不應。自此以往。兩國蓋無日不爲瞬息卽戰之計。世人徒見此次英之宣戰。託言於擁護比利時中立。謂德若不犯比。英人其或袖手。豈知英人之視德也。方日惴惴然曰。爲虺不摧。爲蛇奈何。其欲得一機以決雌雄之日既久。即無比利時問題。英人豈能坐視法之見摧。然則今次戰禍。毋亦英人實分其咎耶。曰、英人處此等境遇。不戰又何以圖存。英之不得已。亦猶夫他國而已。

八

以上論列奧塞俄德法英六國交戰之動因略見。此外若門的內哥若比利時若七耳其若日本。或爲附屬。或爲被動。或爲後起。故弗深論焉。要之今交戰者凡十國。除日本外。彼九國者。皆有其所不得已者存。以刑律上正當防衞之義。折此獄。無論何國。皆不能科罪。吾觀此戰。吾所最感慨者。則立國於今世。眞不易易。蓋無時無地。不與憂患相緣。爲國民者。稍一自暇逸。自暴棄。其國行即在淘汰之數。試觀彼諸國者。豈非泱泱大風。今世之雄國哉。而各皆遭値夫遺大投艱。至賭孤注以爲救亡之計。則凡有國者。其可以鑑矣。然則此次之戰。皆由各國事前有意求戰以致之乎。曰、是又未必然。各國雖知終不免一戰。然人情亦孰以佳兵爲樂。彼諸國者。蓋各皆狃於蒲騷之役。見夫十年來雖屢瀕於戰。而挾吾武力以從事威喝。或以生計關係相脅慴。常能不戰以屈人。故今亦襲故技而再嘗試焉。而陰舛陽錯。相激相薄。卒至一爆而不可制。此則諸國皆自始所不及料也。雖然。吾儕爲諸國計。且爲歐洲全局計。既已終不免於一戰。則速發禍較小。遲發禍更大。則今茲之戰。其或亦最適之時機也。

各國交戰時之舉國一致

東西各文明國。平時國內黨派階級之爭。雖甚劇烈。一旦對外有戰爭。恆舉國一致。此常軌也。此次從事戰爭者多至十國。然竟無一國焉逸於例外。此亦世人所不及料之現象。而其故有可深長思者。最奇異者奧國。奧國以人種複雜爲病。天下所共聞。此次與德連横。德固日耳曼人也。則戰事由日耳曼人主之甚明。奧皇室固日耳曼族也。然其國人與皇室同族者。不過五分之一。他皆異族也。論者以爲此次戰起。異族或乘而滋亂。否亦旁觀已耳。而事實乃大不然。就中除五百餘萬之塞爾維亞人（奧境內有塞人五百五十餘萬）適處於利害相反之地。宜挾異議。自餘則各種族皆舉國一致也。尤可敬者爲匈牙利人。匈人自昔常有憾於奧。讀史者當能記憶。此次膺懲塞人之議。匈之內閣國會。實首倡之。臨敵之勇。亦匈人稱最。此足使各國憬然生感。而知奧匈聯合王國之未易卒侮也。

次則俄國。俄境內之波蘭人芬蘭人。百年來蓋無日不蠢蠢思動。其虛無黨潛伏國中。所至皆是。當日俄戰起。而俄境之內亂。蓋日日見告焉。今茲之役。謂當復蹈前轍。而抑知不然。波蘭芬蘭人。各矢忠矢勇。而國中無論何種教派。何種階級。何種黨會。皆舍同仇敵愾外。無他雜念。戰前兩旬。方行全國同盟罷工。勢極岌岌。對外交涉一起。立即平復帖妥。當宣戰前後。全國若狂。議會議決戰費時。英毅之氣。若中魘矣。此俄國立國以來所未嘗見也。

更觀英國。開戰前數月間。愛爾蘭問題方喧豗於國中。愈逼愈緊。殆將破裂。奧人致塞最後通牒之前數日。英之政府軍與愛爾蘭國民黨軍。拔戟列隊相視。行即交綏。德人覘此。謂英之必不敢言戰也。庸詎知外競一與。國內百年之積嫌。瞬即消釋。愛爾蘭問題若霧散矣。又世人共以爲英若有事於戰。其殖民地必相次蠢動。而事實竟不爾。惟南非洲一地有小波瀾耳。他皆帖然。而加拿大及澳洲各奮起爲母國後援。募兵轉餉。日不暇給。此又足以厲所親之勇而奪敵人之氣者也。

更觀德法兩國。其國中人種本純粹。教派階級之爭。亦早消滅。自始原無內訌之足慮。獨此兩國者。其社會黨皆極發達。夙持寢兵非攻之義。法人前議施行三年兵役制。此黨大掊擊之。而國人應和者乃絕衆。惟德亦然。社會黨之勢力日漲進於議會。反對擴張軍備之聲。日益洋溢。論者以爲戰事一起。此輩或將持政府之短長。豈知尙未宣戰。而法之社會黨首領卓黎氏已斃於衆怒之下。其黨人亦咸願戰。而德之社會黨。且開臨時大會。改正黨綱。認戰爭爲國民義務。分出演說。獎厲從軍。此非徒使他國愕眙。即本國政府。恐亦始願不及也。推原各國所以能得此於其民者。其一由國家組織日就完善。內部偏受抑壓之人漸少。國中不平之氣漸消。故能摶控其民爲一體。有事斯得其用。其二由政治日日改良。國家與人民之關係日親厚。人民共知國家爲己身所託命。無國則無所怙恃。故一遇國難。則如手足之捍頭目。其三由教育日普及。多數國民皆明於世界大勢。知物競至烈。非厚集其力。不足以相倚而圖存。斷不肯漫爭意見。自取分裂。以致削弱。坐是諸因。故不期而皆現舉國一致之實。若云兄弟鬩牆。外禦其侮。此猶僅明一義而已。

嗚呼。吾國民覩此。其可以鑑。若在上者怙勢以藉踐吾民。致吾民不復知有國家之樂。一旦有事。何以相使。而或者乘國家多難。率野心以煽亂。以爲人驅除。吾益不知其是何肺腸也。

中國與土耳其之異

世之覘國者。每以我與土耳其並論。吾夙所羞憤。然此說既廣行於世。吾又安得不因襲之而辨正之。吾謂吾國決非土耳其之比。謂我將來與土耳其同一命運者。實夢囈也。

土耳其前此跨有歐亞非三洲。其幅員之廣與我同。其後政治不修內亂頻起。與我同。重要之軍港阨塞商業口岸。次第爲列強所侵踞。與我同。最近發憤立憲。謂與民更始。而政爭迭起。專制依然。與我同。政體改革後。非特不能恢揚國威。反別惹波瀾。削減領土。與我同。數十年來爲列強紛爭之禍胎。將來貽禍且未已。與我同。以此言之。幾無一不同。而吾猶謂我與土耳其絕異者何也。請申吾說。

其第一異點。彼土耳其國者。隨阿士曼朝廷以成立。未有阿士曼朝以前。此世界上無所謂土國。阿士曼浡興。斯土國浡興。故阿士曼勢蹙。土勢亦隨之而蹙。他日若阿士曼統絕。則土統亦將隨而絕。阿士曼純以武力創造此國維繫此國。及其武力既衰。則此國遂漸瓦解。理固然也。中國則大異。是中國自前清之季。棼亂積弱以迄今日。雖酷與土類。然中國非自前清建設之。且並非由漢唐宋元明建設之。中國朝代之變革。正如法蘭西之有阿良朝波旁朝拿破崙朝。乃至一次二次三次之共和。雖百變而於國無與。非如土耳其之國運與朝運相聯屬也。且立國各有其本。恃武力以立國者。武力盡而國亡。故亞歷山以武力建大帝國。亞歷山死而彼帝國亡。拿破崙亦以武力建大帝國。拿破崙敗而彼帝國亡。顧拿破崙之大帝國雖亡。而法蘭西不隨拿破崙以亡。彼大帝國爲拿破崙武力所建設。而法蘭西非拿破崙武力所建設也。我國民之結合以成爲一國。自有其大本大原。而絕無所賴於一姓一家之武力。與土耳其恰爲反比例。土耳其譬則拿破崙之大帝國也。我國譬則法蘭西也。故土耳其在今日決無幸完之理。我國則永世決無能壞之理也。

其第二異點。則當思土耳其所以有今日者。由列強侵略使然耶。將由國內分裂使然耶。使彼非國內分裂。則吾敢信列強中決無一焉能吞滅土耳其者。即稍有侵略。亦不過篡取其沿海要港。而斷不至蹙土宇若今日之甚。

此事勢之至易見者也。然則土耳其所以分裂之原因安在。彼自建國以來。自始蓋未嘗搏控其人民使成爲一國民也。故區區巴爾幹半島中。而人種十數。言語十數。宗敎習俗。種種殊別。夫以此異種異言異敎異俗之人。而同立於一國旗之下。號爲同國。以嚴格律之。則未始有國而已。夫古今東西以征服他族立國者。原自不少。而欲國基之奠定。其第一義在使征服者與被征服者同化混合以成一體。其最上者。則征服者與被征服者互相同化。如那曼人之征服不列顛。次則征服者以其力使被征服者同化於我。如俄羅斯之征服西伯利。又次則征服者同化於被征服者。如滿洲之征服我國。有一於此。然後國之實質乃完。而土耳其皆不能。土耳其族與他族共立於一政府之下數百年矣。而始終畫若鴻溝。不稍融洽。分裂之勢。積之久矣。不寧惟是。使土耳其人所征服者而僅一族。因統御力衰之故。還爲被征服者所驅逐。則亦一舊國仆一新國與之代興耳。如蒙古之在我國。於國家存亡。仍無與也。無如土耳其境內。有希臘人。有塞爾維人。有維馬尼人。布加利人。亞爾巴尼人。猶太人等等。然惟不與土耳其同化。亦各自不互相同化。故舍分裂外無他道也。夫分裂既爲土耳其滅亡之原因。而所以招分裂者。又自有其原因。我國既絕無此原因。則我國不能與土耳其同視。亦明矣。或謂我國之於蒙古西藏。何嘗能同化。蒙藏何嘗不漸形分裂。然則亦與土同病也。答曰。斯固然。吾亦不自諱也。蒙藏之隸我。本由前清以武力得之。恃其威信以爲維繫。清既云亡。誰亦敢保蒙藏之永不分裂。雖然。此與中國之存亡無與也。此如拿破崙敗而喪其所征服之西班牙意大利。豈得謂足以左右法蘭西之國命者。又如土耳其百年來失埃及失摩洛哥失亞比西尼。雖曰可傷。猶不至蹙之於死。使土耳其其能長保巴爾幹。則始終不失爲大國也。土耳其之有巴爾幹。猶我國之有二十二行省。我國以四萬萬同族一體之民。共棲於二十二行省。永無分裂之虞。而土耳其則以十分之一人數與什分九之異族共棲於巴爾幹。而分裂無可逃避。此我與彼之所爲絕異也。若是乎我國既無自取亡之道。然則將以他力亡我耶。則或數國瓜分或一國併吞二者必將居一於是數國瓜分耶。此可斷爲必無之事。使瓜分而有利於列强則土耳其瓜分久矣。列强既不能以此加諸土又豈能以此加諸我一國併吞耶。在我國史中亦嘗暫蒙斯難。然今非昔比立乎其旁者豈能坐視。今列强雖在戰爭中萬一有此種駭人之大問題發生。安見其不釋戈握手以共討此野心無饜之大敵。且勿論此。以二千餘年結爲一體之國民欲征服之豈其易易。夫我國不惟非土耳其比。且亦非印度比也。印度當英人未征服之前本爲無數部落分立言語複雜習俗紛歧。本未嘗成爲一國。而英人征服逾百年今尚未敢高枕而臥也。況我國基久定者哉。夫統治異民族之艱辛而危險各國所積經驗多矣。今假令有一野心之國欲乘我之危而謀併吞我。我以武力不敵之故。一時暫爲所蹂躪。彼其國又豈能安坐而享。蓋彼終不能以其力使我同化於彼。暫屈伏而暗相軋轢。其武力少衰。旋即還爲我所驅逐。甚則或反同化於我如滿洲然。及其被驅逐則並彼故墟亦折而入於我。斯非彼滅我。乃我滅彼矣。人之謀國者非下愚豈其見不及此。故中國現時雖極屯蹇。而決不至與土同其命運。可斷言也。

其第三異點則土耳其以宗教關係。故致其國民之本能日漸消失。馴至不能自存於今世。而我國決不爾爾。彼以行極端階級制度故。故土耳其民族之職業則僧侶耳軍人耳官吏耳。農工商業皆所不習。土耳其境內之農則羅馬尼人也。其工商則希臘人亞魯米尼人猶太人也。當此生計競爭之世若土耳其人者殆終無以自立於大地。而我國則絕無階級。士農工商同爲國之齊民而勤敏質朴之風冠萬國在生計界實具有最優勝之能力。且土耳其以感受狹隘的宗教思想。故排外守舊之念極强。終不能擇善而從。采人之長以爲己用。其人之思想才技與時勢日相遠則固不得不被淘汰我國人則無斯弊雖一面愛重國粹一面仍歡受新學故我國之於世界有無窮之將來非士耳其比也我國今日所最患苦者惟區區政治問題耳政治一改良則凡百皆迎刃而解士耳其則政治宗教種族諸問題混爲一團轇轕至不可理此彼我根本之異也由此言之則我國民其幸毋自暴棄而各國之所以待我者亦愼勿誤所觀察矣

實業與虛業

日言教育而馴至全國淪於禽獸日言實業而馴至全國淪於乞丐此今日中國之現象也然則實業果足以病國乎曰、噫是何言吾國談實業者曷嘗知實業務實業直虛業而已

前清之末遵依公司律註册之公司無慮數百家而今皆安在語其原因緣政府保護不力甚則加以摧殘者固有之緣革命之影響爲市況所牽倒者固有之然其大部分實皆由辦實業者自取之自取云者或則於其業之利害得失本無眞知灼見而貿貿然倡辦以自取敗也或則其業雖誠有利而辦理不得其宜因以取敗也此猶其眞有志於實業焉者又其大多數則自始本未有經營茲業之規畫而惟假一名焉以達其他種目的斯眞所謂虛業家也

虛業家之手段有多種其一則與外國奸商通同作弊以朘取同胞脂膏者如數年前橡皮公司股票之投機等類是也其二有攫取一種特權售與外人藉以牟利者如歷年所舉發之賣路賣礦案等類是也近自新礦業條例發布而業此者滋益多其三囤積占據土地等以謀將來之投機者如現在各省放荒其承領荒地或森林之

人等是也其四純粹買空賣空者如各大通商口岸買賣金磅銀條及他種貨物之人有濫發紙幣省分賣買紙幣之人是也其五羌無故實架立一公司名目以詐欺取財不旋踵而虧蝕解散者近年來大小之公司多此類也其六亦有原已成立之公司營業成績尙優而任事人遂聚而咕嘬之使之即於蹷亡如前此某某銀行某某著名公司等多是也此外種種魑魅罔兩情形未遑枚舉要之自提倡實業之論興遂爲虛業家闢無數利孔實業之爲詬病於世職此之由

夫虛業發達之結果絞取人孤兒寡婦之薄蓄以投諸谿壑或盜取全國人公共固有之地利以讓諸人或間接擾亂市況使一般人蒙損害其罪孽既擢髮難數矣使其箇人所攘獲之利還以投諸生產事業以助國產之發榮則猶可以差贖其罪然無如事實決不爾爾凡藉虛業以牟非分之利者其究也必舉所牟得者而悉消費之或賡續從事虛業而終於失敗否則耗於奢侈而已以吾讞虛業家蓋盜蝕箇人財產之罪猶小而消耗國民生計全體資本之罪最大也

然則欲杜虛業家之弊亦有道乎以吾所見其應著眼之點數端一曰排斥官營業而務爲實際的商營業二曰勿恃華洋會辦而專求能自辦者三曰先農業而後工商業四曰即以工業論亦惟務先發達小工業而緩大工業五曰少發起有限公司而注重於箇人自營或合資公司此數端者雖似老生常談然救今日之敝舍此末由其詳則當賡續論之也

政治之基礎與言論家之指針

此問題實極庸腐之問題也吾拈此題何意吾方欲稍輟其積年無用之政譚而大致意於社會事業吾且望國中之政論家亦稍改其度焉吾又懼誤會者以爲是導民以漠視政治也故爲此篇以申明政治基礎在於社會之義

政治基礎在於社會耶抑社會基礎繫於政治耶更申言之必先有良政治然後有良社會耶抑先有良社會然後有良政治耶此二義者蓋各皆持之有故言之成理吾方持政治基礎在社會之說設有難者曰今日社會種種罪惡强半皆政治現象所造成政象不變其導社會日趨於下者且不知所屆而從事社會事業之人乃如捧土以塞孟津雖勞何補此難吾固無以爲應也又難曰社會事業强半須政府積極扶助啓發然後能成即不爾亦須消極的放任乃有發榮滋長之餘地而在惡政府之下時或不惟不助長之而更摧殘之則所謂社會事業者何由自存此難吾又無以爲應也更難曰社會事業殖其萌蘖已大不易而政治現象既予人以不安一有變故遂見破壞人人有汲汲顧影之心誰肯從事此難吾又無以爲應也若此者使吾更代之廣爲設難其辭可以累萬言不盡而吾皆無以爲應既皆無以爲應然則吾儕暫且置社會於不問而設法先求得良政治以爲改良社會之資何如如有法可設吾寧不欲雖然吾又孰思求得良政治之法矣蓋欲得之惟有二途其一則希望昊蒼忽錫我以聰明睿智聖文神武之主權者而其人又如佛典所說之觀世音千眼千臂舉一切政治無鉅無細皆自舉之而一一悉應於吾社會之要求如是則政治不期良而自即於良而不然者則其二必由生息此國之人民分任此國之政治其人民能知政治爲何物能知政治若何爲良若何爲惡其起而負荷政治者人人皆有爲國家求良政治之誠心人人皆有爲國家行良政治之能力苟其心有不誠力有不逮者將不能見容於政

治界。夫如是然後良政治可以得見。夫如是則其結論已復返於社會矣。平心論之。政治與社會。迭相助長。如環無端。必强指其緩急先後之所存。無論毗於何方。皆不免偏至之誚。而吾儕欲以言論自效於國者。揆諸與父言慈與子言孝之例。若爲立於國家機關之人人說法耶。則當昌明社會託命於政治之義。使其知責任之所存。若爲國家機關以外之人人說法耶。則當發揮政治植基於社會之義。使其知進取之所自。苟誤其用焉。則吾言或不生反響。或生矣而恰反乎吾所預期。此最不可不慎也。今吾欲問當世之言論家。爲欲與政府當局諸人言耶。爲欲與多數國民言耶。如欲與政府當局言也。則吾敢信其決無反響。如欲與多數國民言也。言一不慎。則或無反響。或生惡反響。二者必居一於是。曷言乎與政府當局言決無反響也。吾非謂當局之必訑訑距人而於當世之言論有所不屑聞不願聞也。彼蓋實無省聽輿論之餘裕。吾國官吏社會。其情狀之奇特。乃爲吾儕所莫能擬議。無論何人入乎其中。殆不能不與之俱敝。夫吾固與言論界因緣甚深之人。吾不敢蔑視當世之言論。吾良能自信。雖然吾亦嘗一度立於政府當局。而吾在此期間內。幾未嘗一寓目於報紙。吾非有所厭鄙。吾有涯之精力。既已悉疲於簿書期會朝命輿出晚就牀瞑。傫然而已。客有與吾作政談者。吾輒唯唯不知所對。此雖由吾才力綿薄不足以堪煩劇。然還觀他人。則又曷嘗不猶我。吾之言此非他。凡以證明報紙上之政譚。決無由入於當局者之耳。而使政治現象生毫氂之反響也。然則以立言爲職者。毋亦爲當局以外之多數國民言之耳。然吾又謂其或無反響或生惡反響者何也。吾與多數國民言某政應興某政當革。雖多數國民皆爲吾言所感動。而彼決無力以左右政局。亦惟夢想而已。坐視而已。外國輿論所以能左右政局者。其國會爲輿論所左右。其政府爲國會所左右。故其輿論直接左右國會。而間接左右政府。然爲輿論所左右之政局。其遂足稱爲良政治與否。尤當視其輿論之是否正當是否適應。今我國果有正當與適應之輿論與否。吾殊未敢言。輿論能否有左右國會之力。吾殊未敢言。以吾觀之。吾國至今蓋未有所謂輿論者存。吾儕少數搖筆弄舌之人。自抒己見。殊不足以冒輿論之名。而眞足稱爲輿論者。大都不正當不適應。即吾儕所抒區區之己見。其果爲正爲適與否。亦良不敢自信。又就令已有國會。而吾儕之區區己見。殆斷未必有左右之之力。然此皆勿具論。吾但爲直截了當之一言。抉其情實。吾中國今日並國會其物而無之。則一切政譚。何緣有反響。以及於政局。吾儕搖筆弄舌者。自命爲大聲疾呼。而其實乃不過私憂竊歎。其必無反響。可斷言也。夫使僅無反響。則吾爲辭費而已。吾苟不以此爲病。則吾恣言之。固與世無患也。雖然。吾最近乃深覺此種政論。其極容易發生之惡反響有二焉。其一。聽吾言信吾言者。夢想吾所描寫之政象。欲求其實現焉而終不可得。則以爲國事遂無可望。乃嗒然若喪。頹然自放。以致國家前途最有希望之人。皆流爲厭世一派。此一種惡反響也。其二。聽吾言信吾言者。夢想吾所描寫之政象。欲求其實現焉而終不可得。於是乃激而橫決。日圖推翻現在之政局。或革變現在之國體。以陷國家於奇險之境。此又一種惡反響也。第一種反響既已可傷。第二種反響則尤可懼。要而論之。在今日欲作政譚。無論若何忠實穩健。而終不免略帶一種激刺煽動之性質。吾則以爲在今日而爲政治上之激刺煽動。則國家所受者實利少而害多。故吾滋不敢易言。謂余不信。請更申其說。

大抵政譚之種類。概括言之。不出三種。一曰臧否人物。二曰討論政策。三曰商榷國制。臧否人物者。蓋偏信人治主義。以爲政象所以不善。皆由不得其人。吾以輿論之力。排蠹政之人而去之。政斯理矣。此其言甚持之有故。吾無以難也。此種輿論之反響。或能使貪墨闒冗之吏。挂彈章。罹法網。其他亦有所警慴而稍自斂。吾亦豈敢謂其絕無小補。雖然。推此種論旨之所在。其注重者決非在區區地方小吏。而恆在當局極有力之人。然當局極有力之人決非此脆弱混沌之輿論所能搖動。則草中狐兔雖盡何益。夫狐兔能盡。猶可言也。然去一狐兔。亦還以一狐兔易之。沈思諦視。卻爲何來。更進一步。當局有力者果能因吾言而解職。則吾之志其可謂遂矣。而繼其職者究能如吾心目中所期耶。吾信其決不能也。且舉國中有能如吾心目所期之人耶。吾信其決無有也。既已不能。既已無有。則攻某甲而去之。不過爲某乙造出代興之機會。而於政治果有何影響者。不寧惟是。勢必長排擠搆煽之風。而使政象更蒙其害耳。若更進一步。國之主權者而爲臧否論所動。或翩然引退以避賢路。則讀者試思。國中敢承其乏者更有何人。承乏者之所爲是否能有以遠過於今日。而其時全國更作何狀者。是故推臧否論之所極。其勢必至舉國中無一人足當政治之衝。而最後之結論。除非將內外大小一切政治機關。悉請外國人代笵。庶幾足以致治。此非吾過激之言也。以吾直接間接所聞。其持此論者蓋不知凡幾。然則此種言論所生之反響。不過無形中製造無數之宋秉畯李容九一流人物。吾果何仇於國。而忍出此。要之。臧否人物者不外取場面上之人物而臧否之。而場面上之人。雖復派別萬殊。要皆牛羊何擇。（讀者勿誤以吾此言爲善罵。讀者須知吾亦世人所指爲場面上之一人。吾亦常爲彼臧否者。而吾自視在政界上與人比較。眞牛羊何擇也。）恩李怨牛。徒益其擾。而於政治決無絲毫裨補。故此等政譚吾極以爲無用也。

討論政策。則政譚家之正軌也。各國舉所尊尚。吾復何間然者。雖然。吾固言之矣。報紙上討論政策之文。絕非政府當局所能寓目。其在人國。言論家建一政策。一旦成爲輿論。或采爲黨議。自能變作法案之形式以現於國會議場。議決則施之有政。我國何有者。今日以塞報紙篇幅。明日覆瓿而已。就使果能經立法機關以成爲法案。此策豈遂能貫徹。不見自前淸之季以迄今日所頒法令殆如牛毛。而官吏與人民之心理視之果何若者。是故吾儕討論政策。誠亦爲國民重要職務之一。然謂卽此可以大有造於國。則吾以爲正韓昌黎所謂如食蟚蜞得不償勞也。且以與政局緣遠之人。而欲在政策上爲正當且適應之批判。實可謂至難之業。蓋政策之爲物。不能各各離立。此策與彼策之間。聯屬至爲緻密。先決問題層層相覆。突然就一事以翹示己之所主張曰吾欲云云。雖說理極完。措慮極密。而當局恆覺其拘墟。卽立言者一旦身當其衝。或且不免啁然自以爲可笑。例如外交上主張己國正當之權利。橫逆之來。必當峻拒。誰曰非宜。然當國力未充之時。旣不能令。又不受命。往往口舌抗執愈久。而所喪愈多。於國究何益者。又如財政上當涵養稅源。確守平準。天經地義。誰能反脣。然使正當舉國官吏軍士枵腹待炊之時。重以門前債主雁行以立。乃爲進說曰吾將爲汝濬稅源立長策。此如誦說西江之水以慰藉涸轍之鮒。其曷由傾聽。此不過泛論一二。其他亦何莫不然。而愈剖析以及於各種之具體的政策。則其與實際適應也乃愈難。夫政策本無絕對之美。而惟適之爲貴。然則吾所主張之政策與吾所譏彈之政策。其孰美孰惡。方且在不可知之數。讀者幸毋以吾曾一度立於政府。遽同化於現政府之口吻。吾生平最喜喋喋談政策。當爲國人所共悉。而吾年來之所感。乃實如是也。復次。雖有善美之政策。而行之必存乎其人。所謂人者。非徒在總攬規畫之人而已。卽分任執行之人。其重要亦與相埒。譬之辦一工廠。僅得三數賢明之總辦坐辦。難云已足。苟無幹達之技師熟練之工人。其事業之成敗。且未可知。今之中國。非無良政策之爲患。而無實行良政策之爲患。此又政譚家所不可不熟察也。坐此諸因。故吾於政策之建議。愈閱歷而愈不敢妄發。蓋深有感於適應時勢之不易易。而斷不敢漫爲無責任之言。翹己長。攻人短。以賣名聲於天下。又見乎每一政策之建議。其不見采用者無論也。或見采用。勢必且改頭換面。與原議之精神。決末由脗合。就令不爾。而及其奉行之際。恆支離不可究詰。能使建議者深自怨艾悔不如自始不建此議。尚不至流毒於世。蓋吾年來此種感觸泛於腦際者已不知幾度。不知當世之言論家亦曾與余同感否也。平心論之。謂政府當局必欲蹙吾國於衰弱。天下斷無此人情。誠有良政策。亦安見其必訑訑而距。其所以不能采用。或采用而反生惡果。蓋種種之形格勢禁使然。而其總因則恆在社會。吾儕討論政策。誠不失爲國民義務之一種。然徒斷斷於是。則猶未爲知本也。

商榷國制者。則深信法治主義。探本窮源。在政論中斯爲極致。疇昔君憲共和之爭。致相攘臂。今雖稍衰熄矣。而波瀾暫伏。或且將蹴起於他方。持此論者。雖派別不同。而察其動機。大率因人物之臧否。空勞政策之討論。徒費。惟希望打破現狀。以爲國家一綫生機。其甚偏至者。或則希冀復辟。或則倡議聯邦。其最穩健者。則從事於總統制與內閣制之商略。獨裁政治與議會政治之較量。中央集權與地方分權之評騭。夫復辟論之顯悖國體。毫無價値。誠不俟辨。至於其他諸說。誰能謂其無商榷之餘地。而此種商榷之作何反響。吾猶難言之。進步黨之中華雜誌。日本東京之甲寅雜誌。皆報界中之善爲政論者也。其操筆者多爲吾所親愛敬服之人。其持論吾或贊或否。否焉者不必論。卽贊焉者仍覺其不能予我以安身立命之地。非彼之不能予我也。實則吾國政論之爲物。其本質殆不能使人得深固之安身立命。雖吾爲政論。亦末由以此予人。則猶彼也。試舉一二說以爲例。彼聯邦政制論。吾夙所最反對也。吾以爲此非徒反於今世政治之趨勢而已。而我國之歷史地理。實不容此種制度之存在。勉而行之。必非國家之福。今吾姑棄吾說。假定聯邦制爲利逾於弊。而欲使聯邦制臻於善美。必以各聯邦本身先臻善美爲前提。然謂在單一制之下。不能善治之國民。一易爲聯邦。卽能善治。此理吾直無從索解。又如國會政制論。吾生平所最信仰也。當前淸之季。要求國會。吾嘗以爲救國之不二法門。卽今日有議更爲要求者。吾亦良不欲反對。雖然。謂但有此物。而政象卽趨於良。則吾久已不復存此迷信。就客觀方面論。凡政治上有特別勢力存在之國。決無容國會政制發達之餘地。今國家方賴此特別勢力以暫維繫於一時。而謂但使有眞由民選之國會。卽可以轉移政局而厝於安帖。天下寧有是理。就主觀方面論。則吾國固嘗有國會矣。而當時國人之視國會何若。國會之有造於國家又何若者。論者必曰。今日再開國會。其內容必有以異於前。其或然耶。然苟不示我以必可變異之實據。則吾斯之未能信。抑吾尤望讀者切勿誤解以爲吾謂有國會不如無國會。吾特以爲國會之有無。在今日政象曾不足爲輕重。使吾國民有運用合議機關之能力耶。雖以今之參政院立法院。固饒有迴翔之餘地。彼英之樞密院何以能變爲內閣。等級會議何以能變爲巴力門。豈非明效大驗耶。而不然者。則雖純正之民選國會。其究亦不過爲多數人鬪啖飯地而已。吾之此論。不過行文之際偶涉波瀾。吾本非作政譚。吾何必與人辨聯邦制之利病。國會制之得失。吾凡欲以證明此種種者。皆治具而非制治淸濁之原。我國人試思之。彼帝制也。共和也。單一也。聯邦也。獨裁也。多決也。此各種政制中。任舉其一。皆嘗有國焉行之而善其治者。我國則此數年中。此各種政治已一一經嘗試而無所遺。曷爲善治終不可得睹。則治本必有存乎政制之外者。從可推矣。蓋無論帝制共和單一聯邦獨裁多決。而運用之者皆此時代之中國人耳。鈞是人也。謂運用甲制度不能致治者。易以乙制度。卽能致治。吾之愚頑。實不識其解。譬猶等是丸藥。不能治病。而惟思易以蠟封。等是優伶。不能擅場。而惟思更其班號。謂非大惑。庸安可得。要之。凡商榷政制者。其最後之結論。必歸宿於破壞現在政局。而或思破壞全部。或思破壞一部。則程度問題耳。故其極偏至者。乃至於倡復辟或繼續革命。夫能否破壞且勿論。破壞時內界外界所受之危險何若疾苦何若。又勿論。使一經破壞後。卽能善治。固不妨排萬難以從事。顧我民所得破壞之結果究何若者。豈其斯須之頃而遽健忘之。我國民當思十餘年之政制。曷爲維持焉不能善治。破壞焉亦不能善治。破壞維持循環數度終不能善治。則知其病因必有在政制之外者。不剔其病因而療藥之。則或維持至數十年。或破壞至十數度。其不能善治如故也。則夫政制論之辨爭其亦可以小休矣。

大抵欲運用現代的政治。其必要之條件(一)有少數能任政務官或政黨首領之人。其器量學識才能譽望。皆優越而爲國人所矜式。所謂少數者非單數也勿誤會(二)有次多數能任事務官之人。分門別類。各有專長。執行一政。決無隕越。(三)有大多數能聽受政譚之人。對於政策之適否。略能了解。而親切有味。(四)凡爲政治活動者。皆有相當之恆產。不至借政治爲衣食之資。(五)凡爲政治活動者。皆有水平綫以上之道德。不至擲棄其良心之主張而無所惜。(六)養成一種政治習慣。使卑劣闒冗之人。不能自存於政治社會。(七)在特別勢力行動軼出常軌外者。政治家之力能抗壓矯正之。(八)政治社會以外之人。人各有其相當之實力。既能爲政治家之後援。亦能使政治家嚴憚。具此諸條件。其可以語於政治之改良也已矣。吾中國今日具耶否耶。未具而欲期其漸具。則舍社會教育外。更有何塗可致者。此眞孟子所謂猶七年之病。求三年之艾。苟爲不蓄。終身不得。雖曰遼緩。將安所避。而或者曰。今之政象岌岌不可終日。豈能待此十年樹木百年樹人之計。恐端緒未就。而國之亂且亡已見矣。雖然。尤當知苟不務此。而率國人日日爲無意識無根蒂之政治活動。其能否禦亂而免於亡者。吾敢斷言曰。雖國亡後而社會教育猶不可以已。亡而存之。舍此無道也。而或者又曰。在今日政象之下。恐所謂社會事業者。終末由進行。吾以爲難則有之。不能則未必也。勿徵諸遠。試思吾儕十年以來。苟非專以政治熱鼓動國人。而導之使專從社會上謀立基礎。則國中現象。其或有以異於今日。亦未可知。而舉國言論家目光專集注於政治。致使馴愿者惟求仕宦，耗其精力於簿書期會；或且熏染惡俗，日趨墮落。其激烈者則相率爲祕密危險之行動。一面流毒害於社會，一面亦自毀其有用之身。雖曰種種原因有以誘而激之，而吾儕以言感人者，又寧得不分尸其咎。故吾以爲惟當乘今日政象小康之際，合全國聰智勇毅之士，共戮力於社會事業。或遂能樹若干之基礎，他日雖有意外之變亂，猶足以支。而非然者，纔演十年來失敗之跡，而國家元氣且屢斲而不可復矣。夫以吾儕平昔好爲政論之人，豈能盡改其度；且今之政象，又豈可無人一爲糾繩。但吾儕宜毋專肆力於是焉，惟時或忠告之以去泰去甚，但使消極的不爲社會事業之大梗，其亦可以已矣。此吾作此論之微意也。

敬舉兩質義促國民之自覺

一　中國曷爲能至今存耶　二　中國今後何道以自存耶

吾常言國民貴有自覺心。何謂自覺心？吾先哲所謂『自知者明』，即其義也。以云自覺，雖若甚易，實乃甚難。目能察毫毛之末，而不自見其睫；力足舉烏獲之任，而不能自舉其軀。知己之難於知彼，理固然矣。然苟不能自知，則擿埴冥行，其不隕越者殆希。其在箇人，苟不自知其性之所短所長，則末由擴充矯正以自致於用；苟不自知其所處之境遇何若，責任何在，則末由竭才舉職以底於高明也。箇人有之，國民亦何莫不然。夫自知之難則誠難矣，然爲事尙非不可能。蓋人所以異於萬物者，彼其心理作用甚深微妙，常能以其心識超乎己身之外，入乎己身之中，而以己身爲其研究之目的物。不寧惟是，並能以己心爲其研究之目的物。（一面以心爲能研究之主體，一面以心爲所研究之客體）故牛不能知牛，馬不能知馬，而人能知人。既能知人，斯能知我矣。大抵凡聖賢豪傑所以能立德立功者，其大過人之處，即在自知甚明，故能善推其所爲而自踐其所當踐。卽在一身一家能薄有所成就者。亦恆賴是。羣體亦然。僿野之羣。初不自知其爲羣。更不自知何以能成此羣。尤不自知吾羣與他羣相互間處何境遇。故其羣終不能大成。卽暫成亦旋且衰滅。凡能合羣以成國且使其國卓然自樹立於世界者。必其羣中人具有知己知彼之明者也。若是者。無以名之。名之曰國民自覺心。然欲使此自覺心常普徧而明確。則非國中士君子常提命之而指導之不可。而欲擧提命指導之責者。其眼光一面須深入國羣之中。一面又須常超出於國羣之外。此爲事之所以至不易也。吾今欲擧兩疑問以質諸國人。一曰吾國曷爲能至今存耶。二曰吾國今後何道以自存耶。此兩疑問者。計國人久矣習而不察。然吾以爲能答第一問。則能知吾國民之所長而思發揮之。能答第二問。則能知吾國民之所短而思補救之。夫如是而國不尊榮。未之聞也。斯卽自覺心之作用也。此問雖似甚平凡。然答之實不易易。吾今且試答焉。所答得當與否不敢知。吾以供國人研究之資。且供吾賡續研究之資而已。

一

突然詢於衆曰。吾國曷爲至今存。聞者度無不失笑。以爲國之現存於天壤間者多矣。而吾乃其一。人能存吾亦能存。此何足成疑問。噫。國人皆爲此言。此卽國民自覺心薄弱之一顯證也。國人毋得以此爲一種普通現象耶。試稍留心涉覽世界史乘。當能知此現象爲此地球中所絕無僅有。而非一種不可思議之力存乎其間。決不克致此也。

今世與我並峙之强國。若英若法若奧若俄若德若意若美。其建國最久者不過六七百年。次則一二百年。最新者不逾五十年。日本僻在極東之荒島前此與世界諸民族不相聞問固當別論此諸國者。其將來國運綿延至何時。誠不敢知。而要之當我國國基大定文物斐然之時代。彼諸國國民者。則文身椎髻。腰短刀。挾鈍矢。漁獵於山澤間耳。其今所居之國土。在當時固亦嘗有莊嚴璀璨之國。與我相望而並美。而今則皆不知何往矣。我乃以四五千年之歷史。未嘗頃刻中斷。而日日增高繼長以迄於茲。我國民習焉不察。將以爲凡國於此世者皆宜如是。而豈知橫盡虛空。豎盡萬劫求一國與我並者竟不可得。乃我國民非惟不知其所以然。乃並不知其然。斯眞大可怪也。夫有史以來世界上之大國。可屈指而數也。昔埃及人嘗建大國矣。蓋在距今四五千年前。而其滅亡亦四五千年於茲矣。今世上雖尙有埃及國。而與古史上最有名之埃及。絕不相蒙也。（自歐戰起後埃及宣告獨立實則爲英之保護國而已）昔巴比倫人亞西里亞人嘗建大國矣。今除一二碑版流傳紀載外。並纖毫之痕跡殆不可見也。昔希臘人嘗建大國矣。（馬基頓之亞歷山大希臘裔也先統一希臘乃四征八討成大帝國）一英雄造之。其英雄沒而其國隨以裂也。昔羅馬人嘗建大國矣。其蘊積最深厚。其發越最光大。而非久遂裂爲二。西帝先亡。東帝雖撐拄數百年。卒歸於盡。今無復遺蛻也。昔大食人（阿剌伯人）嘗建大國矣。其興也至驟。其亡也至驟。今退嬰故園。不復能自存也。昔蒙古人嘗建大國矣。其境土殆占亞歐非三大陸三分之二。今則惟有一二小支派。能以半主國自存於歐洲。其在亞洲者。則蕩析不復成邑聚也。昔突厥人（土耳其人）嘗建大國矣。今虛號雖尙存。然已日蹙百里。亡可翹足而待也。昔葡萄牙人嘗建大國矣。不百年而華離破碎。今僅保其固有之片土也。就中惟波斯人所建之大國。其興起之年代。略與我相先後。今亦巋然尙存。而中間則已屢經吞滅。終末由悉光復舊物。今且與亡爲鄰也。最奇者則印度人。其民衆之繁。其文明之盛。舍我國外他莫與媲。而數千年來。竟未聞有所謂印度國者現於此世。非羣部相搏噬。則舉族爲人役屬而已。夫有史以來世界上之大民族大國家。盡於是矣。其輩行後於我者。若英法德俄等國。將來運命。未審如何。我之先輩平輩若埃及巴比倫等。零落久盡。固無論矣。其爲我之後輩而爲今世諸强國之先輩者。若羅馬大食突厥等。其榮華之迹。亦既一逝不復。而我獨數千年屹立於此大地。冷眼以觀他族之一興一仆。而我躬依然與日月並明。與江河齊壽。此寧非歷史上一大異象。而治羣學者一極有興味之疑問耶。

二

更造爲鞭辟近裏之談。則應設之切問尤有二事。

其一。我國若如日本然。孤懸偏陬。與世隔絶。自始未嘗見侵於外敵。則其繩繩繼繼以保吾國。原無足怪。而我國歷史。則與外族競爭之時代。殆居泰半。三代以前。書闕有間矣。史實可稽者。始春秋。而山戎犬戎長狄白狄赤狄等。錯見於宇內。其後則冠帶戰國七。而三國邊於胡。秦漢以還。若匈奴若羌若氐若羯若諸蠻若鮮卑若柔然若突厥若吐蕃若回紇若沙陀若契丹若女眞若蒙古若韃靼若滿洲。其侵擾我國。殆無虛歲。甚者則割據我中原。篡奪我天位。享祚之久。且有至百年數百年者。吾所受之創夷。豈得云非劇。然於我國之生存。竟不能損其毫末。夫前舉歐亞歷代諸大國。其所以崩蹶之由。大率不出兩端。其一則見分裂於內。其二則見蹂躪於外。我國則中間雖小有分裂。而非久旋合。其分裂者終末由成一別體。而蹂躪雖迭遭。國脈嘗不搖撼。果遵何道以致此者。或曰。侵擾我國之諸族。皆小蠻夷。其文明程度遠出我下。故終不能以勝我。此其說近似矣。然中世日耳曼諸族。其文明程度視羅馬何如者。羅馬聲明文物已造峯極之時。日耳曼人則出沒叢箐間之游牧族耳。其部落星羅碁布。大者不逾數萬人。小者乃千數百。比諸吾國邊境諸戎狄。更不足道也。而千年間積累所成莊嚴偉大之羅馬。

卒受其蹴踏裂爲數十國以迄於今。不獨此也。那曼人視撒遜人文明程度何如。亞剌伯人土耳其人視地中海東西岸諸舊國文明程度何如。蒙古人視印度人文明程度何如、可知文明高度之國爲文明低度之族所滅。在史乘中實爲數見不鮮之事。且疇昔侵擾我國之諸族。雖不能得志於我國。然未嘗不得志於他方。北歐之芬蘭南歐之匈牙利。非匈奴族所建國耶。方今赫赫之俄羅斯。史家或謂與柔然鐵勒血緣極深。而突厥卽今土耳其。其族之事業在歐洲史中占極要之位置。又無論矣。凡此皆爲我所驅逐。然後轉其鋒以西嚮者也。謂彼以文明低度之故不能得志。抑非盡然矣。可知一國之存亡。由自力者恆什之七八。由他力者僅十之二三。我國所以至今存。非人之力不能亡我。實我之力不能見亡於人也。而此不能見亡於人之力果何物者。

其二。倘我中國數千年來聖君賢相接踵不絕。常能以極修明之政治爲民謀樂利。則國力愈積愈厚。馴至顚撲不破。亦無足怪。而我國又不然。一部二十四史。則世界最浩瀚之相斫書而已。其戰伐稍輟之時代。則暴君汚吏。比肩相望。昔羅馬之亡。史家以爲由於外族之憑陵者半。由於惡政之斲喪者亦半。我國之斲喪。豈其讓羅馬。然彼以是得亡。我竟免焉。吾每讀國史。推想其間水旱疾疫鋒鏑桁楊之慘狀。覺吾先民所處。殆什九皆嚴霜烈日之境遇。不知其何以能自存而貽種於後。然吾民之衆至今猶爲大地冠。非國家之力能保育彼。而彼之力能保育國家也。然此保育國家之力又果何物者。

吾對於此兩條之切問。吾擬兩答案焉。曰、其對外能抵抗侵略者。以同化力特强故。其對內能抵抗斲喪者。以自營力特强故。吾將以次節說明其事實。而此兩種力何以能特强之故又有其原因焉。則當錯綜論次之。

作官與謀生

居京師稍久，試以冷眼觀察社會情狀，則有一事最足令人瞿然驚者，曰求官之人之多是也。以余所聞，居城廂內外旅館者恆十數萬，其什之八九皆爲求官來也。而其住各會館及寄食於親友家者，數且相當。京師既若是矣，各省亦莫不然。大抵以全國計之，其現在日費精神以謀得官者，恐不下數百萬人。問其皇皇求官之故，爲作官榮耶？爲作官樂耶？皆不然。蓋大率皆舍作官外更無道以得衣食，質言之，則凡以謀生而已。在歐美各國，比年以來所謂勞傭職業問題、婦女職業問題等，日喧豗於社會，非好爲喧豗也，彼實迫於凍餒，爲救死之計。我國之皇皇求官者，泰半皆此類也。夫人至於爲救死之故而有所求，雖聖賢蓋亦有不能過爲責備者矣。雖然，責備固有所不忍施，而分配則終亦窮於術。蓋其性質既變爲職業問題，則自不得不爲生計原則所宰制。生計原則，凡值供給過於需要之時，救濟之法，惟有二途：一曰設法增加其需要，二曰設法節少其供給。兩皆不能，則其生計社會必生大混亂，而爲此大混亂之犧牲者，將不可紀極。今試問官吏之需要，是否可以隨意增加於無量？比年以來，國家以此救濟問題故，亦既屢從增加需要一面設法，增機關，增人員，日不暇給，其惡影響之及於政治上者何若，且勿深論，然其量終必有所窮，今亦屆既窮之時矣。計自今以往，此項需要只有遞減，決無遞增，而獻其身以作供給品者，乃日出而不窮。譬諸市面上某項貨物既已充牣不售，而機器廠乃日夜軋軋而製造之，續製之品，只有堆積腐朽，結果則拉雜摧燒而已。夫物品自無知識，造作安置，壹聽於人，末由自主，及其朽腐摧燒也，君子猶以爲暴殄而哀之。今以靈長萬物之身，且在國中爲較有學問、較有才技者，而偏自投於此種不需要之供給。日蹙蹙焉待朽腐摧燒之期之至。天下之不智。莫過是也。天下之可哀。莫過是也。

吾國此種職業問題。發生蓋已甚久。至前清之季而漸甚。至今日而極甚。蓋學優則仕之思想千年來深入人心。凡學皆以求仕也。昔吾在日本。偶與其政治家後藤新平語。詢以臺灣教育情形。（後藤時爲臺灣民政長官）答曰「有最困難者一事。凡入學校者則志在求官。無志求官者則亦不復肯就學。」此語可謂能曲寫中國人心理。蓋仕途擠擁之歎。由來久矣。然曏昔科舉限以額數。下第者只傷時命。末由干進。久之亦惟求他途以自活。咸同以還。捐納保舉雜起。得官之途漸廣矣。及科舉廢而留學生考試代興。光宣之交。各種新式考試雜然並陳。其導人以作官之興者至濃。鼎革之交。萬流駢進。其間中央政府地方政府交迭頻數。而大小官吏之旅進旅退。歲且數度。重以各地秩序未復。羣盜滿山。村落殆不可居。人民輕去其鄉。冀就食於都市。他既無所得食。則惟官是望。而留學於外。學成而歸者。卒業於本國各種學校者。歲亦以萬數千計。其惟一自活之道。則亦曰官。坐此諸因。故官市之供給品。其量乃挹之不竭。今試將此等供給品略區別其種類。其第一種。則前此曾爲官。中間失之。今復求得之者。內分兩類。甲類。在前清久已以官爲職業。舍作官外更無他技能。故必欲求恢復舊職以救饑寒。且亦所便習。若有煙酒癖者。失此則無以自聊也。乙類。自民國成立以來。緣意外之機會得爲官吏或各種合議機關之議員。旋以意外之挫折失之。然既一度獲嘗公職之滋味。則常若有餘甘。不忍舍去。其第二種。則前此本未嘗爲官。而今始求之者。亦分兩類。甲類。留學生歸國及國內學校卒業者。大抵年富力強。原不必以官爲業。而因一時求業頗艱。不如求官之可以倖獲。且亦見其前輩之以此途進者。若甚尊榮安富焉。歆羨而思踵其武。乙類。則平昔在地方上稍有地位之人。今緣地方公益事無甚可著手。且家食大不易。不若改求仕進。且又見乎數年來得官之甚易。

謂何妨且一嘗試。此兩種四類者。殆皆爲前淸時代所未嘗有。雖間有之亦爲例外。迨民國成立。僅僅二三年間。一面緣客觀的時勢之逼迫誘引。一面緣主觀的心理之畔援歆羨。幾於驅全國稍稍讀書識字略有藝能之輩。而悉集於作官之一途。問其何以然。則亦衣食而已。蓋至今日而上中流人士之衣食問題。確爲中國一種奇特之社會問題。無可疑也。

今世各國。殆無不以社會問題爲苦。朝野上下。咸汲汲思所以救濟解決之。救濟解決之法。不外使無業之人有道以得業。其法不能行則無論耳。但使能行。則未有不爲國家之利。蓋予無業之人以業。則其人之勞力不至廢業不用。而得出之以爲國家從事生產也。中國此種奇特之社會問題。則正相反。不救濟之。則箇人暫蒙苦痛已耳。若思救濟之。勢必舉全國可以有業之人。悉變爲無業。而全國之聰明才力。乃眞廢棄不用矣。今中國爲救濟此種奇特之社會問題。故乃演出兩種奇特之政治現象。一曰多養兵。所以救濟低級人民之社會問題也。問中國曷爲養爾許之兵。爲國防耶。則共知對外決不能一戰矣。爲地方治安耶。則有警察矣。近又倡團保殖條例矣。然則兵曷爲不裁。裁之則且變爲盜也。前此以患盜故。方且招一部分之盜。編以爲兵。而盜幸少弭。今若解此羈縻。是益盜也。質言之。民緣無業。故流而爲盜。國家則予之以業。而名曰兵。故養兵之目的。與他國絕異。他國養兵爲國防問題。我國養兵。則爲救濟社會問題也。此種救濟法有効乎。能舉全國無業之人而悉兵之乎。曰、是固知不能。聊救濟其一部而已。此奇特政象之一也。二曰多設官。所以救濟上中級人民之社會問題也。問中國政務需官吏若干人數。始能舉之。曰、得如今日官吏總額十分之一。或二三十分之一。優足以舉之矣。曷爲設爾許官職。求官者多。國家義當周之也。增設諸職。而國家應舉之政亦增舉乎。曰、是非所問。救濟此種社會問題。卽國家第一大政。他政未或能先。故可不問也。此種救濟法有効乎。能舉全國無業之人而悉官之乎。曰、是固知不能。聊救濟其一部而已。此又奇特政象之一也。今國中凡百政治。殆可謂無一非爲救濟此兩種問題而設。謂余不信。試觀今日最勞當局之神思者。豈非理財耶。問理得之財何用。曰、養兵需財。養官需財。國家必需此兵然後養之耶。國家必需此官然後養之耶。曰、是安知者。吾但知兵待養於國家而國家養之。吾但知官待養於國家而國家養之。人人皆曰吾儕曷爲樂有國家。以國家之能養我而已。彼國家者。固宜如白傅百丈之裘。如少陵萬間之廈。日思所以養吾儕之欲而給吾儕之求。而國家亦自認此爲最大之天職。孜孜焉惟養之給之是務。國家之財不能由天降由地出也。則乞貸之於外。以債累遺子孫。不給則取諸國中之有業者。使出其血汗所得以養此無業者。在國家博施濟衆。挹彼注茲。或且方以此爲一種不得已之仁政。然使全國人遂皆以有業爲苦。以無業爲幸。全國人皆待養於國家。而國家遂終無以爲養。則養者與待養者俱斃而已。嗚呼。今日政治之趨勢。則豈不如是耶。

天下事恆遞相爲因遞相爲果。此種奇特之社會現象。固大半由政治作用誘導使然。此種奇特之政治現象。抑何嘗非由社會情實要求所致。夫低級人民且勿論矣。乃至所謂上中級人民者而悉皆待養於國家。則國家亦復能如彼何。夫國家法制固全國人民意力所構成也。而上中級人民。又國家之榦也。故國家政象。常爲多數上中級人民心理所左右。自然之勢也。人人痛心疾首於政象之混濁。試思爲此等心理所左右之政象。果有何術以使之清明者。此且勿具論。專就箇人所以自處者言之。吾以爲特作官爲謀生之具者。天下作計之拙。莫過是矣。夫官業（指特官以謀生者省作此稱以便行文非指官辦實業也勿誤）所以最足歆動人者。則勞作少而收入豐也。大抵今日中國官吏。就中除百分之一二特別賢勞外。其他大部分若改執他種職業。則以現在所費之勞力。決不能得現在所受之報酬。其中尤有一部分純然坐食。曾不必出絲毫之勞力。以爲易。人人咸羨而趨之。固無足怪。然吾以爲金錢之爲物。苟非以相當之勞力而得之享之。可直謂人生一大不幸事。蓋此種境遇。處之稍久。則其人不與惰期而惰自乘之。惰氣一中。卽爲終身墮落之媒。凡人一生之運命。惟不斷之奮鬭爲能開拓之。曾文正云。精神愈用則愈出。才智愈磨則愈進。無論欲爲社會立德立功。欲爲一身保家裕後。要當以自强不息一語。爲運命之中堅。而安坐而食之生涯。最能使人之精神體魄皆漸消磨。現一種凝滯萎悴痲木之態。久之乃眞成爲社會上無用之長物。吾現身說法。自覺數月以來。此種惡空氣之相襲者已至可怖。不知他人亦曾否與吾同感也。夫苟血氣就衰之人。自審前途更無責任之可負。則求區區薄祿。如宋人之乞祠領觀。如泰西之年金養老。斯或無可奈何之數。若年富力强之人而斷送一生於此間。則天下可哀愍之事。莫過是也。或曰。服官奉職。亦何嘗不足以增長閱歷磨鍊精神。何至如子所言之甚。答曰。誠然。然論事當舉其多數者以爲標幟。此公例也。吾不云官吏中固有百分之一二備極賢勞乎。然無數官吏中。其能在此數者有幾。今又勿具論。卽曰能閱歷磨鍊。而歷鍊所得。其足以爲吾儕安身立命之資者實甚希。蓋官吏所執之務。其被動者什恆九。而自動者不得一。歷練所得最良之結果。不過舉吾腦識官肢。變爲一最完備靈敏之機器而已。夫社會以分勞爲貴。吾豈謂欲勸全國之人才皆求爲自動而不屑爲被動。雖然。舉全國人才而皆被動。則國家事業之萎悴。果當何似者。夫我國近年來只能產極幹練之事務家。而可稱爲政治家者殆不一二覯。蓋閱歷於官吏社會者。其所得之結果只能如是也。夫國家而欲求國力之充實滋長。惟當設法使全國各種類之人皆能如其分量以盡其才用。箇人而欲自樹立於社會。亦最宜自察才性之所近．而善推之以致用立業．若是者．吾名之曰箇性發育主義．箇性發育主義者．無論爲社會全體計．爲箇人計．皆必要而至可尊也．而求閱歷於官吏社會．則與箇性發育主義最相妨者也．今試問國中大多數之青年．其性質實宜於爲官吏者果有幾許．其所學與官吏事業絕無關係者亦且泰半．今乃悉投諸官吏之大製造廠中．而作其機器之一輪一齒．其自暴殄毋乃太甚乎．夫人之才性．發育甚難．而消退至易．雖有善謳之伶．經年不度曲．則失其聲．雖有善射之夫．經年不彎弓．則失其技．冥洞之魚．非無目也．以不用目故．移置明湖．終不見物．籠中之鷹．雖釋其縛而不能高舉也．今鬻身於官吏社會．其洗禮受戒之第一語．則曰『姑舍汝所學而從我』．故入之稍久．勢不能不將己身所固有之本能．悉從束閣．束閣經時．卽本能消失．如暖室之花．移置庭院．轉不能遂其生．至是雖欲不以官爲業焉．不可得矣．夫至欲不以官爲業而不可得．則方來之苦．況豈有量哉．又以官吏之量．供過於求．故其得之也．必須至劇烈之競爭．而此種競爭．非若陳貨於肆．惟良斯售．而其間恆雜以卑屈之鑽營．陰險之傾軋．其既得而患失也．則亦若是．故雖以志節之士．一入乎其中．則不得不喪其本來．而人格既日趨卑微．則此後自樹立之途乃愈隘．綜以上諸端論之．則夫皇皇然惟官是求者．微論其不得也．卽得焉．而所喪已不足以償．況當今日需要已充供給太溢之時．雖賭性命以求焉．而能得者終不及千百之一也．吾絕不敢摭拾理學家高尚迂遠之譚以相勸勉．吾惟從箇人利害上相與商榷．不惜苦口以爲迷途中人告．嗚呼．吾言猶有一二可聽者乎．則亦可以幡然知變矣．吾知聞者必曰．子勸我知變．子教我何變而可．子既知我之求官．非以爲榮．非以爲樂．乃實以救死．使有他途可以救死者．吾寧不願．而其途皆窮．則舍官何適．況吾子今方盜太倉之廩．恭然受豢養於國家．而乃勸人以勿爾．抑何不恕．應之曰．斯皆然也．吾誠爲受豢於國之一人．吾正惟經歷此種受叅生涯。乃深知所得不足償所喪。故言之益親切有味。今舉凡一切德義節操等問題。且置勿論。專就利害言。則作官絕非謀生之良策。吾所經歷。卽其顯證也。又姑舍是。以今日生計現象海枯石爛之時。士君子惟求升斗之祿以期毋轉死於溝壑。彼蓋既計無復之不得已而出於此。而我乃勸以作他計。其誰能傾聽。雖然。當知他途固皆窮也。而此途亦何嘗不窮。乃多數人不知其爲窮途。方彳亍回旋於其間。及其知焉。乃益窮而不能復。斯則最可悲也。夫等是窮也。在此途中拯吾窮者。惟賴他人。在他途中。吾之力或尙能自拯。在此途中。雖見拯而能蘇吾窮者有幾。在他途中。萬一能自拯焉。則前途或蕩蕩然惟我掉臂矣。是故於兩窮之間。智者不可不愼所擇也。若更問曰。他途亦多矣。子勸我何擇而可。曰、此則非吾所能對也。人各有其本能。則擇業宜自各省其所適。吾安能以共通之辭對者。雖然。吾敢信今日全世界人類中。以云謀生之道。尙推中國人爲最易。稍有技能之士。但使能將依賴心與僥倖心。劃除淨盡。振其惰氣。以就奮鬬之途。未必在此天府雄國中。竟無立足地。嗚呼。是在豪傑之士也已。夫今日吾儕國運所遭値。與吾儕身家所遭値。而皆屯邅險艱。達於極度。非死中求生。末由自拔。嗚呼。是在豪傑之士也已。

吾今後所以報國者

吾二十年來之生涯。皆政治生涯也。吾自距今一年前。雖未嘗一日立乎人之本朝。然與國中政治關係。殆未嘗一日斷。吾喜搖筆弄舌。有所論議。國人不知其不肖。往往有樂傾聽之者。吾問學既譾薄。不能發爲有統系的理想。爲國民學術闢一蹊徑。吾更事又淺。且去國久。而與實際之社會閡隔。更不能參稽引申。以供凡百社會事業之資料。惟好攘臂扼腕以譚政治。政治譚以外。雖非無言論。然匣劍帷燈。意固有所屬。凡歸於政治而已。吾亦嘗欲藉言論以造成一種人物。然所欲造成者。則吾理想中之政治人物也。吾之作政治譚也。常爲自身感情作用所刺激。而還以刺激他人之感情。故持論亦屢變。而往往得相當之反響。疇昔所見淺。時或沾沾自喜。謂吾之多言。庶幾於國之政治小有所裨。至今國中人猶或以此許之。雖然。吾今體察既確。吾歷年之政治譚。皆敗績失據也。吾自問本心。未嘗不欲爲國中政治播佳種。但不知吾所謂佳種者。誤於別擇耶。將播之不適其時耶不適其地耶。抑將又播之不以其道耶。要之所穫之果。殊反於吾始願所期。吾嘗自訟。吾所效之勞。不足以償所造之孽也。吾躬自爲政治活動者亦既有年。吾嘗與激烈派之祕密團體中人往還。然性行與彼輩不能相容。旋即棄去。吾嘗兩度加入公開之政治團體。遂不能自有所大造於其團體。更不能使其團體有所大造於國家。吾之敗績失據。又明甚也。吾曾無所於悔。顧吾至今乃確信吾國現在之政治社會。決無容政治團體活動之餘地。以今日之中國人而組織政治團體。其於爲團體分子之資格所缺實多。夫吾即不備此資格者之一人也。而吾所親愛之儔侶。其各皆有所不備。亦猶吾也。吾於是日憬然有所感。以謂吾國欲組織健全之政治團體。則於組織之前。更當有事焉。曰務養成較多數可以爲團體中健全分子之人物。然茲事終已非旦夕所克立致。未能致而強欲致焉。一方面既使政治團體之信用。失墜於當世。沮其前途發育之機。一方面尤使多數有爲之青年。浪耗其日力於無結果之事業。甚則品格器量。皆生意外之惡影響。吾爲此懼。故吾於政治團體之活動。遂不得不中止。吾又嘗自立於政治之當局。迄今猶尸名於政務之一部分。雖然。吾自始固自疑其不勝任。徒以當時時局之急迫。政府久懸。其禍之中於國家者。或不可測。重以友誼之敦勸。乃勉起以承其乏。其間不自揣。亦頗嘗有所規畫。思效鉛刀之一割。然大半與現在之情實相閡。稍入其中。而知吾之所主張。在今日萬難貫澈。而反乎此者。又恆覺於心有所未安。其權宜救時之政。雖亦明知其不得不爾。然大率爲吾生平所未學。雖欲從事。而無能爲役。若此者。於全局之事有然。於一部分之事亦有然。是故援陳力就列不能者止之義。籲求引退。徒以元首禮意之殷渥。辭不獲命。暫靦然濫竽今職。亦惟思拾遺補闕。爲無用之用。而事實上則與政治之關係。日趨於疏遠。更得閒者。則吾政治生涯之全部。且將中止矣。夫以二十年習於此生涯之人。忽焉思改其度。非求息肩以自暇逸也。尤非有所憤惡而逃之也。吾自始本爲理論的政譚家。其能勉爲實行的政務家與否。原不敢自信。今以一年來所經歷。吾一面雖仍確信理論的政治。吾中國將來終不可以蔑棄。吾一面又確信吾國今日之政治。萬不容拘律以理論。而現在佐元首以實行今日適宜之政治者。其能力實過吾倍蓰。以吾參加於諸公之列。不能多有所助於其實行。亦猶以諸公參加於吾之列。不能多有所助於吾理論也。夫社會以分勞相濟爲宜。而能力以用其所長爲貴。吾立於政治當局。吾自審雖夙作夜思。鞠躬盡瘁。吾所能自效於國家者有幾。夫一年來之效既可睹矣。吾以此日力以此心力。轉而用諸他方面。安見其所自效於國家者。不有以加於今日。然則還我初服。仍爲理論的政譚家耶。以平昔好作政譚之人。而欲絕口不譚政治。在勢固必不能自克。且對於時政得失。而有所獻替。亦言論家之通責。吾豈忍有所諱避。雖然。吾以二十年來幾度之閱歷。吾深覺政治之基礎。恆在社會。欲應用健全之政論。則於論政以前。更當有事焉。而不然者。則其政論徒供刺激感情之用。或爲剽竊干祿之資。無論在政治方面在社會方面。皆可以生意外之惡影響。非直無益於國而或反害之。故吾自今以往。不願更多爲政譚。非厭倦也。難之故慎之也。政譚且不願多作。則政團更何有。故吾自今以往。除學問上或與二三朋輩結合討論外。一切政治團體之關係。皆當中止。乃至生平最敬仰之師長。最親習之友生。亦惟以道義相切劘。學藝相商榷。至其政治上之言論行動。吾決不願有所與聞。更不能負絲毫之連帶責任。非孤僻也。人各有其見地。各有其所以自信者。雖以骨肉之親。或不能苟同也。

夫身既漸遠於政局。而口復漸稀於政譚。則吾之政治生涯。眞中止矣。吾自今以往。吾何以報國者。吾思之吾重思之。吾猶有一莫大之天職焉。夫吾固人也。吾將講求人之所以爲人者。而與吾人商榷之。吾固中國國民也。吾將講求國民之所以爲國民者。而與吾國民商榷之。人之所以爲人。國民之所以爲國民。雖若夫婦之愚可以與知乎。而吾國竟若有所未解。或且反其道而恬不以爲怪。質言之。則中國社會之墮落窳敗。晦盲否塞。實使人不寒而慄。以智識才技之晻陋若彼。勢必劣敗於此物競至劇之世。舉全國而爲餓殍。以人心風俗之偸窳若彼。勢必盡喪吾祖若宗遺傳之善性。舉全國而爲禽獸。在此等社會上而謀政治之建設。則雖歲變更其國體。日廢置其機關。法令高與山齊。廟堂日昃不食。其亦曷由致治。有蹙蹙以底於亡已耳。夫社會之敝極於今日。而欲以手援天下。夫孰不知其難。雖然。舉全國聰明才智之士。悉輳集於政界。而社會方面。空無人焉。則江河日下。又何足怪。吾雖不敏。竊有志於是。若以言論之力。能有所貢獻於萬一。則吾所以報國家之恩我者。或於是乎在矣。

傷心之言

吾於讀者諸君。不敢有所隱。吾富於感情人也。自吾之始有智識。既日與憂患爲緣。一二年來。惘傷孤憤。益以日積。及今殆不復能以自制。獨居深念。則歌哭無端。歡儔晤言。則欷歔相對。嗟夫。以人生所託命之國家。孰知其卽於淪胥而末由以手援。譬之所親慘罹痼疾。醫藥雜進。浸淫轉劇。洞垣一方。明示死期。殘燈熒熒。料量後事。其爲楚毒。寧復堪忍。吾固深感厭世說之無益於羣治。恆思作壯語留餘望以稍蘇國民已死之氣。而吾乃時時爲外境界所激刺所壓迫。幾於不能自舉其軀。嗚呼。吾非傷心之言而復何言哉。信筆所之。充以涕淚。自抒積懣。靡復倫脊也。

良心麻木之國民

嗚呼。吾儕居今日而嘵嘵焉辨國體政體。商榷對外政策。乃至討論某項某項政治問題道德問題。寧非癡妄。吾儕所謂爲危者。今之士大夫。夫孰不知其爲危。吾儕所謂爲不可者。今之士大夫。夫孰不知其爲不可。凡吾儕所欲言者。今之士大夫皆能言之。其言之痛切詳盡。或且爲吾儕所莫能及也。然而使我國家至於此極者。則何一不在吾士大夫。吾無以名之。名之曰良心之麻木。謂是無良心耶。人之所以異於禽獸者。惟此一物。既名爲人。固不宜爾。雖然。據生理學所證明。人之支體藏府。其久廢不用之一部分。恆致漸失其本能。豈惟生理。卽心理亦若是已耳。凡人之遭值一事理也。其良心未嘗不諄諄然命之。曰是不可爲。曰是不可不爲。若此者謂之良心之第一命令。能服從良心之第一命令者。天下最圓滿之道德。無以尚之矣。而良心之蟊賊。恆於其時起而撓之。於是不可爲者。時見爲疑若可爲。不可不爲者。時見爲疑若可不爲。良心之本能。遂以漸鈍。如是撓之者再三。則其鈍也亦愈甚。麻木之徵候。於是乎現。然猶往往於屢撓之後。而最初之一念。飆然復泛出於腦際。若此者謂之良心之返照。亦稱良心之最後命令。能服從良心之最後命令者。所謂不遠復无祇悔。斯亦豪傑之士也。病良心麻木者。自寬縱其蟊賊。一事而任其再四撓之。寖假而事事皆任其再四撓之。撓之不已。而所謂良心之最後命令者。已不復現。更撓之不已。馴至並第一命令亦蟄縮而不復敢宣。孟子所謂夜氣不足以存。則其違禽獸不遠也。呂新吾亦有言。凡人之爲惡。其始皆有所不忍也。寖假而忍之矣。寖假而安之矣。寖假而習之矣。寖假而樂之矣。夫至於樂爲惡。則良心之本能既澌滅以盡。舍麻木二字吾無以狀之。此言夫箇人道德墮落之程序也。夫箇人之墮落。則何國蔑有。何代蔑有。其不至胥人類而爲禽獸者。則恃有社會之普徧良心以爲之制裁。彼良心麻木之箇人。常爲社會所賤棄。而結果終歸於淘汰。則其謬種既不能廣爲播殖。卽彼箇人者。亦時復爲此普徧良心所刺激。而麻木或漸蘇復於一二。人道所以不絕於天壤。賴此而已。若乃一國之大。而以良心麻木者爲之中堅。權力之淵源由茲焉。風氣之樞軸由茲焉。其極乃演爲社會良心之麻木。社會良心麻木之徵象奈何。善與惡之觀念。已不復存於其社會。卽善惡之名目猶存。而善惡之標準乃與一般人類社會善惡之公準絕殊。而人人之對於善與惡。皆無復責任。凡入於此社會之人。其良心卽無復提出之餘地。不之信焉。而姑攖其鋒。有見蹷於社會之暗陬。而侘傺顚頓以沒耳。嗚呼。今日之中國。豈不如是耶。曾文正與人書曰。無兵不足深憂。無餉不足痛哭。獨舉目斯世。求一攘利不先。赴義恐後者。不可亟得。或僅得之。而又屈居卑下。往往鬱鬱不伸。以屈以挫以死。而貪饕退縮者。果驤首上騰。而富貴而名譽而老壽不死。此其可爲浩歎者也。嗚呼。曾文正處彼之時。而其憂痛已若此。使與今日盈廷盈野之魑魅罔兩相接。吾蓋不知其當作何語。嗚呼。以如此之國民。而欲求免於見蹴踏見屠割見剿絕。世間寧有此天幸。嗚呼。吾復何言。傷心而已。

天下幾多罪惡假汝之名以行

羅蘭夫人臨終之言曰。『自由自由。天下幾多罪惡。假汝之名以行。』其聲蓋哀以厲也。嗚呼。名之可假以爲惡者．獨自由乎哉．我國數千年來．道德上之嘉名．爲彼巨憝小醜假之以爲惡者．既不知凡幾．海通日新．而所謂箇人道德社會道德國家道德之種種新名詞．其流轉於吾人口耳間者．亦日夥．無論何種類之罪惡．皆得緣附一二嘉名以自文飾．無論何方面何種類之人物．皆能摭拾一二嘉名以自捍圉以逃人責備．孔子曰．君子疾夫舍曰欲之而必爲之辭．孟子曰．今之君子．過則順之．豈徒順之．又從爲之辭．嗚呼．吾見今之爲之辭者．何其百出而不憚煩．何其予取予攜而若無不如意也．夫一手之不能掩盡天下目也久矣．久假而可以終不歸．吾未之前聞．顧所最可痛疾者．其所假之名．有時或可劫持多數人之良心．而使之失其本覺．或雖覺焉而遂無力以相抗圉．例如當革命初起．假民族主義之名．可以劫持一切．當地方相持．假鞏固中央之名．可以劫持一切．當民氣甚張．假回復秩序之名．可以劫持一切．是故假軍國主義之名．劫持一切．則可以擁兵．假納稅義務之名．劫持一切．則可以聚斂．假尊崇禮教之名．劫持一切．則可以復古．假亂國重典之名．劫持一切．則可以濫刑．乃至假維持現狀之名．劫持一切．則使人不敢計及將來．假對外一致之名．劫持一切．則使人不敢談及內政．當其假以相劫也．雖正人君子．猶或眩惑乎名實之間．而彷徨於是非之際．及其前此所假者．不足以相劫．復更端以假其他天下之名．可以假者無量．天下之人可以劫者無量．而天下之罪惡．可以悍然行之者．亦遂無量．馴至舉天下人心中所共以爲非者．舉天下人口中不得不共以爲是．昔曾文正有言．『三十年來．遂養成不白不黑之世界．』夫不白不黑猶可言也．若乃直截了當．純然以白爲黑．以黑爲白．則天下事更何從說起．嗚呼．數年以來．彼最優美高尚之名詞．若自由也．平等也．平和也．人道也．愛國也．民意也．何一不爲人撏撦蹂躪以盡．夫至於一切道德名詞之效力．所餘者惟以供天下後世嬉笑詬病之用．則國家社會更何所賴以與立．嗚呼．此豈直一人一家之孽．一時一事之憂云爾哉。

梁蕭衍曰『我自應天順人。何與天下士大夫事。』宋鄧綰曰『笑罵還他笑罵。好官我須爲之。』嗚呼。由今觀之。彼等蓋猶三代之遺直也。自知其爲罪。而不敢牽率天下人與我同罪。則罪惡之一名詞。猶存於天壤。而與衆惡相對之道德。亦有所與立。自假之術大行。則舉凡天下之罪惡皆爲道德。舉凡天下之道德皆爲罪惡。豈惟國將陸沈。不至舉人類悉滅絕焉而不止也。

昔朝鮮之合併於日本也。其民間有所謂一進會者。首提倡之。而其朝貴陰左右而實行之。此等事爲何事。然固灼然爲朝鮮之輿論也。民意也。其當時所相與鼓吹扇奬者。則維持大局福國利民等嘉名。洋洋乎其盈耳也。嗚呼。欲假名以行罪惡。則何往而不得所假。在彼傻傑則亦何責。而舉天下遂爲所劫持以去。斯可哀耳。

弱點之相互利用

凡人類皆有公共之弱點。而一國民又各自有其國特別之弱點。一時代之人亦各有其時代特別之弱點。自愛之士。善自矯正其弱點而已。愛國之士。善矯正其國民其時代之弱點而已。梟雄之夫則反是。國民無弱點。則梟雄遂無以自存。故國民弱點。實梟雄唯一之憑藉。而利用國民弱點。則梟雄成功之不二法門也。

弱點之種類不一。或浮動而弱。或疲葸而弱。或巧黠而弱。或蠢愚而弱。或淫佚而弱。或觳苦而弱。凡弱皆可利用。而因其弱之種類有異。則其利用所生惡果之大小有異。昔法之拿破崙。最善利用國民弱點之人也。而當時法民之弱點。則在馳騖於驚人之理想。而眩曜於對外之虛榮。雖曰弱點。而自有其優美者存。故拿破侖利用之以建樹莫大之功名。雖終於敗績。而法之受賜。抑已多也。昔墨之爹亞士。又最善利用國民弱點之一人也。而當時墨民之弱點。則鄙塞而無知。窳惰而無氣。貪競而無志節。故爹亞士利用之。以絕其箇人之野心者垂三十年。及其敗績。而墨亦隨之以淪胥。夫善於利用弱點之人。未有不成功者。而專以利用弱點為事之人。又未有不失敗者。何也。專喜利用弱點之人。即此便為其本身一大弱點。而此弱點往往同時被利用於他人。而不自覺。究則俱斃而已。且國民弱點者。國民心理之病徵也。喜利用者不務療已其病。而恆反扇奬之。增益之。病日以進。而國日以悴。則亦不至於俱斃焉而不止也。

吾儕讀史。觀古昔中外梟雄利用國民弱點之跡。未嘗不痛心疾首。雖然。當知國民非本有弱點。則誰得而利用之者。舉國中號稱上流社會之人。若豢犬然。凡豢我者。則為主人。投骨於地。則搏噬若不及。又如豢猴。沐而冠之。則顧影自憐。又似鼷鼠。晝伏夜動。稍臨以聲色。則慴慴喪其魄。又如諸狙。朝四暮三。則見弄而不自覺也。以如此之國民。安往而不為人利用。豈惟一雄一時所利用。羣雄且將迭起而利用之。豈惟國人利用。鄰敵且將代興而利用之。

孟子曰。富貴不能淫。貧賤不能移。威武不能屈。此之謂大丈夫。反是則妾婦之道。夫舉國人而甘自處於妾婦。則弄翫焉蹴踏焉。惟人所命。固其所也。嗟我卿士。邦人諸友。試博觀往史以至並世。其自反戾其天良以求弋富貴者何啻千萬人。而得焉者有幾。幸而得者。其結果又奚若。且有欲富貴而既富貴者。而猶必自枉焉以求加於今之所已獲。是亦不可以已乎。貧賤寧非人類所公惡。然以不屑不潔之故。而遂道殣者。吾見蓋鮮。鬻其身以求不可必得之半飽。作計亦毋太疏。若乃淫威所加。雖不敢責人人以無懼。然縱不能進焉為逆鱗之批。曷為不可以退焉爲尺蠖之蟄而乃金錢之下無復人格威力之下無復公理以如此之國如此之民藉曰無內亂藉曰無外憂其終何術以免淘汰於天壤間者不自痛心疾首於其弱點而惟痛心疾首於利用弱點之人此弱點之所以終古爲弱也嗚呼

孔子教義實際裨益於今日國民者何在欲昌明之其道何由

吾驟揭此疑問讀者得毋以爲腐談而目笑存之然吾頗信此正未易置對吾不審讀者諸君當未讀吾此文以前其曾以此疑問來往於腦際者果有幾人吾又欲讀者諸君旣睹此題後暫掩卷勿視吾文試各以其意答之吾竊計人人所答者決不相同而與吾所答亦必有異（此實甚有益吾深望讀者一試爲之）則此爲極有興味之疑問已可概見抑吾以爲吾儕今日討論此疑問其關係於國家前途者實至重蓋中國文明實可謂以孔子爲之代表試將中國史與泰西史比較苟使無孔子其人者坐鎮其間則吾史殆黯然無色且吾國民二千年來所以能摶控爲一體而維持於不敝實賴孔子爲無形之樞軸今後社會教育之方針必仍當以孔子教義爲中堅然後能普及而有力彼中外諸哲微論其教義未必能優於孔子也就令優焉而欲采之以牖吾民恐事倍而功不逮半蓋凡人於其所習知所深信之人則聽其言必易受而易感我國民亦何莫不然我國民最親切有味之公共教師舍孔子無能爲之祭酒然則當由何道使孔子教義切實適於今世之用予國民以共能率由以爲國家爲社會築堅美之基礎豈非吾儕報國一大事業耶吾不敏豈敢自謂足以語於此雖然竊有志焉吾之答此問也讀者至終篇必且笑其庸庸無奇顧吾以爲孔子所以能爲吾國數千年來社會之中堅者凡在其庸德庸言而已故吾決不

敢以庸爲病也

吾國人誰不曰願學孔子然自命爲孔子之徒者愈多而孔子之道乃愈闇曶其故可得而言也其最下者以誦孔氏書爲干祿之資自漢武立五經博士卽以此誘餌天下其敝乃極於晚清之科舉此誠可以等諸自鄶無譏也其上焉者可大別爲三派其一以爲欲明其義理必先通其詁訓則有兩漢隋唐注疏之學而前淸乾嘉諸儒大汲其流夫識大識小各惟其人考據發明曷嘗不有大功於古籍然吾以爲孔子之道之所以可尊乃全在其文從字順之處初不煩箋釋字義而固已盡人可解而此派者兢兢於碎義逃難耗精神於所難解所未解者其所易解所已解者則反漠置之此其蔽也其二則專取孔子所言性命理氣之說極深而研幾之宋明之際斯爲極盛淸初猶有存焉今殆絕矣吾以爲凡古今中外之大哲能垂教以淑世者其言皆有體有用當其言用也將使百姓與知與能當其言體也則常在不著不察之列而宋明諸儒太重體而輕用此其蔽也此蓋受隋唐以來佛教之激刺欲推挹孔子以與釋迦爭席乃求索孔子於玄遠幽渺之域遂竊效坐禪苦行者之所爲以謂願學孔子亦當自此入手致衆人以學孔子爲畏途此亦孔子之一厄也其三則自海通以來見夫世界諸宗多有教會黨徒傳播其道乃昌欲仿效之以相拒圉於是倡教部之制議配天之祀其衞道之心良苦其儀式結集且大有異於昔儒之所爲吾以爲此又欲推挹孔子以與基督摩訶末爭席其蔽抑更甚焉夫敬其人而祀之此自吾國崇德報功之大義吾素所主張豈敢有異議卽聚同人以講習摩厲亦凡百學術所宜然豈獨於孔學而有所反對然謂教義之興替以祀典之有無及其儀制之隆殺爲輕重則吾之愚蒙誠不得其解今祀孔典禮則已頒矣國之元首旣臨雍以爲倡矣吾儕爲孔子徒者曷嘗不誠歡誠忭然謂此卽有加於孔子且以此卜孔道之行

則吾未之敢承。苟無道焉以使孔子教義普及於衆。俾人人可以率由。則雖強國人日日膜拜於孔子。究何與者（今之祀典未以孔配天也，然謂若加以配天之儀，則孔乃尊而教乃行，吾尤大惑不解矣）。更就教會言之。凡社會一實象之存。必有其歷史。而歷史又自有其胎育之原。泰西之有教會。其歷史發自羅馬。迄今垂千餘年。而其最初能胎育此種歷史之故。全由其教旨歸宿於身後之罪福。有以聳衆人之聽而起其信。而其本原之本原。則尤在彼創教者自命為超絕人類。其言若曰「汝則人耳。故只能知人之所知。然人之所知固有涯也。我則非人。故能知人之所不知。汝惟敬聽吾言可耳」。其所以教人者如此。而又常為種種神通不可思議之蹟。以堅其徒之信仰。其徒之信仰。則凝集為體。薪盡火傳。乃衍為歷史。以迄於今。凡今世一切教會。其發育之跡。未有外此軌者也。今孔教絕無此等歷史。而欲突起仿效之。譬諸本無胎妊。而欲摶土以成人。安見其可。不得已乃復附會罪福。且謀推挹孔子於超絕人類之域。而無如孔子始終未嘗自言為非人。未嘗以神通力結信於其徒。吾以此相推挹。孔子任受與否既未可知。藉曰任受矣。而究何道以起衆信者。然則欲效彼都教會之形式以推崇孔子。其必勞而無功明矣。勞而無功。猶可言也。苟以此倡其弊實滋。不見近數年來揭孔子之徽幟以結集團體者紛起於國中乎。其拳拳焉眞以道自任者。吾豈敢謂無人。而有所為而為者。實乃什居八九。率此以往。其將以孔子市矣。吾故曰。此種尊孔之法。無益而有害也。（或曰此種教會之不善，由任之者非其人耳，不能以是為中國教會不能存立之證。例如中國現在無一完美之政黨，遂因噎廢食，謂中國可以永無政黨得乎。應之曰：不然。正惟因孔教之本質不容有教會其物者，故強倡教會，終末由得良善之教會分子；亦由專制政體之本質不容有政黨其物者，故強倡政黨，終末由得良善之政黨分子。然政治之現象，由現代人類搆造之，故政體本質能生變化，昔無政黨者今可有之，今無焉後可有之。宗教之淵源，全在古代之教主，其性質永無變化，故有可以發育教會之教，有終不能發育教會之教。孔教者只能發育學會，不能發育教會也。）

綜而論之。漢學一派。太欿然自不足。以為吾何足以語於孔子之道。吾惟詮解其文字。以待賢於我者之闡揚其義理而已。然使學孔子者而皆如是。則舉國遂終無闡揚義理之人。宋學一派與新學一派。則皆若以孔子爲有所不足。必以其所新學得於外者附益之。其流弊所極。甚則以六經爲我注腳。非以我學孔子。殆强孔子學我矣。吾以爲誠欲昌明孔子敎旨。其第一義當忠實於孔子。直繹其言。無所減加。萬不可橫己見雜他說以亂其眞。然後擇其言之切實而適於今世之用者。理其系統而發揮光大之。斯則吾儕誦法孔子之天職焉矣。

問者曰。孔子之言。亦有不切實而不適用者乎。果爾則孔子得毋非聖乎。曰、是安能無。然又豈足爲孔子病也。大抵孔子之言雖多。可大別之爲三類。其一。言天人相與之際。所謂性與天道。宋明儒竭才以鑽仰者也。以近世通行語指之。可謂爲屬於哲學範圍。其二。言治國平天下之大法。非惟博論其原理而已。更推演爲無數之節文禮儀制度。以近世通行語指之。可謂爲屬於政治學社會學之範圍。其三。言各人立身處世之道。敎人以所以爲人者與所以待人者。以近世通行語指之。可謂爲屬於倫理學道德學敎育學之範圍。其第一種則孔子之哲學。誠有其精深博大之系統。視中外古今諸大哲。毫無愧色。然此當以付諸專門哲學家之研究。萬不可悉以喩全國民。夫既以供專門家客觀的研究資料。則亦不必入主出奴。惟孔子之言是尊。蓋學問之爲物。後起者勝。實其原則。後人承前人研究所得而續有發明。繼長增高。責任攸屬。重以近世科學大昌。其間接助哲學者不少。故言哲學者絕不必援孔子以自封。尤不必以今人所道或過於孔子而遂爲孔子病。此如佛典說大中小劫。耶敎說七日造萬物。與今世科學不相容。然不足爲佛耶病也。其第二種則孔子所言治平之理法。爲百世後從政家所當守者殊多。至其節文禮儀制度。在孔子原爲彼時代彼國土之人說法。未嘗以詔萬世。安能一一適於今用。且不適又安足病。彼其時猶封建。今則大一統也。彼其時席地。今則憑椅。彼其時服牛。今則駕汽。其禮文制度什九不周今用。固宜爾。此惟當留以供考古者之講求。絕不必以之普敎。卽其治平理法之精粹者。亦僅從政者所當服膺。不必盡人而學。故吾以爲今日誦法孔子以從事國民敎育者。宜將此兩大部分畫出暫置爲後圖。斯有協於易簡理得之旨。然吾觀當世之尊孔者。不爾爾。最喜將孔子所談之名理所述之政制。刺取其片詞單語與今世之名理政制相類似者。而引伸附會之以詫於他國曰。是固吾孔子所已知已言也。若此者本出於尊仰先哲之誠。非有可議。卽吾生平亦每喜爲此。且以孔子之溥博淵泉。其言暗合於今者原多。引證發明。豈非吾儕之責。雖然。若專以此爲尊孔之塗術。則有兩種流弊。最易發生。不可不察也。其一。倘所印證之義。其表裏適相脗合。則誠可以揚國粹而濬民慧。若稍有所牽合附會。則最易導國民以不正確之觀念。而緣郢書燕說以滋流弊。例如疇昔談立憲談共和者。偶見經典中某字某句。與立憲共和等字義略相近。輒摭拾以沾沾自憙。謂此制爲我所固有。其實今世所謂共和立憲制度之爲物。卽泰西亦不過起於近百年。求諸彼古代之希臘羅馬。且不可得。遑論我國。而比附之言傳播既廣。則能使多數人之眼光之思想見局見縛於所比附之文句。以爲所謂立憲所謂共和不過如是。而不復追求其眞義之所存。則生心害政。所關非細。此不過僅舉一端以爲例。其他凡百比附之說。類此者何可勝數。此等結習。最易爲國民研究實學之魔障。不可不愼也。其二。勸人行此制。告之曰。吾先哲所嘗行也。勸人治此學。告之曰。吾先哲所嘗治也。此其勢較易入。固也。然頻以此相詔。則民於先哲未嘗行之制。輒疑其不可行。於先哲未嘗治之學。輒疑其不當治。無形之中。恆足以增其故見自滿之習。而障其服善擇從之明。此又不可不慮也。是故吾於保全國粹論。雖爲平生所孜孜提倡。然吾之所謂國粹主義。與時流所謂國粹主義。其本質似有大別。吾雅不願采擷隔牆桃李之繁葩。綴結於吾家杉松之老榦。而沾沾自鳴得意。吾若愛桃李也。吾惟當思所以移植之而何必使與杉松淆其名實者。夫吾言旣喋喋於顯外矣。今當還入本文。吾意以爲孔子所以能爲百世師者非以其哲學論政治論等有以大過人。若僅就此範圍內以觀孔子而已。則孔子可議之處或且甚多。吾儕斷不容墨守孔子之言以自足。然此等殊不足以輕重孔子。孔子所言而能涵蓋近世學說耶。固足以益見孔子之大。其時或遜於近世學說耶。曷嘗爲孔子之累。孔子敎義其實際裨益於今日國民者固別有在。何在。則吾前舉第三種所謂敎各人立身處世之道者是已。

更以近世通行語說明之。則孔子敎義第一作用實在養成人格。讀者若稍治當代敎育史。當能知英國之敎育。常以養成人格爲其主要精神。而英之所以能久霸於大地。則亦以此。而人格之綱領節目及其養成之程序。惟孔子所敎爲大備。使人能率循之以自淑而無所假於外。此孔子之聖所以爲大爲至也。問者曰。斯固然矣。然遂得謂實際裨益於今日乎。答曰。社會凡百事物。今大與古異。東亦與西異。獨至人之生理與其心理。則常有其所同然者存。孔子察之最明。而所以導之者最深切。故其言也。措諸四海而皆準。俟諸百世而不惑。豈惟我國。推之天下可也。豈惟今日。永諸來劫可也。夫古今東西諸哲之設敎者。曷嘗不於此三致意。然盛美備善。則未或逮孔子。故孟子稱孔子集大成。而釋之以始條理終條理。觀其養成人格之敎。眞可謂始終條理而集大成者也。吾儕誦法孔子。則亦誦法此而已矣。昌明孔子之敎。則亦昌明此而已矣。

英人之理想的人格。常以 Gentleman 一字代表之。昔比斯麥嘗讚歎此字。謂在德文中苦不得確譯。豈惟德文。無論何國。殆斷不能得恰適切之語以譯之。斯言誠然。然求諸吾國語則易易耳。「君子」或士君子一語。卽其確譯也。此無他故。蓋我國與英國其古昔傳來之敎育精神同。皆以養成人格爲職志。故不期而各皆有一語以表示人格之觀念。而爲他國人所不易襲取。且不易領會。今試執一英人而叩之曰。何謂 Gentleman。其人必沈吟良久而不能對。更叩之曰。如何斯可以謂之 Gentleman。則必曰。如何溫良恭儉讓。如何博愛濟衆。如何重然諾守信義。如何動容貌出辭氣。乃至如何如何。列舉數十。刺刺不休。（試觀彼字典之釋義可知）求一簡賅之釋。殆不可得。雖然。所謂 Gentleman 者。自有一種無形之模範。深嵌於人人之意識中。一見卽能知其是非眞僞。苟其人言論行誼一旦悖戾此模範。則立見擯於 Gentleman 之林。而爲羣 Gentleman 所不齒。養成人格之教育。其收效有如此者。我國亦然。突然問曰。何謂君子。人人莫知所對也。更扣曰。如何斯可謂之君子。則其條目可以枚舉至於無算。苦不得其簡賅之義。而人人意識中。固若有一種無形之模範。以示別於君子與非君子。其與英人異者。英人此種意識。見之甚瞭。操之甚熟。律之甚嚴。行之甚安。推之甚溥。我國不然。此種意識。本已在朦朧茫漠之中。而其力又甚單微。不足以斷制社會。故人人不必求勉爲君子。卽躬行君子者。久之亦且自疑沮。或反棄其所守以求同於流俗。此則教育致力與不致力使然也。吾非謂英人所謂 Gentleman 與吾國所謂君子。其模範恰同出一型。吾殊不必引彼義以自重。吾深信吾國所謂君子者。其模範永足爲國人所踐履。眞踐履焉。則足使吾國人能自立自達以見重於天下。此模範者。固非孔子一人所能突創製之。而孔子實集大成。既以言教。且以身教。吾儕試取孔子之言論行誼。悉心紬繹體驗之。則能知孔子所欲養成之人格。其不可缺之條件有幾。其條件之類別系統何若。其踐履之塗徑先後次第何若。既以自厲。而更思以種種方法牖導民衆而訓練之。以使之成教於國。此豈非社會教育最盛美之大業。而吾儕誦法孔子者最重要之天職耶。此以視乎摹仿教宗之儀式。或附會名理談政制談之單詞片語。牽率孔子使與人爭一日之短長者。其收效之相去。豈不遠哉。

問者曰子言誠然然此得毋太偏毗於個人主義之教育而於國家主義之教育有所缺乎且此只能行之於放任政策之教育界而保育政策之教育界殆無所施其力此亦一憾也答曰斯誠有之然未足爲病也夫孔子固非以國家主義爲教者也抑吾更欲問世界古今之教祖哲人曾否有一焉以國家主義爲教者謂非揭國家主義即不周於今用則一切教義毋乃當悉廢耶夫國家主義不過起於百年來而極盛於今日自今以往能永持此盛象與否殊未可知即以今日論而國家之基礎豈不在個人分子不純良而欲求健全之團體其安得致彼泰西諸國正惟前此盡力於個人主義之教育已收全效故今日得舉其所謂國家主義之教育者建設之於此已成基礎之上而識者或猶病其已甚在今日之中國而特注重於個人主義之教育事之程序固宜爾矣而孔子養成人格之旨其最終之鵠所謂「使人人有士君子之行」夫誠能國中人人有士君子之行則國家主義何施不可英之所以雄視宇內豈不以此耶若謂孔子此種教法其收效恆在人人之各自修養而教育當局所能致力者蓋有限是又誠然然教育之職務原在導發人之本能而使之自立自達即采極端保育政策之國亦豈能時時取國人而一一强授之以道德學問如以唧筒灌水於瓶盂者況我國數千年來本以在宥爲治而今之官僚政治殊未整肅絕不能收保育政策之實效故今日中國凡百事業與其望諸國家不如望諸社會與其望諸社會又不如望諸個人不獨教育爲然矣而國家當局者若果贊此義則以之定爲教育方針而於教科書及各種出版物與夫通俗講演等皆特留意而獎勸之則其間接主持之效又豈淺尠故此皆不足爲病也

復古思潮平議

吾友藍君。嘗著論闢復古之謬。登載大中華第一號。海內人士讀之。多駭汗譙訶。卽鄙人乍見。亦不免失色相詫。思宜有所以折衷之。乃爲平議如次。

吾以爲藍君所言。洵詭激而失諸正鵠。吾不能爲之阿辯也。然此種詭激之言。曷爲發生於今日。則固有使之者焉。亦不可不深省也。藍君之論最駭人聽聞者。彼對於忠孝節義。皆若有所懷疑。而對於崇拜孔子。亦若有所不慊。此其持論誠偏宕而不足爲訓也。蓋忠孝節義諸德。其本質原無古今中外之可言。昔人不云乎。天下之善一也。凡道德上之抽象名詞。若智仁勇誠明忠信篤敬廉讓。乃至若某若某。雖其涵孕之範圍廣狹全偏或有不同。然其同於爲美德。則無以易。蓋事理善惡之兩面。譬則猶光明之與闇黑。討論事理者。辯析若何而足爲光明之標準焉可也。研究若何而能使光明之煥發賡續焉可也。若乃賤斥光明而尊尚闇黑。則豈惟盭理。實乃拂情。卽如忠孝節義四德者。原非我國所可獨專。又豈外國所能獨棄。古昔固尊爲典彝。來玆亦焉能泯蔑。夫以忠孝節義與復古併爲一譚。援諸論理。旣已不辭。以厭惡復古故而致疑於忠孝節義。其瞀謬又豈僅因噎廢食之比云爾。若夫孔子教義。其所以育成人格者。諸百周備。放諸四海而皆準。由之終身而不能盡。以校泰西古今羣哲。得其一體而加粹精者。蓋有之矣。若孟子所謂集大成。莊生所謂大小精粗其運無乎不備。則固未有加於孔子者。孔子而可毀。斯眞雖欲自絕。其何傷於日月也。且試思我國歷史。若將孔子奪去。則闇然復何顏色。且使中國而無孔子。則能否摶控此民族以爲一體。蓋未可知。果爾則二千年來之中國。知作何狀。又況孔子之教。本尊時中。非若他宗教之樹厓岸排異己。有以錮人之靈明而封之。以故見也。然則居今日而教人以誦法孔子。又豈有幾微足爲國民進取之障者。故藍君此論。實詭激而失正鵠。其說若昌。弊且不可紀極。吾斷不能爲之阿辯也。

顧以吾所知藍君蓋粹美君子人也其鑽仰孔子之論著且嘗傳誦於世（見庸言報）今曷爲而忽有此詭激悖謬之論且其論既出而國中一部分人猶或於駭責之中含恕諒之意吾默察世變覺其幾甚微而逆想回環激盪之所由乃不禁慄然以懼是故不得不折其衷而兩是正之

夫提倡舊道德（道德本無新舊之可言舊道德三字實不成名詞但行文之便姑就時流之名名之耳）寧非謀國知本之務然此論何以忽盛於今日則其機有不可不察者自前清之季舉世競言新政新學竺舊之徒本大有所不慊而壁壘無以自堅日即靡伏雖欲靡伏而謀所以堙遏之者卒未嘗怠以不可堙遏之勢而强事堙遏故激而横決以有辛亥之革命又正惟以堙遏之結果其遷流之勢不軌於正故其所演生之現象無一焉能饜人望其間桀黠輕儇之輩復乘此嬗蛻搶攘之隙恣爲縱欲敗檢之行乃益在在惹起社會之厭苦而予人以集矢之的一年以來則其極端反動力之表現時代也是故吾輩自昔固汲汲於提倡舊道德然與一年來時流之提倡舊道德者其根本論點似有不同吾儕以爲道德無時而可以蔑棄且無中外新舊之可言正惟傾心新學新政而愈感舊道德之可貴亦正惟實踐舊道德而愈感新學新政之不容已今之言舊道德者不然彼覩目前社會泯棼之象曾不深求其所以然不知其爲種種複雜原因之所和合蘊釀而一切以府罪於其所不喜之新學新政其意若曰天下擾擾正坐此輩横議處士興風作浪造言生事苟不爾者吾國今日固猶是唐虞三代也又若曰吾國自有所以善治之道可以無所待於外今特患不能復吾故步耳苟其能焉他復何求此非吾故爲深刻之言試質舊多數老輩之良心是否有此兩種見地蟠據於其腦際而確乎不拔者此種見地展轉謬演於是常覺新學新政之爲物恆與不道德相緣欲挫新學新政之燄而難於質言則往往假道德問題以相壓迫坐是之故引起新學家一部分人之疑惑亦謂

道德論與復古論相緣。凡倡道德皆假之以爲復古地也。非起而與角。則退化之運將不知所屆。此所以互相搏激而異論日起也。

然則新思潮與舊道德果有不相容者存乎。道德論與復古論果有何種之緣繫乎。請得而博論之。

今都會之地。士大夫羣居相語。每一矢口。輒相與太息於人心風俗之敗壞。敗壞云者。劣於昔之云也。吾以爲全國多數小民之風俗。固不敢謂視前加良。亦未見其視前加壞。於營營蹙蹙之中。仍略帶渾渾噩噩之氣。與他國風俗相校。各有得失。不能盡誣也。然則今日曷爲以風俗特壞聞。曰特壞者惟吾曹號稱士大夫者流耳。蓋日日太息於人心風俗敗壞之人。卽敗壞人心風俗之主動者也。而如吾曹者。其亦孰不誦孔氏之書。服忠孝節義之訓。而其所造業。胡乃適得其反。譬言某藥。可以辟疫。而常備此藥之家。乃卽爲播疫之叢。是必所備藥或非其眞也。或備而未嘗服也。或服之不以其法也。或其他不良之起居食息與藥力相消也。不探其源以治之。而但侈言置藥以禦疫。疫不得禦。徒反使人致疑於藥而已。夫孰不知提倡道德爲改良風俗之大原。然以今日社會周遭之空氣。政治手段之所影響。中外情勢之所誘脅。苟無道以解其癥而廓其障。則雖日以道德論喃喃於大衆之前。曷由有效。徒損道德本身之價值耳。尤可異者。竺舊者流。侈然儼以道德爲其專賣品。於是老官僚老名士之與道德家。遂儼成三位一體之關係。而欲治革命以還道德墮落之病者。乃逕以老官僚老名士爲其聖藥。而此輩亦幾居之不疑。夫此輩中固多操行潔白之士。吾豈敢盡誣。要之當前清末葉。此輩固多已在社會上占優越之地位。其言論行事。本有風行草偃之資。此輩詒謀苟臧。中國豈至有今日。平心論之。中國近年風氣之壞。壞於佻淺不完之新學說者。不過什之二三。壞於積重難返之舊空氣者。實什而七八。今之論者。動輒謂自由平等之邪說。深中人心。將率天下而入於禽獸。申令文告反復誦言。坐論偶語。羣焉集矢。一若但能廓淸此毒。則治俗卽可立致淸明。夫當鼎革之交二三年間此種狂談固嘗披靡一時。吾儕痛心疾首視今之論者未多讓焉。今日則茲談殆盡熄矣。而治俗又作何象者。蓋今日風氣之壞。其孽因實造自二十年以來。彼居津要之人。常利用人類之弱點。以勢利富貴奔走天下。務斵喪人之廉恥。使就我範圍。社會本已不尙氣節。遭此誘脅。益從風而靡。重以使貪使詐之論。治事者奉爲信條。憸壬乘之。紛紛以自躋於靑雲。其驕盈佚樂之舉動。又大足以歆動流俗。新進之儔。豔羡仿效。薪火相續。日以蔓滋。俗之大壞。職此之由。故一般農工商社會。其良窳無以大異於前。而獨所謂士大夫者。日日夷於妾婦而淪於禽獸。此其病之中於國家者。其輕重深淺。以視衆所指目之自由平等諸邪說何如。夫假自由平等諸名以敗德者。不過少數血氣未定之靑年。其力殊不足以左右社會。若乃所謂士大夫居高明之地者。開口孔子。閉口禮教。實則相率而爲敗壞風俗之源泉。今謀國者方日日蹈二十年來之覆轍。汨流以揚波。而徒翹舉方嚴廣漠之門面語曰尊崇孔子曰維持禮教者以相扇奬。冀此可以收效。殊不知此等語者。今之所謂士大夫人人優能言之。無所施其扇奬。其在一般社會。則本自率循。又無所深待於扇奬。而欲求治俗之正本淸源。要視乎在上位者之眞好惡以爲祈嚮。義襲而取。恐未有能濟者也。

讀者幸勿疑吾謂此種扇奬之可以已也。吾固日日從事於扇奬之一人。此天下所共見也。顧吾謂扇奬之道。貴用其中而蘄其平。一有所倚。則弊之所屆。恆出意外。譬諸樹表。表之敧以分寸。影之斜以尋丈。此最不可不愼也。

今指當道爲有意復古。必且斷斷自辯曰。吾曷嘗爾爾。然而事實所趨。遂章章不可掩也。此亦無待吾一一臚舉其跡。吾但請讀者閉目以思最近一二年來。上自中央地方各級機關之組織。下逮各部大小行政之措施。曷嘗有一焉非盡反民國元二年之所爲，豈惟民國元二年而已，前清光宣之交，凡所規畫所建置，殆無不廢變停頓。夫光宣之政，誠不足以饜人望也，民國初元之政，誠尤不足以饜人望也，然豈必其政之本體絕對不適用於中國，毋亦行之非其道非其人耳。既察某制度爲今後所萬不可不采行，前此行之而有弊，祇能求其弊之所在而更張補救之耳，若並制度其物而根本摧棄之，天下寧有此政猷。例如民選議會制度，既爲今世各國所共由，且爲共和國體所尤不可缺，前此議會未善，改正其選擧法可也，直接間接以求政黨之改良可也，釐定其權限可也，若乃並議會其物而去之，安見其可。例如司法獨立，既天下之通義，前此法庭未善，改變其級制可也，改變其程序可也，改變其任用法可也，若乃並法庭其物而去之，安見其可。推之百政，莫不皆然。彼其制度，既爲早晚必須采用之制度，今雖廢之，不旋踵爲時勢所迫，必胥謀所以復興之，而一廢一興之際，第一則使國運進步遲阻若干年，第二則隳已肇之基礎，將來作始更難，第三則使人民彷徨迷惑，減國家之威信耳。昔吳淞鐵路初建，政府以二十餘萬金購而毁之，在彼時曷嘗不以爲有所大不得已者存，既毁之際，曷嘗不多數人稱快，由今思之，所爲何來。夫今日衆共集矢之制度，後之視今，必且與吳淞鐵路同慼，可斷言也。而狐埋狐搰，天下其謂政府何。又或有所瞻顧，不敢悍然巡廢其名，遂復換面改頭，指鹿爲馬，此其爲弊，殆更甚焉。夫作法於眞，其敝猶僞，作法於僞，敝將若之何。今凡百設施，多屬創擧，既非夙習，運用倍難，苟誠心以赴，期於必成，使當事者懷靖共毋忝之心，使社會作拭目觀成之想，其庶黽勉日起有功。今也不然，於其本所不欲之事，陰摧壞其實而陽塗飾其名，受其事者曰，此敷衍吾儕耳，吾毋寧以敷衍應之，而自愛之心與踐職義務之觀念日趨薄弱，社會亦曰，某項事業所以敷衍某類人耳，先懷一種輕蔑之心以對此事業，甚者從而掎之，而進行乃益以艱，及其挫跌，則撫掌稱快曰。吾固謂此種制度之不可采。今果如是也。嗚呼。凡今之所以應付各種新政者。何一非爾爾耶。則旁觀者囂然以復古爲疑。亦何足怪。以言夫用人耶。鼎革之交。萬流雜進。羊胃羊頭。見者呃逆。謀澄敘之宜也。而一矯其弊。遂乃以前清官歷爲衡才獨一之標準。問其故。則曰尊經驗也。夫前清官吏中。其潔白幹練通達治理者。原大有人在。吾誠不敢挾主奴之見。漫爲觝排。雖然。其中大多數錮蔽齷齪。憸黠媮靡。晚清之敗壞。豈不以此輩。革命之局。寧非此輩實助長之。其尤無恥者。則朝失清室之官。暮入同盟之會。極口罵項。脅肩美新。及事勢一遷。又反顏下石。第其品質。宜在豺虎不食之班。即予優容。亦惟高閣束之已足。而今皆彈冠聯翩。專城相望。且儼然以挽回風習。主持大化自命。爲上游所器賞。爲社會所歡承。不旋踵而贓證狼籍。對簿踧踖。而敗落相尋。繼踵猶昔。叩其所謂經驗。則期會簿書。鉤距掊克。對面盜賊。暮夜苞苴。乃至以財政廳長而不解預算之字義。以兼理司法之知事而不知有新刑律。其物類此。笑柄更僕難罄。猶且能名鵲起。一歲屢遷。俯睨新進。視如無物。嗚呼。凡今日登庸人才之標準。豈不如是耶。則旁觀者囂然以復古爲疑。又何足怪。

甚矣國人之善忘也。記有之。不知來。視諸往。彼晚清以來之陳跡。豈不猶歷歷在人耳目耶。使其所操術而可以措國家於治安。則清室其至今存矣。二十年前。而所謂舊法者。已失其維持國家之功用。國人不勝其敝。乃駭汗號籲以求更新。今又以不勝新之敝也。乃更思力挽之以返於二十年前之舊。二十年前所共患苦者。若全然忘卻。豈惟忘卻。乃更顛倒歆慕。視爲盛世郅治而思追攀之。（此非吾過言。試以一年來所規畫之政策與二十年前政象比較。其刻意追攀之點。不知凡幾。吾他日更當爲文列舉評之。）夫目之於色。有同美焉。二十年前共指爲甚惡者。二十年後忽能變爲甚美。此寧非天下大可怪之事。而或者曰。清之亡。非亡於其戀舊也。而實亡於其鶩新。使清廷非惟新是鶩。而堅持其舊者以相始終。夫安得有今日。若此論者。徵諸其言之終不能成理也。藉曰事理或然。尤當知清廷之鶩新。本非其所欲也。非所欲而曷爲鶩之。則以舊制度之作用已窮。事勢所驅。不得不出於此。譬諸行旅所遵之路。荆棘已塞。乃始改從他塗。夫在今日彼路之荆棘。是否能刈除。能否不爲事勢所驅。更折而出於鶩新之舉。終已不能。則將來幾經波折之後。卒亦取清廷所回旋之覆轍。而次第一一復蹈之。可斷言耳。夫清廷曷爲以鶩新而得亡。正以其本不改新。而徒以大勢所迫。勉趨於新。雖勉趨於新。而於新之性質。新之價值。實未有所了解。常以戀舊之精神牽制於其間。故新與舊之功用兩相消。進退失據。而一敗塗地也。今以戀舊責當局。而當局決不肯自仞。雖然。試靜氣一自勘其心理。其有以異於二十年前老輩之心理者幾何。凡所設施。又何一非新與舊功用相消者。此復古之疑。所以雖曉辯而終無以自解於天下也。

或曰。病斯有待於藥。藥求已病而已。復古論雖曰可議。然以藥數年來鶩新太過之病。安見其不可。應之曰。斯固然也。然在一二年前病象頗劇之時。服之或不失爲良藥。今則病徵已變。猶服之不已。則藥反成病矣。大抵一時偶感之病。來勢雖勇。而袪除實易。積年蟠結之病。不甚惹警覺。而綿久遂不可復救。夫戀舊者人類之通性也。當其一時受刺激於外。鶩新太過。就令任其自然。不加矯正。非久必爲惰力性作用所支配。自能返其故態。然此惰力性作用猖獗之後。欲更從而振之。恐非加以雷霆萬鈞。莫之能致。夫憚於趨新而狃於安舊。圓顱通性。固已有然。況我民族尤以竺舊爲特長。而以自大爲夙稟。而坐談禮教。吐棄學藝。又最足以便於空疏塗飾之輩。靡然從風。事有固然。若詳推其利害之所屆。則此種方嚴廣漠之門面語。其於矯正末俗。實際上收效能幾。殊未敢知。而惰力性或且緣此大增。率國人共墮入於奄奄無生氣之境。此則吾所爲睊睊而憂者耳。

若夫藍君所論之詭激，吾既已不憚辭而闢之，要之此兩者，皆社會心理之病徵而已，而其病則不能相尅而常相生，蔑古論昌則復古論必乘之，復古論昌則蔑古論又必乘之，以極端遇極端，累反動以反動，則其禍之中於國家社會者，遂不可紀極。孟子曰：生於其心，害於其政，發於其政，害於其事。是以君子愼之也。

鄭褧裳畫引

論畫於今，蓋極風會之變矣。魏晉云邈，靡得而闚，六朝暨唐，傳播蓋寡，逮宣和院畫，導源謝赫，區佛道、人物、山川、鳥獸、竹花、屋木，凡六科，其布局取勢，運筆賦色，規矩峻整，而神理內完，專門之藝，此惟精能。爾時王延嗣揣情於鬼神，僧修範擅名於湖石，道士劉貞白審美於梅雀，童祥、許中正窮態於人物，並有流傳，允稱名筆。南渡而後，四家繼軌，而世謂工巧過甚，梁楷倡爲減筆，偏趁氣韻，學者樂其夷易，流播同風，正法寖微，茲其始也。元人意匠，始肇西來，但有主賓，無關壇墠，蓋松雪、大癡、叔明、聖予諸人，去宋匪遠，當時院體，有足稱者。沿明迄清，六法寖缺，朝無供奉之司，野尠專家之業，士夫偶託遯逃，賢於博弈，始事臨摹，漸多蛻變，然靈蹟罕覯，買王倘其得羊，偏師出奇，拔趙詎云易漢。又自短幅盛行，畫壁之工絕，水墨奪研，煉色之祕失，故其山水小景，足當附庸，至聖賢仙佛鬼神士女之圖，蔬果魚鳥屋木舟車之作，漸失傳頭，輒譏匠手。是以畫家上品，道釋山川，諸科咸備，今學所羡，山水方滋，蓋象物每窮於寫生，而卽景可傳於遠致，貴耳賤目，有同然矣。其間名蹟斑斑，或以人傳，或緣物罕，語夫丹青之生面，藝能之極則，百家騰躍，頫首宋元。洎乎晚近，外學乘之，運綴致其密，皴染研其精，小道可觀，殆將奪席，斯亦運之極乎。美利堅人有夏德者，游藝東方，窮極理法，嘗語余曰：中土繪事，自然秀深，挹諸胸次，其或筆餘墨外。不稱壯闊之觀。墨聚筆端。未窮生動之致。過求脫悟。故形神不全。西洋別體細微。由乎科學。若其量價申紙。計值添毫。意在利市。則氣韻不舉。去市與脫假汝高衢。此可謂知趣者也。鄭生褰裳負笈扶桑。秉秀騰實。彼邦繪畫。受法於中夏。競采於歐洲。傳習之初。由博而一。先以幾何物質解剖動植通其方。繼以美術文史金石教育風俗昭其趣。漸成非頓。資深逢源。蓋若是其難也。子雲千賦之言。小山四知之論。昔賢已發。寧謂迂談。然則上下數百年間。就畫學畫。以塗附塗。謂得圜中。詎知濠上。其於靈襟獨逞。矩矱弗由。輪扁莫能運斤。伊摯不求負鼎。厥敝均也。生冥心妙造。歷逾歲紀。沿流泝源。衆長奄備。莫不細入毫髮。而意愜飛動。務極規矩。歸於自然。宋元家法。往往而合。其諸擅高往策。獨秀當時者歟。東京市新古博覽會。大正博覽會。美國巴拿馬博覽會。競致褒題。翕然精詣。東方學者。未能或之先也。自頃應聘歸國。將之京師。維舟天津。丐辭於余。燕京帝王舊宅。首善奧區。名利崇朝。伎巧鱗萃。內府之所供。方家之所庋。詞人佚老。豪貴巨猾。並富收藏。各矜元賞。於生之至。有不厚禮倒屣。以相友教者乎。竺於舊則得所折衷。斸於新則資以濡染。嘉哉此行。可以游處矣。乙卯九月梁啓超。

秋蟪吟館詩鈔序

昔元遺山有詩到蘇黃盡之歎。詩果無盡乎。自三百篇而漢魏而唐而宋。塗徑則既盡開。國土則既盡闢。生千歲後。而欲自樹壁壘於古人範圍以外。譬猶居今世而思求荒原於五大部洲中。以別建國族。夫安可得。詩果有盡乎。人類之識想若有限域。則其所發宜有限域。世法之對境若一成不變。則其所受宜一成不變。而不然者。則文章千古其運無涯。謂一切悉已函孕於古人。譬言今之新藝術新器可以無作。寧有是處。大抵文學之事。必經國家百數十年之平和發育。然後所積受者厚。而大家乃能出乎其間。而所謂大家者。必其天才之絕特。其性情之篤摯。其學力之深博。斯無論已。又必其身世所遭值。有以異於羣衆。甚且爲人生所莫能堪之境。其振奇磊落之氣。百無所寄洩。而壹以迸集於此一途。其身所經歷。心所接搆。復有無量之異象。以爲之資。以此爲詩。而詩乃千古矣。唐之李杜。宋之蘇黄。歐西之莎士比亞。戛狄爾。皆其人也。余嘗怪前清一代。歷康雍乾嘉百餘歲之承平。蘊蓄深厚。中更滔天大難。波詭雲譎。一治一亂。皆極有史之大觀。宜於其間有文學界之健者。異軍特起。以與一時之事功相輝映。然求諸當時之作者。未敢或許也。及讀金亞匏先生集。而所以移我情者。乃無涯畔。吾於詩所學至淺。豈敢妄有所論列。吾惟覺其格律無一不軌於古。而意境氣象魄力。求諸有清一代。未覩其偶。比諸遠古。不名一家。而亦非一家之境界所能域也。嗚呼。得此而清之詩史。爲不寥寂也已。集初爲排印本。余校讀既竟。輒以意有所刪選。既復從令子仍珠假得先生手寫稾帙。增如干首。爲今本。仍珠乃付精槧。以永其傳。先生自序述其友東季苻之言。謂其詩他日必有知者。夫啓超則何足以知先生。然以李杜萬丈光燄。韓公猶有羣兒多毀之歎。豈文章眞價。必易世而始章也。噫嘻。乙卯十月新會梁啓超。

西疆建置沿革攷序

往者坎巨堤一役。舉帕米爾千餘里之地。拱手讓之俄人。論者追原其故。竊咎吾國士夫。闇於西北地理。故外交之間。失敗至此。至今以爲恨。予嘗歎西疆地遼遠。環天山南北。廣輪三萬餘里。東扼長城。北控蒙古。南連衞藏。西阻葱嶺。屏蔽秦隴燕晉。若巨防然。緣邊之地。壤接英俄。犬牙相臨。錯人民𢈪羯雜處。語言謠俗。與中土殊絕。英俄二國。復爭甚其間。控馭一失當。則不幸往往有事。有清同光之際。界約屢訂。藩籬漸撤。朝野動色。始以西陲爲憂。於是建行省。設郡縣。蓋與內地侔矣。而二三學士亦稍稍稽志乘。刺取其因革利病各自爲書。備謀國者採擇。然大抵耳食舊聞。不能會其通。讀者欲一觀諸要難。蓋自馬遷班固以來。紀大宛傳西域。率得之譯史傳聞。而佛國西域諸記。又每參以梵語。故一史所收。紀傳互異。諸書錯見。稱謂不同。疏漏牴牾。亦勢然也。余友徐子。前清之季嘗辟佐新疆大府。簿書餘暇。輒鉤考史傳。旁及佛藏說部方言譯語。靡不研貫。證以所聞見。歲久成西疆建置沿革考一書。舉凡域望之齵差。道里之遠近。種姓之區分。郡邑之改併。與夫戶口息耗。食貨盛衰。民俗純駁之不齊。皆衡論折衷。詳其得失。窮變之由。備著於篇。令當世得覽。可謂體大思精者矣。徐子負奇才。意氣不可一世。當居西疆時。馳匹馬。絕大漠。所至察其山川形勢。慨然有籌邊之志。其所規畫甚衆。不得竟其用。而僅以書著也。惜哉惜哉。讀是書者毋徒震於其考據之精詳。而深原所以著書之意。此則能知徐子者爾。

京報增刊國文祝辭

十年以來。吾國報業之發達。駸駸乎殆一日千里。跡其本意。莫不曰將以忠告政府。而指導社會。夷考其實。其能舉此天職者有幾。夫報之所以有益於人國者。謂其持論之能適應乎時勢也。謂其能獨立而不倚也。謂其能指陳利害。先乎多數人所未及察者而警告之也。謂其能矯正偏詖之俗論。而納諸軌物也。謂其能補多數人常識所未逮。而爲之饋貧糧也。謂其能窺社會心理之微。針對發藥。而使之相說以解也。謂其對於政治上能爲公平透亮之批評。使當局者有所嚴憚也。謂其建一議發一策。能使本國爲重於世界。四鄰咸知吾國論所在。而莫敢余侮也。今國中報館多矣。其能備此諸法者。吾見實罕。吾所以夙眀眀焉爲言論界之前途悲也。自英文京報之歸吾國人經營也。而海內外之觀聽集焉。每著一論。東西鄰之同業者輒迻譯之錄述之。以覘我民意焉。其粲然爲國光之效。既歷歷可睹。其立言之簡而要。銳而達。秩然而有倫脊。犁然而中肯綮。舉吾國之英文報。莫之能先也。顧以文體僅託於英語。國人能讀者鮮。其於普及之途隘矣。識者憾焉。今以時勢之要求。增刊國文。吾信其將來之有造於吾國者。視其前此所收之效。將倍蓰什百而未有已。吾安得不距躍起舞爲言論界之前途慶也。夫「京報」Peking Gazette之名則舊矣。距今數百年前。舉世界各國未知有所謂報者。而吾國實剏之。西人周歷我國者稱道焉。而因而效之。故今日全世界治報業者。必以Peking Gazette爲不祧之大宗。謂猶山之有崑崙。水之有星宿海也。又猶舉火則思燧人。食粟則思后稷也。故「京報」之爲物。吾無以名之。名之曰「報祖。」今也經營本報之同人。襲此佳名。其必將有以副之。發揮而光大焉。使天下萬國之治報業者。咸知乃祖之復活。而思所以繩其武。則豈惟本報之譽望。其爲國光者蓋不可紀極矣。本報同人勉乎哉。

大中華發刊辭

嗚呼。我國民志氣之銷沈。至今日而極矣。當前清光宣之交。吾覩全國陰森之氣。吾既深痛極慟。嘗爲之言曰。人人皆有我躬不閱遑恤我後之心。乃相率爲且以喜樂且以永日之態。以謂似此暮氣充塞之國。僾焉其何以終日。由今思之。彼時譬猶深秋。百卉萎黃。羣動淒咽已耳。至今日乃真晦盲否塞。沍寒慴慄。含生之儔幾全喪其樂生之心。舉國沈沈然若歌薤露以即墟墓。吾童幼時誦變風變雅諸什。竊疑天下之生久矣。而當時之民曷爲獨憔悴憂傷。一至此極。嗚呼。豈圖我生。乃躬見之。雖然此無怪其然也。我國民積年所希望所夢想。今殆已一空而無復餘。懲守舊而談變法也。而變法之效則既若彼。懲專制而倡立憲也。而立憲之效則既若彼。曰君主爲之毒也。君主革矣。而其效不過若彼。曰亂黨爲之梗也。亂黨平矣。而其效不過若彼。二十年來朝野上下所昌言之新學新政。其結果乃至爲全社會所厭倦所疾惡。言練兵耶。而盜賊日益滋。秩序日益擾。言理財耶。而帑藏日益空。破產日益迫。言教育耶。而馴至全國人不復識字。言實業耶。而馴至全國人不復得食。其他百端。則皆若是。迄於今日。或乃懲羹吹虀。甚至欲一切摧陷廓清。以反乎其舊。夫使率舊而可以善治。則三十年來。我國榮光早耀大地。而進化適存之學說。其當摧燒矣。今也取國家組織社會狀態。凡百欲復辛亥以前之舊。寖假而復戊申庚子以前之舊。寖假而復戊戌甲午以前之舊。微論其決不能至也。勉而至焉。將焉取之。經曰。與亂同道罔不亡。清曷爲亡。而乃踵其武。惟恐不肖。寧非天下大不可解之事。然則謂此爲不可耶。反乎此者。其治效又奚若。循壬子癸丑間之國家組織社會狀態。而縱其遷流所極。則雖欲求如今日。又豈可得。譬諸汎舟北遡。固爲斷潢。南駛亦成絕港。縈延回洑。迷復循環。詰其所屆。莫之能對。今之中國。豈不如是耶。其於人也亦然。曰甲派誤國。乙派代興。則又何若者。曰乙派誤國。丙派代興。則又何若者。曰官僚腐敗。誠腐敗也。而詆官僚者又豈其清高。曰新進浮躁。誠浮躁也。而排新進者又豈其篤厚。病獨裁制。則思合議。而合議之不饜於人心也如故。病合議制。則思獨裁。而獨裁之不饜於人心也如故。希望某甲。某甲出矣。果何濟者。轉而希望某乙某丙。某乙某丙皆出矣。又何濟者。蓋數年之間。中國所有一切黨派。一切人物。既雜遝焉旅進旅退於此廣場。而彼之如蒼生何。蒼生之如彼何者。皆不過爾爾。至於今則惟徼一人之福。以託數萬萬人之命。譬猶懸千石之鐘於壞宇。而恃一髮以繫之。旁無化身而後無替人。天下險象。孰過於是。迴視境外。則磨牙吮血以伺吾旁者。不知幾何姓。其術或以驟。或以漸。或以暴壓。或以陰鷙。爲道雖不同。而皆可以蹙我卽於死地。疇昔每遇橫逆之加。時或瞋目攘臂。慷慨思一雪。而虛憍之氣。不旋踵而濡。近則惟相安於犯而不校。事事退嬰屈讓。以待剝牀之及膚。而數十年來恃均勢之局以苟延殘喘者。今也機括一弛。形勢迥異疇曩。歐洲戰爭中或戰爭後。吾國必將有大變。而所以應之之方。則朝野上下。瞯然不知所爲計。以言夫內之不足自存也。則旣若彼。以言夫外之不能與立也。則又若此。坐是之故。全國人之心理。幾以中國必亡爲前提。其大多數蚩蚩之氓。旣懵然莫識禍難之所由來。與其所終極。惟宛轉愁歎於生計之艱難。弱者隨自然淘汰之勢轉死溝壑。悍者黠者攘奪騙竊。愍不畏死以儌目前。斯固無論矣。而號稱士大夫爲全國全社會之中堅者。徒以懷抱中國必亡之心理。故而種種促之使亡之事實。乃因緣而發生。其血氣用事者。以爲等是亡也。毋寧亡於吾手。如昔人所謂時日曷喪。予及汝偕亡。於是日謀搆亂煽禍。以破壞秩序。詰之曰。以若所爲。足救國乎。則應曰。吾知其不能也。吾快吾意而已。此亡國心理之一種也。此猶有血性而偏詖焉者。其巨猾大憝。默窺夫國中一部分人之具此心理也。則思利用之以充其箇人谿壑之慾。甚者不惜爲張邦昌爲吳三桂。引吾敵以覆吾宗。此亡國心理之又一種也。此其狠戾而黠焉者也。亦有善柔而黠焉者。以爲國亡旣在旦夕。吾乘其須臾未亡之頃。而急起直追有所攫取焉。以爲他日飽則颺去之計。但其操術不如彼巨猾大憝之拙劣也。惟順時以趨利。故其所處之地常甚安。而其所穫之實常甚豐。國一日未亡。則安富尊榮。足以驕人。及其旣亡。則在他人統治權之下。作一富家翁以長子孫耳。其旣得有此種地位者。則求保之使勿失墜。其未得此。則百計求所以得之。此亡國心理之又一種也。亦有志行純潔之士。平昔固嘗有所懷抱。皦然思自效於世。幾經挫折。乃廢然而返。以謂將傾之廈。非一木可支。吾何爲自苦。其根器淺薄者。寖假酬醴啜醨。以同化於巧宦之所爲。卽其深知自愛者。亦援周之可受免死而已之義。求薄祿以自晦。而神氣沮喪。不復思爲國家更有所盡。此亡國心理之又一種也。其最謹飭者。則守持一職。奉行長上之意。不求有功。但求無過。此本平世最馴善之公民所宜爾。不容相非也。然問其每日硁硁孳孳所奉行者。將有何結果。則應曰明知其無結果。或且生惡結果也。然吾何與者。吾爲機械而已。此其所以自處者。雖未可深責。然率其暮氣以傳播充牣於社會。謂非亡國心理之一種焉不可也。更有持詭激之論者。以謂中國人終已不復有統治此國之能力。毋寧聽其速亡。以待能統治者統治焉。則人民其或猶有出水火登衽席之一日。吾且求在大同主義之下爲一幸民。無爲局促於褊狹國家主義之下以自苦。此種幻想。雖聰明絕世人猶不免時時縈漾於腦海中。雖不肯昌言。然不知不識間已漸沁入社會心理而滋其根荄。吾誠不敢謂此輩爲懷挾惡意。然謂非亡國心理之一種焉不可也。以上所舉六種心理。雖未敢謂能舉全國之物情而描寫之。而上流士大夫所言思擬議及其所由之徑。能外是者蓋亦罕矣。爲塗雖殊。然其豫備亡國。且以自力促其亡則一也。夫人雖至愚。亦何至凡百不豫備而好爲亡國之豫備。人雖至不肖。亦何至發憤以自力促其國之亡。而全國心理乃幾盡趨於是者。此無他故。彼其二十年來經歷內界之挫躓。外界之刺激。而中國必亡之想像。乃愈演而愈深。馴至盤踞人人心中而不能自拔。譬諸狴犴之囚。已聞法廷宣告死刑。病瘵之夫。已知醫者颺言不治。雖尚視息人世。直需時耳。於此而語之以治身心立事功。寧非譫囈。若此者吾無以名之。名之曰亡國之自覺心。夫至全國中堅之士大夫而皆自覺亡國。國其更安幸。其更有他種致亡之原因與否不可知。而卽此自覺必亡之一念。乃眞不蹙之於卒亡焉而不止矣。

是故吾儕今日且勿空爲喋喋閒言語也。所當下要求答覆者。卽爲中國亡與不亡之一大問題。如其亡也。則一棺附身萬事都已。吾儕舍蹈東海外亦更有何事。如其不然。則以現在宛轉牀蓐之身。誠不可不討求病源。精擇醫藥。愼重攝生。以期起此沉疴。免自蹈於求生不能求死不得之境。今欲答此疑問。宜先略敷陳亡國之定義。然後中國之可亡不可亡。與夫人之能亡我與不能亡我。乃可得而究詰也。國與朝代異。此稍治國家學者所能知。是故秦漢嘗亡矣。魏晉隋唐嘗亡矣。宋元明淸皆嘗亡矣。而中國迄未嘗一息亡。彼持極端褊狹民族主義者流。謂元淸統治時代中國嘗亡。此未解國家爲何物者也。卽如其說。謂元嘗亡中國。然亡焉不及百年也。謂淸嘗亡中國。然亡焉不及三百年也。國家壽命甚長。歷史上之百年三百年。由後此觀之。若駒過隙耳。故微論此等形式不能名爲亡國也。卽强名焉。然以不百年不三百年卽光復舊物。就史家眼光論之。猶謂之不亡也。夫東西古今已亡之國不知凡幾矣。而中國歷數千年未嘗一息亡。旣屬歷史上鐵案如山之一事實。此其中必有不亡之原因焉。我國民所最宜深省而自覺也。國之成立。恃有國性。國性消失。則爲自亡。剝奪人國之國性。則爲亡人國。國之亡也。舍此二者無他途矣。國性之爲物。耳不可得而聞。目不可得而見。其具象之約略可指者。則語言文字思想宗敎習俗。以次衍爲禮文法律。有以溝通全國人之德慧術智。使之相喻而相發。有以綱維全國人之情感愛欲。使之相親而相扶。此其爲物也。極不易成。及其旣成。則亦不易滅。豈惟不易滅。以物理學上質力不滅之眞理律之。蓋有終不得而滅者矣。是故東西古今已亡之國。或其本無國性不能稱爲國者也。或其國性尚未成熟。而猝遇强敵中道夭於非命者也。或有國性而自摧毀之者也。其國性已成熟不自摧毀。而卒見亡者。地球有史以來。僅得一國。則上古時羅馬所滅之加爾達額而已。（古代最有名之英雄哈尼巴所生國）問其何以能亡之。則戰勝後悉屠戮其民男女老幼一切皆盡毋使孑遺也。自茲以外。能亡人已成之國者。吾未之前聞。是故國如印度者可亡也。印度一大廣原中自古未嘗成爲一統一之國。至今其言語文字猶八十餘種。其部落酋長亦數十。中間天方人蒙古人征服而帝其地。皆長部落而徵貢獻已耳。今之英人亦猶是也。此本無國性而取亡之顯例也。國如羅馬者可亡也。羅馬本有最粹美之國性。及其全盛之既極。略地徧全歐。散布其國人以統御之。而被治者之民數。其衆多遠過於治者。既不能使被治者同化於己。其治下各族之國性。已潛滋暗長。所散布少數之治者。反爲所同化。而固有之國性。以次澌滅。故寖假裂爲東西兩帝國。寖假而兩國中復生無數小國以底於亡。此自摧毀國性以取亡之顯例也。蒙古亦然。滿洲亦然。皆同化於所征服者以取亡。然蒙滿國性皆未成熟。故一亡而無復憖遺。羅馬雖亡。而千年後其國性復鍾於今日之意大利。猶不失爲世界一强國。益以證質力不滅之公例爲不誣也。國如安南朝鮮者可亡也。彼其千餘年來僅爲我附庸之邦。羈縻之屬。無完全獨立之語言文字禮教習俗。既不能與我同體。欲孵化爲一別體而未成。而猝遭橫逆攫噬。亡其宜也。然卽此孵化未完之國性。剝奪之已非易易。今法人日人猶旰食也。使彼中能有人焉涵養其國性而發榮滋長之。則他日蓋未可知。雖然。以本未成國之民而棲息於他族統治之下。其歷史又不足以資觀感。其語言文字又不獨立以闡發名理瀹長術智。欲求死灰之復燃。難矣。故此諸國者。欲爲一國以立於世界。殆爲至難之事。此國性未成熟而取亡之顯例也。今世現存諸國中。則土耳其奧大利其最可亡者也。土耳其疇昔之崛興。其情節有大類於前代之羅馬與蒙古者。故其覆亡之轍則亦如之。今歐洲舍君士但丁周遭數百里外。土之版圖盡矣。其裂爲巴爾幹六七國者。國性分裂使然也。然土耳其故自有其頑强之國性。不易磨滅。欲歐洲無復土耳其領土固屬易易。欲世界上無復土耳其國名。恐非百年以內之事也。奧大利襄西羅馬帝國之遺蛻。故其漸次解體之跡。亦循其軌。近百年間。日蹙者已幾度。至今其國中種族尚十數。其君相苦心慘憺。思所以使之互相同化。智盡能索。而績用弗成。至今終不能摶控之以成爲渾一體之國。性卒搆釁於其境內。以召今日之大亂。亂定之後。無論勝敗何若。而奧之爲奧。必有以異於今日。此盡人所同見矣。此亦國性未成熟而易以取亡之一例也。若夫爲深厚之國性。而其國民對於此國性能生自覺心者。固無人焉得而亡之。彼希臘之亡二千年矣。而今世界上儼然有希臘國。則二千年之希臘。亡而未亡也。羅馬之亡千年矣。而今世界上儼然有羅馬國。則千年之羅馬。亡而未亡也。匈牙利亦嘗亡數百年矣。今之匈牙利王國。雖與奧合體。然匈之爲匈自若也。乃至如塞爾維亞如布加利牙如羅馬尼亞。淺學者或疑爲近數十年新造湧現之國。不知其皆爲中世之雄國。亡數百年而未嘗亡也者。今茲歐洲戰亂。可謂空前絕後。問茲役之結果。各國有亡焉者乎。吾敢毅然應曰必無也。除比利時壤地太褊小。而在人肘腋。其存亡不敢斷言外。自餘則豈惟現存之國。吾敢斷其不亡。而已亡之國若波蘭若埃及若猶太。或自茲復活。蓋未可知也。吾之所以博徵諸例。臚列國名者。非好爲連犿汎濫之辭以熒聽也。凡以證明國之不易亡。庶幾吾國民外覽而內省焉。毋自餒而自棄。嗚呼。吾國民乎。以吾儕祖宗所留貽根器之深厚。吾儕所憑藉基業之雄偉。吾儕誠不自亡。誰得而亡我者。不寧惟是。吾儕雖併力以圖自亡。此國吾猶信其不能以驟致。蓋我祖宗所留貽我之國性。成之固難。毀之亦不易。數千年神功聖德所積累。吾儕不肖。雖以畢生數十年之力斲喪之。餘蔭猶未盡也。所最可憐者。吾儕若造此惡業。爲因果律所支配。勢必蒙相當之慘罰。而無可逃避。吾儕一生所遭之顛連困苦。舉凡吾祖宗吾子孫所不經受者。將悉集焉。尤可懼可痛者。萬一吾儕謬種傳諸吾子孫。子孫世濟吾惡。而累斲喪之。則吾國其遂有卒亡之一日。即幸而不爾。而吾儕今日一日所造之孽。吾儕子孫將來以十年之力幹吾蠱。猶懼不蕆。此則吾儕所爲上疚千古下疚千古焉耳。夫吾儕雖日日發憤亡國。而國之不能遽亡也猶且若是。況於吾儕苟有絲毫不甘自亡之心。人誰得而亡我者。吾之爲此言。非如文人結習。掉弄虛機以自矜飾也。又非欲鼓動吾國民虛憍之氣。以妄相夸也。抑尤非作亡後救亡之計。如前所舉希臘羅馬塞爾維亞匈牙利云云。期諸百年千年以後之光復。而謬云不亡以自解嘲也。吾就主觀方面。吾敢斷言吾國之永遠不亡。吾就客觀方面。吾敢斷言吾國之現在不亡。請言其理。

今世列强。非必其力之不能亡我也。然亡我殊非彼等之公利。或反爲彼等之公患。蓋統治新領土之困難與經營之勞費。彼等皆積有經驗。故雖其極易取得者。而遂取之與否。猶待商榷。夫異民族之不易統治。自昔有然。於今爲烈。德之取奧斯洛林。奧之取坡士尼亞赫斯戈維納。卒爲今茲大戰亂之階。此其最章明較著者也。然猶得曰在歐洲境內者。英之取埃及。取蘇丹。取玻亞。法之取安南。取阿比西尼亞。美之取菲律賓。日之取臺灣。其於將取得之先與既取得之後。其所費兵力何如者。取得而經營之。其所費財力何如者。夫今在大戰亂中。固無論也。卽在前此。凡力能謀我之各國。莫不各有其新屬地。方始經營而未收豐穫。故未能遽出全力以加諸我。此中國現在不亡之原因一也。今世國競之機。恆以生計爲主動。列强所以眈眈垂涎於我者。其最大之願望。乃在利用此廣漠沃衍之野。以爲其資本及製造品之尾閭。而欲求得生計上之特權。則惟在我國主權之下。取攜最便。使我國土地之全部分或一部分忽然易主。無論主之者爲何國。而皆爲第三國之大不利。故毋寧保持其現狀。以各遂其漸次朘削咕嘬之欲。此中國現在不亡之原因二也。且人之亡我者。爲數國協力以亡我國耶。爲一國獨力以亡我耶。如曰數國協力。則所謂瓜分者是也。瓜分之萬不能見諸實事。在十年前已成定讞。其已畫有廣大之勢力範圍者則不必爾爾其未有焉或雖有而尙狹焉者則不願爾爾瓜分論一倡則列强相互間緣紛爭所釀之慘禍將不可紀極此稍有常識者所能見及也今戰爭方酣其更無餘暇以議吾後蓋不俟論卽戰事大定後亦且將十餘年瘡痍未復其又誰敢輕動天下之大器以再釀滔天之禍此中國現在不亡之原因三也今國人所最憂者歐洲列强方爲鷸蚌而有漁人焉睨乎吾旁戰事倘更遷延或將有以一國獨力亡我者夫憂之誠是也然按諸實際能耶否耶彼其悍然出無名之師以加諸我耶昔人不云乎天下健者豈惟董公今之交戰國或釋戈握手共抗圉之亦意中事耳藉曰不然既蹙我全國民使皆有死之心無生之氣卽化全國爲最後之巷戰則其代價之重恐亦非所克任彼謀國者寧若斯之愚哉夫國際法之不可深恃吾儕知之固諗然既與他國並立於大地無論若何强暴終不容不有所長慮而卻顧雖以今次戰役各交戰國俱出於萬死不顧一生之計然其宣戰之口實各國猶必斷斷申辯務自處於師直爲壯之地則無名之師雖極悍鷙者決不敢輕舉斯甚明也然則苟有一國焉欲以獨力亡我者其道何由以吾計之不外二策其一則餌誘我與之結特種協約而攫取統治權一部分之作用入於其手其二則希冀我國各地方叛亂割據全國糜爛藉作驅除難而次第削平之二者有一於此然後謀我者始能得志夫此則我先自亡然後人因而亡之耳顧吾信我賢明之政府決無吳三桂李完用其人者我忠良之國民決無蕭寶寅張邦昌其人者如有人焉稍萌此念天下固已共棄之其所蘊毒螫終不能成爲事實吾內之既無可抵之隙則無論謀我者之若何險鷙而終不得逞此中國現在不亡之原因四也夫狡焉思啓封疆以滅社稷者何國蔑有吾儕不敢以敵之不我卽而自暇自逸雖然當知今世國家之性質與前古異今之國家務摶捖其民使成一體然後國礎乃固所謂「單一民族組織單一國家」之主義方成

爲信仰之中堅。善謀國者。雅不願漫然强與己不同國性之民。使隸己國版籍。非徒畏統治之難。且慮己國性緣此而生意外之破綻也。其既毅然略一地而撫其民也。則必汲汲焉謀所以使之同化於己。如果蠃之負螟蛉。且夕禱之曰似我似我。此其爲功之辛勤云胡可量。彼日本之治臺灣。蓋操是道矣。遵其所計畫。能使現在十歲以下之兒童。皆逼肖日本之兒童。五十年以後之臺灣人。純然成爲日本人之一部。夫以臺灣人文化之淺。操是道以治化之。程功自固可期。然且需百數十年乃克竟其業。若以施諸朝鮮。其艱瘁抑既數倍矣。若欲以施諸中國。則爲事殆絕對的不可能。夫中國國民。非輕易能同化於人之國民也。而其同化他人之力甚强。若以文化本出自我之國。恃一時之武力以征服我。乃欲自爲果蠃。而以我爲螟蛉。結果將適得其反。匈奴鮮卑氐羌契丹女眞蒙古滿洲。皆其前車矣。彼謀我者稍檢史蹟。其能不戒懼。若欲奴畜我而卵壓我耶。我之國情。非如印度之數十部落各離立而不相通感者。吾摶捖四萬萬人爲一渾合有機體之日久矣。就令一時蒙他力之壓制。而機能之自然發育。勢固不能以遏絕。社會秩序稍恢復之後。個性本能自日益發揮。而機體之本能隨之。今日之印度。猶能使英人旰食。況乃中國。人之謀國者。何遽見不及此。其悍然欲以亡我爲職志者。蓋一部分輕佻庸淺者流之迷見。而有遠識者殆不如是也。藉曰彼其處心積慮非亡我焉而不止。然爲事亦不能以太驟。世人共謂土耳其之瀕亡也久矣。而至今未亡。就中版圖喪失逾半者。境內自分裂而已。非他强國攫而取之也。我國蒙古西藏之漸次分裂與土耳其所屬分爲塞布門羅等國略相類誠最可痛心之事然我與土大不同者土之菁華全在巴爾幹巴爾幹諸國分裂土殆不復成國我國菁華全在二十二行省蒙藏雖分裂尚非國家元氣之致命傷也波斯阿拉伯乃至摩洛哥。皆久瀕於亡矣。而至今猶未亡也。即如朝鮮。今固亡無噍類矣。然猶經甲午之役日俄之役宛轉二十餘年然後亡也。凡此皆足以證明一國之亡。實不易易。而當其亡其亡之際。實饒有拯救之餘地。今之中國。

二十年前之朝鮮。三十年前之土耳其也。而環顧前一二百年間英俄德法奧意諸國。亦曷嘗不幾閱險艱。如我今日者。吾儕何必爲彼現時富貴氣象所懾。試觀其時之歷史。吾可以自壯耳。要之。我國最近之將來。能保無擾亂乎。吾不敢言。能保領土無一部分喪失乎。吾不敢言。甚至能保行政權無一部分受掣肘乎。吾不敢言。獨其不至於亡。則吾敢言之。然但使能不至於亡。則吾國民所以自處而善其後者。既綽綽然有餘裕。我國民誠有此種明瞭堅强之自覺心。則所以報國者。其必有道矣。

問者曰。吾子不云乎。我國民積年所希望所夢想。今殆已一空而無復餘。夫我國民前此固共信國之可救也。奔走謀救之者亦既有年。仁人志士既竭心力繼之以血者。且不知幾何姓矣。而結果竟若此。自今以往。即共持吾子所謂明瞭堅强之自覺心者。而報國亦有何道。應之曰。不然。我國民前此之失望。政治上之失望也。政治不過國民事業之一部分。謂政治一時失望。而國民遂無復他種事業。此大惑也。且政治者。社會之產物也。社會凡百現象皆凝滯窳敗。而獨欲求政治之充實而有光輝。此又大惑也。夫今日之政治。與吾儕之理想的政治甚相遠。此何必諱言者。雖然。平心論之。在此等社會之上。其或者此種政治尚較適切。易以吾儕所懷想者。其敝或且更甚於今日。蓋誰與行之。而誰與受之者。吾以爲中國今日膏肓之疾。乃在舉全國聰明才智之士。悉輳集於政治之一途。夫一國政治。筦其樞者恆不過一二人。而政治之爲物。其本質原無絕對之美。其美惡之效。又非可決於旦夕。國民既有所倚任之人。則宜盡其長以觀其後。國中有多數野心之政治家。其易地能改良政象與否。殊未可知。而政局已日在飄搖不安之境。則政治之易使人失望者。此其一矣。一國中執行政務之人所需亦不過此數。今乃舉全國無量數不知誰何之人。而皆欲託於政治以自養。官吏之供給過於其所需要數十百倍。人人皆患得之患失之所以奔競傾軋者無所不用其極。政象安得不混濁。則政治之易使人失望者。此其二矣。從政人才。既未嘗養之於豫。今日欲舉一事。則於多數競爭者之中探籌取若干人以任之。明日欲舉一事。又於多數競爭者之中探籌取若干人以任之。其能任耶不能任耶任焉者不敢確信。受任焉者亦不敢確信。更探籌而易若干人。其不敢信也如故。傳不云乎。未能操刀而使割。其傷實多。如此雖有良法美意。安由設施。則政治之易使人失望者。此其三矣。而以舉國聰明才智之士。悉輳集於政治。故社會事業。一方面虛無人焉。既未嘗從社會方面培養適於今世政務之人才。則政治雖歷十年百年。終無根本改良之望。其間接惡影響之及於政治一部分者。既若彼矣。而政治以外之凡百國民事業。悉頹廢摧壞而無復根株之可資長養。故政治一有闕失。而社會更無力支拄。以待繼起者之補救。其直接惡影響所及。則國家存亡所攸判也。夫我國民曷爲積年所希望所懷想遽一空而無復餘。則以其所希望所懷想者。專屬於無根蒂無意味之政治生涯。則其對於自身前途之失望。固宜什人而八九。而對於國家前途之失望。則亦隨之。此所以舉國沈沈。悉含鬼氣也。嗚呼。我國民乎。當知吾儕所棲託之社會。孕乎其間者。不知幾許大事業。橫乎其前者。不知幾許大希望。及中國一息未亡之頃。其容我回旋之地。不知凡幾。吾儕但毋偷毋倦毋躁毋騖。隨處皆可以安身立命。而國家已利賴之。本報同人不敏。竊願盡其力所能逮。日有所貢獻。以贊助我國民從事箇人事業社會事業者於萬一。此則本報發行之職志也。

論中國財政學不發達之原因及古代財政學說之一斑

僕將赴美無以應大中華閱者諸君之求良用歉然爰取舊作若干篇付大中華社刊之民國四年十二月二日

財政學所以發達極遲之故

生計學與財政學。其影響於社會全體之利害者。至重至切。則斯學之昌明。在理宜極早。然按諸事實。乃不爾爾。無論中外諸國。在上古中古以此爲學業者甚希。直至最近百餘年間。始得列於學官。而我國則至今尙無一人焉能以此名家者。此其故何也。蓋古代學者侈談道義而恥言功利。故凡屬以貨財爲主體之學問。不喜治之。東西諸哲咸有同情。斯學所不昌。其原因一也。古代歷史爭亂相續。人民罕得安堵以從事生業。而國家不時之需。無藝之求。層起疊出。其間無復秩序規則足資披討。斯學所以不昌。其原因二也。民業簡單。專務農本。其他末業不足爲輕重於社會。故國家之取諸民者。亦專注此一途。無甚奧衍繁賾之學理以相引於彌長。斯學所以不昌。其原因三也。幣制未確立。社會未能盡脫實物交易之舊俗。故國家之收入支出。亦常以實物。而實物價格變動不居。國家財政無從得正確之會計。緣此而所研究之對象無所附麗。斯學所以不昌。其原因四也。國家之觀念未能確定。或國權太薄弱。欲直接以强徵於民。而力有所不逮。（如我國古代天子之財不能直徵郡伯惟仰各侯貢獻而已）或太重視國權。雖悉民之所有而取之。亦視爲固然。（如希臘羅馬人民頗具此思想）兩者相反。而其不軌於正則同。在此等國家之下。財政實無研究之價値。斯學之所以不昌。其原因五也。交通之利未開。故國家之職務不繁。其範圍之變遷不至甚劇。其所以維持政費之均衡者。爲道至簡。而民間諸業離立。彼此相互之關係甚薄。財政雖稍有失宜。不至牽一髮而全身皆動。坐此兩者。財政上之大問題無自發生。斯學之所以不昌。其原因六也。審茲六因。則財政學所以後起晚出。亦奚足怪。

中國古代之財政學說

我國凡百學術。其遵科學的規律以從事研究者。皆不少概見。我國除周秦諸子外惟六朝唐人之治佛學頗有科學的規律次則漢儒所言天人相與之學宋儒所言心性之學略有此意然未完全其他則皆非科學的也然此種研究法即在泰西亦不過近二三百年乃始盛行未足以此爲我先民病也而財政學更無論矣。雖然。其學說之散見於故書雅記。固大有足供擘索之資者。先秦學界。儒墨道法四家中分天下。道家純主放任。舉國家之職務而悉弛之。故視財政爲社會之蠹。其立說太失之偏畸。固無俟論。墨家既知國家奉戴正長之不可以已。墨子尚同篇而忘却正長奉行職務。必須隨之以經費。因遂以節用爲理財之不二法門。墨子節用篇許行之徒。近於墨學者也。則指國家之有倉廩府庫。爲厲民以自養。是由不明國家之性質。而誤以君主之財用與國家之財用。併爲一談者也。儒家則有進於是。孟子闡明分業之理。謂國以奉行職務之故。而取諸民以充經費。實合於正義。滕文公章云勞心者治人勞力者治於人治於人者食人治人者食於人天下之通義也而所取者以能支應國家職務所需爲期。固不可太多。亦不可太少。告子章云欲輕於堯舜之道者大貉小貉也欲重於堯舜之道者大桀小桀也荀子之所以難墨家言者。其陳義亦同一。富國篇云夫不足非天下之公患也特墨子之私憂過計也（中略）墨子大有天下小有一國將少人徒省官職上功勞苦與百姓均事業齊功勞若是則不威不威則賞罰不行（中略）天下敖然若燒若焦墨子雖爲之衣褐索索啜菽飲水惡能足之乎此儒家關於經費論之學說。可謂能深探其本矣。其關於收入論之學說。則在使財政與國民生計相劑。孔子曰百姓不足君孰與足孟子曰有恆產者有恆心無恆產者無恆心又曰有取諸民有制而所負擔者常期於均平。有若曰不患寡而患不均然則一方面既務充國家職務所需。一方面復務勿妨國民生計。而負擔惟均。其道何由。儒家所主張者爲單稅論。孟子曰有布縷之征粟米之征力役之征君子用其一去其二此即最古之單稅論也單稅者謂專抽一項稅其他皆不抽也而其所采之單稅。則土地稅也。舉一國之土地。悉歸國有。國家以之分配於能耕之民。而稅其所穫什之一。即井田之制是也。井田之法，殆淵源於遠古，而講明其條理期於盡善者，實始儒家。今世歐美所謂社會主義者，持論頗類是。而我國則二千年前發明之。蓋孔孟荀諸哲，以是爲政治上社會上可大可久之業，非徒財政而已。故曰什一行而頌聲作也。（昭十四年公羊傳）法家之國家觀念，視儒家爲更瞭，而其所主干涉之程度更加，則其經費所需自不得不更重，而彼又頗持國家萬能主義，以謂雖多取於民而勿得以爲厲。其極也則不顧國民生計之負擔力何如，而惟務取盈。此所以見詆於儒家也。惟管子頗與餘子異。其言曰：倉廩實而知禮節，衣食足而知榮辱。其輕重諸篇，雖以論國家財政爲主，而於國民生計三致意焉。於我國古籍中求其累數萬言專語財政者，惟管子輕重足以當之。此實全世界財政學最古之著述，又非我國而已。當代財政學鉅子德儒華格尼爾嘗謂租稅爲社會政策之一手段，而我國古代學說，乃與之闇合。儒家之井田是也，法家之輕重亦是也。皆於經畫國用之中寓裁抑兼并之意，非深慮遠識，未易能企也。其所最奇者，則儒家主張單稅論，法家亦主張單稅論。（管子國蓄篇云：以室廡籍謂之毀成，以六畜籍謂之止生，以田畝籍謂之禁耕，以正人籍謂之離情，以正戶籍謂之養贏。按籍者租稅也。此言宅稅田稅財產稅（古者言富數畜以對）丁稅戶稅皆不可用也。）蓋每徵一稅，則凡國民生計與該稅相緣者，皆生影響焉。管子見之最瞭矣。然則其所采之單稅維何？則消費稅是已。（海王篇桓公曰：然則吾安籍而可？管子曰：惟官山府海爲可耳。國蓄篇云：先王不求於萬民而籍於號令。）管子之法，以鹽鐵歸國家專賣，而盡蠲一切租稅，專恃此爲供給政費之一大財源。其有不足，復時時由政府藉貨幣操縱之力，以權衡百貨。質言之，則政府自營商業也。近世社會主義派所倡之大政策有二：一曰政府自爲地主，二曰政府自爲大企業家，而財政即於是取給焉。其第一法則儒家所倡者是也；其第二法則法家所倡者是也。其可以實行而無弊否，姑勿具論，抑亦足徵我先民體國經野之規模遠矣。

秦漢以後之財政學說

自秦漢以後。斯學中絕。惟鹽鐵論一書。十餘萬言。其爭辯財政政策之得失甚悉。漢桓寬撰記昭帝始元六年丞相御史與所舉賢良文學爭辯之語也其所謂御史者即當時御史大夫桑弘羊也蓋一方代表儒家學說。賢良文學一方代表法家學說。丞相御史雖僅出祖述無所新發明。顧不可謂非學界一偉觀也。自玆以往愈式微。三國六朝等諸自鄶。直至有唐中葉楊炎創行兩稅法。廢人頭稅而用財產稅。不徵實物而徵錢幣。實爲中國稅法一大革命。同時劉晏之治消費稅。亦多所更革。然其學說皆無甚表見。後此陸贄曾八上書陳兩稅之弊。然皆摭拾小節。不足以成學理。也宋代王安石廢力役之徵。而以租稅之形式代之名曰免役錢。亦中國財政史上一大事也。其時盈廷反對論蠭起。而曾布作書條辯之。其中或多學理之言。惜今佚不得復見也。自餘歷代章奏及私家著述。其片辭單義。關於財政者雖不少。要不足以成爲學說。雖謂我國財政學說自秦後而中絕可也。其所以中絕之故。雖不敢具爲武斷。大率不出於前所舉六因者近是也。

飲冰室文集之三十四

曾文正公嘉言鈔序

曾文正者。豈惟近代。蓋有史以來不一二覯之大人也已。豈惟我國。抑全世界不一二覯之大人也已。然而文正固非有超羣絕倫之天才。在並時諸賢傑中稱最鈍拙。其所遭值事會。亦終身在拂逆之中。然乃立德立功立言。三並不朽。所成就震古鑠今而莫與京者。其一生得力在立志自拔於流俗。而困而知。而勉而行。歷百千艱阻而不挫屈。不求近效。銖積寸累。受之以虛。將之以勤。植之以剛。貞之以恆。帥之以誠。勇猛精進。堅苦卓絕。如斯而已。如斯而已。孟子曰。人皆可以為堯舜。堯舜信否盡人皆可學焉而至。吾不敢言。若曾文正之盡人皆可學焉而至。吾所敢言也。何也。文正所受於天者。良無以異於人也。且人亦孰不欲向上。然生當學絕道喪人欲橫流之會。竊敗之習俗。以雷霆萬鈞之力。相罩相壓。非甚強毅者。固不足以抗圉之。荀卿亦有言。庸衆駑散。則劫之以師友。而嚴師畏友。又非可亟得之於末世。則夫滔滔者之日趨於下。更奚足怪。其一二有志之士。其亦惟乞靈典冊。得片言單義而持守之。以自鞭策。自夾輔。自營養。猶或可以杜防墮落而漸進於高明。古人所以得一善則拳拳服膺而日三復。而終身誦焉也。抑先聖之所以扶世教正人心者。四書六經亦蓋備矣。然義豐詞約。往往非末學所驟能領會。且亦童而習焉。或以為陳言而忽不加省也。近古諸賢闡揚輔導之言。益汗牛充棟。然其義大率偏於收斂而貧於發揚。夫人生數十寒暑。受其羣之蔭以獲自存。則於其羣豈能不思所報。報之則必有事焉。非曰逃虛守靜而卽可以告無罪也明矣。於是乎不能不日與外境相接搆。且旣思以己之所信易天下。則行且終其身以轉戰於此濁世。若何而後能磨練其身心。以自立於不敗。若何而後能遇事物泛應曲當。無所撓枉。天下最大之學問。殆無以過此。非有所程式而養之於素。其孰能致者。曾文正之歿去今不過數十年。國中之習尙事勢。皆不甚相遠。而文正以樸拙之姿。起家寒素。飽經患難。丁人心陷溺之極運。終其生於挫折譏妬之林。惟恃一己之心力。不吐不茹。不靡不回。卒乃變擧世之風氣。而挽一時之浩劫。彼其所言。字字皆得之閱歷。而切於實際。故其親切有味。資吾儕當前之受用者。非唐宋以後儒先之言所能逮也。孟子曰。聞伯夷之風者。懦夫有立志。又曰。奮乎百世之上。百世之下。聞者莫不興起。況相去僅一世。遺澤未斬。模楷在望者耶。則玆編也。其眞全國人之布帛菽粟。而斯須不可去身者也。

上總統書（國體問題）

大總統鈞鑒。前奉溫諭。沖挹之懷。悱摯之愛。兩溢言表。私衷感激。不知所酬。卽欲竭其愚誠。有所仰贊。旣而復思。簡言之耶。不足以盡所懷。詳言之耶。則萬幾之躬。似不宜嘵瀆以勞淸聽。且啓超所欲言者。事等於憂天。而義存於補闕。誠恐不蒙亮察。或重咎尤。是用吮筆再三。欲陳輒止。會以省親南下。遠睽國門。瞻對之期。不能預計。緬懷平生知遇之感。重以方來世變之憂。公義私情。兩難恝默。故敢卒貢其狂愚。惟大總統垂察焉。國體問題已類騎虎。啓超良不欲更爲諫沮。益蹈愆嫌。惟靜觀大局。默察前途。愈思愈危。不寒而慄。友邦責言。黨人搆難。雖云樛葛猶可維防。所最痛憂者。我大總統四年來爲國盡瘁之本懷。將永無以自白於天下。天下之信仰。自此隳落。而國本卽自此動搖。傳不云乎。與國人交止於信。信立於上。民自孚之。一度背信。而他日更欲有以自結於民。其難猶登天也。明誓數四。口血未乾。一旦而所行盡反於其所言。後此將何以號令天下。民將曰。是以義始而以利終。率其趨利之心。何所不至。而吾儕更何所託命者。夫我大總統本無利天下之心。啓超或能信之。然何由以蠡喻諸遯聽之小民。大總統高拱深宮。所接見者惟左右近習。將順意旨之人。方且飾爲全國一致擁戴之言。相與徼功取寵。而豈知事實乃適相反。卽京朝士夫燕居偶語。涉及玆事。類皆出以嘲諧輕讟。而北京以外之報紙。其出辭乃至不可聽聞。山陬海澨。閭閻市廛之氓。則皆日皇皇焉若大亂之卽發於旦夕。夫使僅恃威力而可以祚國也。則秦始隋煬之胤。宜與天無極。若威力之外。猶須恃人心以相維繫者。則我大總統今日豈可不瞿然自省而毅然自持也哉。或謂旣張皇於事前。忽疑沮於中路。將資姍笑。徒損尊嚴。不知就近狀論之。則此數月間之營營擾擾。大總統原未與聞。況以實錄證之。則大總統敝屣萬乘之本懷。旣皦然屢矢於天日。今踐高潔之成言。謝非義之勸進。益章盛德。何嫌何疑。或又謂玆議之發。本自軍人。強拂其情。懼將解體。啓超竊以爲軍人服從元首之大義。久已共明。夫誰能以一己之虛榮。陷大總統於不義。但使我大總統開誠布公。導之軌物。義正詞嚴。誰敢方命。若今日以民國元首之望。而竟不能輟陳橋之謀。則將來雖以帝國元首之威。又豈必能弭漁陽之變。倒阿授柄。爲患且滋。我大總統素所訓練蓄養之軍人。豈其有此。昔人有言。凡舉事無爲親厚者所痛。而爲見讐者所快。今也水旱頻仍。殃災洊至。天心示警。亦已昭然。重以吏治未澄。盜賊未息。刑罰失中。稅斂繁重。祁寒暑雨。民怨沸騰。內則敵黨蓄力待時。外則強鄰狡焉思啓。我大總統何苦以千金之軀爲衆矢之鵠。舍磐石之安。就虎尾之危。灰葵藿之心。長萑苻之志。超啓誠願我大總統以一身開中國將來新英雄之紀元。不願我大總統以一身作中國過去舊奸雄之結局。願我大總統之榮譽。與中國以俱長。不願中國之歷數。隨我大總統而同斬。是用椎心泣血。進此最後之忠言。明知未必有當高深。然心所謂危。而不以聞。則其負大總統也滋甚。見知見罪。惟所命之。抑啓超猶有數言。欲效忠告於我大總統者。立國於今世。自有今世所以生存之道。逆世界潮流以自封。其究必歸於淘汰。願大總統稍捐復古之念。力爲作新之謀。法者上下所共信守。而復能相維於不敝者也。法令一失效力。則民無所措手足。而政府之威信亦隳。願大總統常以法自繩。毋導吏民以舞文之路。參政權與愛國心。關係至密切。國民不能容喙於政治。而欲其與國家同體休戚。其道無由。願大總統建設眞實之民意機關。涵養自由發抒之輿論。毋或矯誣遏抑。使民志不伸。翻成怨毒。中央地方。猶枝與幹。枝條盡從彫悴。本幹豈能獨榮。願大總統一面顧念中央威權。一面仍留地方發展之餘地。禮義廉恥。是謂四維。四維不張。國乃滅亡。使舉國盡由妾婦之道。威逼利誘。靡然趨炎。則國家將何以與立。願大總統提倡名節。獎厲廉隅。抑貪競之鄙夫。容骨鯁之善類。則國家元氣不盡銷磨。而緩急之際。猶或有恃矣。以上諸節。本屬常談。以大總統之明。豈猶見不及此。顧猶拳拳致詞者。在啓超芹曝之獻。未忍遏其微誠。在大總統藥石之投。應不厭於常御。伏惟采納。何幸如之。去闕日遠。趨覲無期。臨書惻愴。墨與淚俱。專請鈞安。尚祈慈鑒。

袁世凱之解剖

序

我國此次演變更國體之喜劇。吾料凡在場下觀劇者。無論爲本國人爲外國人。必皆有種種疑雲浮漾於腦際。

其一、變更國體何等大事。何以四年以來。國中輿論。未嘗有幾微痕跡表示其求變之意。而自籌安會發生後。僅一月間靡然從風。遽徧全國。其二、在共和國體之下。而忽謀改建帝政。按諸現行約法刑律及各種法令。其爲犯革命內亂之罪。毫無疑義。而楊口孫口口等數人。何以敢在京師公然召集徒黨。開會煽動。其三、北京固有警察有法庭。當此種犯罪團體初發生時。何以熟視無覩。不一過問。而同時有維持共和之團體發生。乃反被解散。袁氏居民國大總統之職。綜攬行政司法大權。何以坐視此輩煽動革命。曾不設法禁止。且容罪犯日日出入於其府中。其四、何以此議發起後。不及一月。而各省變更國體之請願書。已麕集於北京之參政院。就中如新疆、青海、蒙古、甘肅、雲南、貴州、西藏、諸地。距北京程途或四五月或一二月。而請願書及請願人。何以遽能飛越雲集。其五、參政院收到此項請願書後。即議定取決於國民投票。用複選舉法舉國民代表。我國選舉。政府素認爲極煩難。以故約法上所規定之民選立法院一機關。遷延數年不肯召集。何以此次僅費三四十日。兩重選舉。妥速完竣。行所無事。而全國中曾無一處因競爭選舉小釀紛擾。其六、昔法國拿破侖一世之爲帝。贊成者雖三百五十七萬二千三百二十九票。反對者仍二千五百六十九票。拿破侖三世之爲帝。贊成者七百八十三萬九千票。反對者二十五萬三千票。蓋政治上之意見。無論何國。無論何時。皆有兩黨。所謂絕對的全國一致。實情理上所必無也。何以此次所謂國民代表者。共一千九百九十三人。而贊成君主者恰爲一千九百九十三票。曾無有一票之反對。其七、各省國民代表投票後。何以皆同時以其總代表權委託於北京之參政院。曾無一省之參差。何以投票後皆以當日推舉皇帝。曾無一省之延緩。何以各省之推戴書中。皆有『國民代表等謹以國民公意恭戴今大總統袁世凱爲中華帝國皇帝。並以國家最上完全主權奉之於皇帝。承天建極傳之萬世。』之四十五字。而各省曾無一字之異同。其八、此項國民投票於去年十二月十一日在參政院開票。當未開票之先。無論何人。應不能知贊成反對之孰爲多票。何以當十月下旬。卽以設大典籌備處於總統府中。袁氏親派朱囗囗等主持其事。日日預備登極。其九、袁氏日日宣言決不爲帝。何以參政院初次推戴。略示辭讓。再度推戴。卽便順受。而此兩度推戴。一辭一受。僅以五小時內辦完。絕不忙迫。其十、五國警告之後。何以各省忽一致催促登極。周自齊使日被拒之後。何以忽焉宣告帝政延期。袁氏自言爲服從民意。故不敢自由辭帝。何以忽然又敢拂逆民意而自由延期。袁氏既宣告延期。何以前此各省之霹靂風火以相催迫者。今日遂噤不作響。此十大疑問者。吾儕觀劇人。無論何人。當不能不生迷惑。而稍有常識者。當皆能料其黑幕中必有種種鬼蜮。不可告人之隱。但未能確指其據耳。今也北京政府製造民意之密電五十九通。既已暴露。其中最重要之十五通。且已譯成歐文。吾請普天下有心人破數分鐘之晷刻。一賜精讀。當能知北京新華宮中藏幾許妖魔。演幾許罪惡。試抽繹電文。而以最簡單之語述其眞相。則最初由新皇帝父子二人。蓄意盜國。乃嗾使楊囗孫囗囗等六人辦一會。以爲嘗試。次則復嗾使段囗囗朱囗囗梁囗囗周囗囗等十餘人著著實行。實行方法。則先假借一部分人民之名義。以行請願。其請願書則北京政府爲之代辦。次則授意參政院。使議定用國民投票以變更國體。並制定選舉國民代表之法律。次則命令各省軍巡長官。由在省各機關人員中選定所謂國民代表者。及所謂各縣初選當選人者。而指揮支配之。或給以金錢。或脅以威力。使之各就範圍。次則命彼輩於投票後卽推戴皇帝。而推戴文中之四十五字。由北京政府代爲擬定。一字不許改。次則命彼輩以其總代表權委託於參政院。使參政院得再四推戴。而袁氏辭讓之文。與承諾之詔。皆先期擬定。一面則於未投票之先。卽預設大典籌備處預備登極。及五國警告後。則一面使內外各官稱臣稱奏以示決心。一面仍勒令所謂各省公民者紛電敦迫。冀以嚇脅外人。直至雲南軍興。特使被拒。乃始狼狽失據。欲卽眞則不敢。欲轉帆則不能。乃以成今日非皇帝非總統之滑稽局面。凡茲經過之事。證以此五十九通之密電。鐵案如山。雖合全球之律師。不能爲袁氏強辯一語。抑已甚明。而袁氏猶靦然號於衆曰法律解決。曰民意推戴。使我國法律猶能保絲毫之効力。試問袁氏及其黨徒此等謀叛行爲。應受何種刑罰之宣告。使我國民意而猶有絲毫自由發表之餘地。則袁氏及其徒黨豈復能一日立足於中國。試問袁氏心目中曾否視中國人民爲人類。彼蓋以爲一大機器。各省長官各參政爲其輪。彼所指定之國民代表爲其軸。袁氏與其黨徒則司轉捩。而四萬萬人則絞入於機器中以成虀粉也。又如演傀儡戲。袁氏自牽總線。各參政、各省長官、乃至所謂國民代表者、相次隨之以動。若悉供製造傀儡之原料也。又如施催眠術者。強制受術人使自滅其意識。而以彼之意識爲意識。使之作種種罪惡。而施術者自逃責任。嗚呼。吾請普天下關心世道之君子一裁判之。人類之所以異於禽獸者。豈非恃良心之自由耶。自袁氏柄國以來。我國民身體上之自由。財產上之自由。既已蹂躪殆盡。吾民於萬無可忍之中。猶含辛茹苦以忍之。袁氏謂吾民之易與也。至今日乃更悍然命於衆曰。汝四萬萬人不許自有其良心。若其有之。斯爲叛逆。嗚呼。全世界人類。我國人居四之一焉。今強逼我國人使盡滅其良心。以自淪於禽獸。其禍豈惟中於我國。抑亦全世界人類社會不可恢復之損耗也。抑更有數義。宜請我友邦人士諦觀熟思者。其一、當知我國國體之宜於共和。抑宜於帝政。自是別問題。然若如袁氏之弄此等陰謀以求爲帝。實乃全國人所厭棄。若使眞正民意能自由表示。則百人中必有九十九人反對袁帝。吾敢斷言。其二、當知此種反對潮流。既已瀰漫全國。國中有智識有能力有道德之人士。既已聯爲一氣。百折不回。彼輩爲爭回良心之自由起見。爲擁護人類之價值起見。決非暴力所能鎮壓。就令鎮壓一時。而勢力終古不滅。非俟戰勝妖魔後。亂象終無由甯息。此非我國民負意氣以與袁氏爲難。實則在今日二十世紀之世界。欲舉全國人爲一無意識之機器。聽一人任意播弄。此爲事勢所必不能許也。其三、當知袁氏本自有相當之勢力。苟能善用之。誠足以致中國於治強。然彼四年來之行爲。不啻自取其原有之勢力日日斲喪之。經此次陰謀之後。益復銳減。非久將滅至零度。今日之袁氏、擁其將盡之游魂。利用傳來之惰力。斷不能維持中國之和平。惟益陷中國於擾亂。其四、當知我國人經數年來苦痛之經驗。其自治能力已漸發展。他日脫離妖魔專制之後。必能以自力善治此國家。謂余不信。試觀雲南貴州兩省現狀何如。以此推之。將來全國秩序豈憂不保。凡此諸義。我友邦人士未深悉我內情者。或猶不免致疑。吾請其平心垂聽吾言。以俟將來事實之一一印證也。鄙人與袁氏共事數年。固嘗欲竭吾微力所能逮。以輔翼之。鄙人本爲袁之友黨。而非其敵黨。天下所同見也。吾願讀吾此文者。愼勿視爲袁氏敵黨之言。則以觀察中國之眞相。其庶不謬也。吾本有讀密電書後一篇。文垂萬言。今更撮其大意。補其未盡。以作斯序。若猶有惑。請讀彼文。

一　引論

吾有數語。普請讀吾此文者深爲留意。其一、當知吾非故爲抨擊袁氏以煽動革命。何以故。以吾生平最憚言破壞。深不願國中頻有革命之舉。吾歷年言論可以證明故。其二、當知吾非有私怨於袁氏而詆諆之以洩憤。何以故。以吾與袁氏近數年來私交尙稱親善。袁氏至今猶費苦心欲引我與彼共事。吾於袁氏歷年常盡友誼以相扶助相匡救直至一月以前。猶未改此度。故其三、當知吾並非懷挾黨派成見。如彼帶著色眼鏡者。漫然以不精確之觀察。橫發異論。苛責袁氏。何以故。以吾生平不好爲牽臆之言。偏至之論。且吾數年來政治上之立場。比較的實可稱爲袁氏之友黨。與袁氏絕無黨派上先天的惡感情故。且吾與袁氏共事數年。常平心以觀察其爲人。精細不怠。從未嘗敢專憑主觀。苛相責備故。其四、當知吾非緣反對帝制後與袁氏有隙。而始不滿於其人。何以故。以吾本以不信任袁氏故反對帝制。並非以彼稱帝故然後不信任袁氏。不容倒果爲因故。其五、當知吾本文所論袁氏。絕非吾一人之私言。何以故。吾嘗徧徵國中各黨派中有識者之意見。無不從同。下逮販夫走卒。雖口不能言。心亦同感。乃至袁氏數十年來共事之親友。其稍有血氣稍有常識者。莫不與我同一般憂。同一痛歎。吾此文所論。實可謂全國最大多數人之共同心理。特借吾筆以宣洩之。吾敢力信。吾敢以良心。敢以名譽作保證故。

今無論國內國外人。每語及中國。則無不聯想以及袁世凱。袁世凱確在中國有一種大勢力。確爲中國現時一大人物。雖極憎袁氏者。亦不能否認也。雖然袁氏固有勢力。然不能謂除袁氏外。舉國中遂更無勢力。須知無論何國。無論何時代。必當有種種勢力並峙互角於國中。此種種勢力者。只宜利導。不容壓制。愈遏制則愈以助長之。而各種勢力中。尤有絕對不可抗之一勢力焉。此勢力維何。卽國民因外界事變之激刺。而喚起內界心靈之反省。相摩相發。而成爲一種時代思潮。此時代思潮者。始焉刻入於少數優秀分子之腦中。漸次乃擴布於全社會而成爲一種潛勢力。爲政者若不能認識此潛勢力之價值。而蔑視之。甚則反抗之。則無論所挾他項勢力若何雄偉。而必終於失敗。袁氏以其三十年來之資歷。所積勢力。誠不可謂不厚。使其能善用之。以與他種勢力相調和駢進以謀國福。豈惟國家實利賴之。卽彼之勢力亦將永不墜。而日益擴大。彼惟不認識國中有他種勢力。且思怙其勢力以蹂躪最强固之潛勢力。以故其原有之勢力反緣此逐日銳減。吾信其非久將減至零度。然而袁氏至今不寤也。袁氏誠不失爲一大人物。然只能謂之中世史暗黑時代東方式之怪魔的人物。而決非在十九二十世紀中有價值的人物。彼善能製造混濁腐敗之空氣。而自游泳於此種空氣中。獨擅絕技。譬諸甕中醯雞。彼以最能吸取酵質以自榮養。故循適者生存優者獲勝之公例。傫然稱雄長於甕中。然空氣流轉。清新之機一動。則其勢決不能復圖存。袁氏人物之價值實乃類是。夫一國之人物。必其以國家利害爲本位者也。一社會之人物。必其以社會利害爲本位者也。而袁氏乃純以箇人利害爲本位。而不知國家社會爲何物。此其不足以列於人物之林者一也。古來大人物。其品行上雖不免各有缺點。而無不以眞面目與天下共見。無信鮮恥之豪傑。吾未之前聞。袁氏則以虛榮爲性命。以謊語作日用飮食。以爲國內國外人皆可運小術以舞弄之。而不知以術乘時者。卒還以術自敗。此其不足以列於人物之林者二也。要之今日之中國。一方面纏縛於歷史上傳來之惰力。一方面震盪於今世界湧到之新潮。就纏縛於惰力之中國言之。袁氏誠不失爲一人物。故袁氏確曾爲有勢力者。就震盪於新潮之中國言之。袁氏絕不能算爲一人物。故袁氏遂終變爲無勢力者。吾欲細評袁氏。而先揭其要點如右。吾信吾所觀察極精確。而持論極公平。雖千百年後之史家。無以易吾言也。

今外人之談中國事者。有兩種普通之感想焉。其一、曰在袁氏統治下之中國。其能進步與否。雖不敢知。然苟無袁氏。則中國現狀且不能維持。前途更何堪設想。其二、曰袁氏之爲人不能使人滿意固也。然國中能與袁氏代興者果何人。其人是否能優於袁氏。此兩種感想者。非惟外國人共有之。吾國人亦多有之。卽鄙人數年來亦以懷抱此種感想之故。乃不惜竭吾才力且犧牲一切。以謀輔翼袁氏。今以吾身所經歷。吾腦所研察。吾得以强硬直捷之言。答此兩疑問。答第一問曰。袁氏非惟不能使中國進步而已。而實絕對的不能維持中國之現狀。中國禍亂種子。全由袁氏所播。袁氏多統治一日。則禍亂之程度加深一日。答第二問曰。何人能與袁氏代興。吾不敢言。其人能否優於袁氏。吾不必言。但無論何人。必不至更劣於袁氏。則吾敢斷言。蓋國中任舉一極惡之人。其惡決不能有加於袁氏。故無論若何不適於統治中國。而其不適之程度。亦決不能有加於袁氏也。猶有疑吾言太過者乎。請讀此文終篇後。平心以自判斷之。

二　袁世凱是否可稱爲政治家

今之論當代人物者。往往以袁氏廁諸政治家之林。外人皮相。無怪其然。豈惟外人。即國內人稍曉懷政治者。其誰不以此屬望袁氏。苟非爾爾。則此數年來穩健派中之政客。何至羣集北京受彼愚弄者。須知吾國人以不堪前清秕政之故。乃發憤革命以建共和。共和既建。則舉其積年所懷改革政治之希望。掬誠以奉諸袁氏。袁氏以一身總政樞亦既四年。四年之歲月不可謂短。試問國中政治現象。曾否有一二成績可指。藉曰成績不能急就。則試問曾否有所進行。藉曰進行未免困難。則試問曾否有所規畫。豈不曰南北不統一爲之梗也。夫既統一矣。而何如者。豈不曰國會爲之梗也。國會夫既消滅矣。而何如者。豈不曰責任內閣爲之梗也。內閣夫既摧棄矣。而何如者。豈不曰臨時約法爲之梗也。約法夫既改正矣。而何如者。豈不曰總統任期爲之梗也。任期夫既終身矣。而何如者。吾國人於此四年中。亦既恕已易地而曲意相原。亦既竚苦停辛而忍性相待。已假之年。更除其害。夫孰不知數年來之政劇爲袁氏一人獨占舞台夫孰不知數年來之政潮惟袁氏一人恣所游泳而其政象之與天下以共見者乃竟若是我普請天下明眼人諦審諦觀此四年中我國政治爲惡爲良夫曰惡曰良猶有對待比較之可言也更以嚴格平心相衡此四年中我國爲有政治爲無政治政治者以國家生存發達之目的而表現於動作者也試問此數年來袁政府之動作有某一事爲目注於國家之生存有某一事爲目注於國家之發達彼其所執行者並非政治而良不良更於何有夫以始終未嘗執行政治之人而字之曰政治家繩以論理能勿啞然失笑是故袁氏之非政治家即此已可一言而決猶有疑吾言爲武斷者乎吾更請確舉袁氏識想性格之缺點以確定其絕無政治家資格之表證請天下明眼人視吾言有一字寃酷焉否也抑請袁氏自視吾言有一字寃酷焉否也

袁氏之第一大缺點則其頭腦與今世之國家觀念絕對不能相容也夫一國有一國之政治吾非謂中國之政治事事皆宜蹈襲歐美雖然凡爲政者必須認識時代之精神而謀與之相應蓋立於世界上者不止一國萬國共遵之軌而一國獨反之未有能自存者也袁氏在前清督撫中以能辦新政名外人亦咸翕然稱之然試問其在山東直隸所辦何政曾否有絲毫成績可稱道者留存於今日（大約留存者僅其所練之新兵耳然其兵之內容如何請讀次節自知）蓋彼當時實假舉辦新政之名得以向清廷索款向地方斂財以擴其私權而營其私利他何知者即其中有一二事稍具規模者大率由李文忠創之而彼踵其跡須知當義和團後清廷爲輿論所迫刻意求新而虛己以任袁氏天下之財賦又盡集於北洋供其揮灑使袁氏稍有國家思想而輔以相當之政治能力則以七八年之直隸總督其所建設宜何如今成績若彼而猶常以此自夸於人多見其顏厚也及就任總統之後則日日颺言於衆曰吾有

若干政策。可以立致國家於富強。無奈爲各方面所掣肘。不能行吾志。於是今日解散一黨派。明日復解散一黨派。今日破壞一機關。明日復破壞一機關。今日蹂躪一法律。明日復蹂躪一法律。紛紛擾擾。一年有餘。自所謂『總統制』者確立以來。袁氏心目中之障礙物。可謂剗除淨盡。一切悉彼所欲爲矣。如是者亦既兩年。問其所爲何事。一言以蔽之。則一切規復前清之舊而已。且其所規復者。又專屬清政中最黑闇最穢濁之一部分。夫吾國民曷爲而革前清之命。豈有所仇於清帝。徒以此爲惡政之所從出。而此等惡政。與世界之政治潮流太相反。循此不變。則我國家決無以自存於今之世也。夫清既以是取亡。而袁氏乃踵其軌轍。一一模擬之。唯恐不肖。譬諸室中之舊主人。既食河豚以死。而繼入其室者。乃必唯河豚之是甘。此等心理。誠令人苦於索解。殊不知彼袁氏者。實生育於前清政治惡空氣之中。且此種惡空氣。又大半爲彼所造成。彼腦中之所謂政治者。除卻舞文弄法。罔利營私。眩燿虛榮。魚肉良善之外。更無一物。而今世東西各國之政治理想。政治現象。彼蓋皆視爲妖魔。視爲鴆毒。則其舍此而取彼也。亦何足怪。夫袁氏產生於六十年以前。且其足跡未嘗出國門一步。（袁氏曾到高麗其時高麗猶中國領土也袁氏不獨未嘗出國門並未一到揚子江流域）其不能曉解現代文明之眞相。本不足深責。然以袁氏之聰明。及其地位。苟能虛心求益。殊不患無濬發智識之機會。而袁氏之第二大缺點。則在驕慢自大。不能容人之言。彼因生平游泳宦海。著著成功之故。則以爲自身之能力智識。極偉大。舉中國人舉世界人莫之能及。有進諫於彼者。彼必先設成心以迎距之。嗚呼。吾語至此。吾乃不能不自笑而自憐。吾初以爲以袁氏所處之地位。既與國家同其休戚。在理宜無不欲致國家於安榮。特以新智識缺乏。而不解現代政治之所長。吾儕竭吾所知以補助之。倘能得當。則以彼之勢力而用之。以更新百度。國家之慶。甯有過此。吾抱此志願。乃用吾舌用吾筆。設種種法。欲將現今世界大勢政治公理。灌輸於其腦中。忍耐以行之者。蓋一年有餘。然而吾之希望與吾之勤勞。遂盡歸水泡。彼豈惟格格不入而已。方且以爲誑言以爲邪說而輕藐之而忌嫉之。彼以二十年前老督撫最腐敗最頑固之思想擴而大之。欲以統治四萬萬人之大國。以立於二十世紀之世界。稍有常識者。知其不可能。而彼乃侈然若有所以自信。吾恐其非至於覆宗殺身焉而終不寤也。

政治之本爲活物。而非可以一格拘。吾固知之。雖然。其中固自有若干之原理原則焉。由是則治。反是則亂。由是則事舉。反是則事不舉。中外古今歷史所明以詔我輩者。不知凡幾。其猶輕養二氣合則必成水。服砒霜則必死。此斷非可以一人冥頑之見而使事物之因果關係翻易而從我也。而袁氏乃絕對的不肯信世界事物有所謂原理原則者。就其治軍政策理財政策。乃至各項大小政策。顯然觸犯政治家所公認之厲禁者。不可一二數。常有吾儕所見謂某事某事如此辦法。無異引刀以自戕。雖苦口與爭。說明學理。徵引他國先例。終無由得彼之聽信。彼則曰吾辦事專恃經驗。君等書生之理想。迂而無當也。實則彼所冥搆者。乃眞爲頑舊腦中之空想。吾儕所根據者。乃各國先民歷試所得之經驗。然而彼不服也。坐是之故。彼之施政。絕無通盤之籌策。絕無久遠之計畫。彼不知事物有相互之關係。不知欲舉某事。必須有某事與之相維。故於所謂新政者。東塗一鱗。西抹一爪。欲飾美觀以徼譽於外人。而實效如何。一切不計。彼不知事物有必然之因果。故凡辦一事。其將來豫期進展之路徑何若。其流弊之宜補救障礙之宜排除者爲何種。皆漫無覺察。凡百皆臨時對付而已。彼臨時對付之急智。誠有過人之處。然彼正惟自恃此特長。故益不肯爲先事之準備。所謂國家全局利害。所謂國家百年大計。袁氏腦中蓋自始未有此物也。此袁氏第三大缺點也。

袁氏之第四之大缺點則其法律觀念之薄弱也國家所以與普通羣集異者全在法律之有無國家威信之所以行全賴法律確保其効力故法律之簡略不備不足爲深病也惟當使一法必有一法之功用法律之形式及其制定之程序何若且不必深究然一度頒布之後但使未經改廢則必宜上下共信守之自古專制之主其立法權雖不許人民以參預然一法之既立必身自守之以爲天下先其貴近有枉法者懲之恆特嚴蓋知非此不足以相維也袁氏不然其自身最厭忌法律之束縛而又最喜藉法律以爲塗飾之具試一繙政府公報其新頒之法律命令章程條例無日無之綜四年來所頒蓋高可隱人問其中實行者有幾恐什不得一二也不實行則曷爲頒之彼以此爲一種裝飾品無此則恐以儉陋貽人譏也他法勿論如彼約法者豈非國家根本大法最爲神聖不可犯者耶現行約法十章六十八條其中第二章關於人民之規定凡十條第四章關於立法之規定凡九條第六章關於司法之規定凡五條第八章關於會計之規定凡八條蓋自頒定後迄今日未嘗一日實行也夫約法六十八條中內有三條規定國家之組織有十條規定將來制定憲法改定約法之程序此皆不必立時發生效力者除此之外則所餘僅五十五條而其中乃有三十二條未嘗一日實行然則空頒此法以費政府公報之紙墨果何爲者使此法而爲他機關所制定以限制袁氏則其不願遵守猶可言也（實則已說不過去即不願遵守則宜勿就總統之職）然此約法者固有其原本袁氏以爲不便於己乃廢而改之現行之本則字字皆袁氏手定者也袁氏挾其無上之威力雖遲將約法全部廢止誰能禁之或則將此三十二條删去又誰能禁之而袁氏以爲非此不足以飾天下之耳目也乃撏撦他國憲法之東鱗西爪成此六十八條者而公布之而既布之後則視同無物夫約法則其最顯著者耳自餘諸法蓋莫不然法律與命令本已無嚴正之界限今日頒一法律明日或卽頒一內容適與

相反之法律。且隨時可以命令變更法律。隨時可以行政處分變更法律。上以此倡。下以此和。故京外大小官吏亦皆視法律如無物。若欲臚舉數年來元首及官吏枉法之事實。恐編著一二千葉之巨冊猶不能盡也。夫今世國家以所謂「法治國」者爲一特色。固無論矣。卽在昔專制之國。亦豈聞以法律爲兒戲而可以圖治。似此混亂杌隉。人民之生命財產名譽常汲汲不自保。固無待言。卽政府亦何所依據以督率僚屬執行百務者。稍有常識之人猶知其不可。而袁氏何爲若是。蓋袁氏本以小吏出身。漸躋督撫。前此以屬吏對於長官。以疆吏對於中央。皆極厭法律之束縛。而常思舞文以逃遁於法外。此種伎倆。操練極熟。譬猶頑劣學生。專以破壞校規爲事。習慣既自少年養成。卽長而任教師。亦終不能改。是故無論若何專制之君主。其所發布之法令。一面固用以强制他人之自由。一面則自身之自由。仍必被限制其一部分。袁氏則絕對的不肯自受限制。雖其所手頒之法令。亦惟擇其足便私圖者實行之。稍有不便。則規避之。而吐棄之。且以此教其黨僚。使相狼狽。夫如此則人民之法律觀念何由發生。而政治何由清明。試問古今中外之政治家。曾有用此術以獲成功者焉否也。

袁氏事無大小。必欲躬親。若以一事任一人。付以全權而責其成效。此袁氏一生所未嘗有也。其精力過人。而勤於察事。吾固不得不敬而服之。雖然。吾人類非全知全能之上帝。欲以一人總百事。而大綱細目。因應悉當。天下寧有是理。袁氏之所以失敗。則亦坐是。袁氏生平所辦之事。雖其爪牙心腹。亦無一人能於事前全知其底蘊者。彼每辦一事。必將其事分爲數部分。使某甲辦一部分。而別使某乙某丙辦他部分。而務令其不相知不相謀。或某甲方辦及一半。忽然命其中止。而使某乙續辦其後半。袁氏之政治。實絕對的祕密政治也。豈惟祕之於一般人民。卽日日與彼共事者。亦終無由窺其奧也。其用人也如用機器。惟許軋軋轉動而已。而不許知其所以然。夫政治之性質各別。其中有必宜祕密者。祕之誠是也。然今世政治要當以公開爲原則。以祕密爲例外。若如袁氏之無一不祕。而自以爲極政治家之能事。則吾未之前聞。袁氏之辦事也。從不肯信任正當之公機關。而必設特別之私機關以陰持之。例如財政。其實權全操諸公府之財政委員會。而財政部什有九不能過問也。例如軍政。其實權全操諸統率辦事處。而陸軍部什有九不能過問也。將謂財政部陸軍部之人員不能辦事耶。則何不盡黜之。而以財政委員會統率辦事處之人員代之。然而袁氏不肯也。袁氏又最喜疏外各長官。而與其屬吏直接。例如外交事什九皆與外交次長謀。而總長不與聞也。例如交通事。什九皆與交通次長謀。而總長不與聞也。將謂次長之才優於總長耶。則何不進次長以爲總長。然而袁氏不肯也。屬吏攻訐其長官。袁氏所最喜也。官吏各分黨派互相排擠。袁氏所最喜也。京中各部院互相怨責。袁氏所最喜也。各省將軍巡按之互相衝突。袁氏所最喜也。若無此等現象。袁氏必設法搆煽以成之。然後快其心也。問彼究何樂乎此。其一、則無論何人彼皆挾猜忌之心以待之。故斷不肯傾心以專信一人。其二、彼所行事。大半不可告人。故斷不能使正當之公機關得與聞。且又斷不能使有一人盡知其底蘊。懼爲所挾制。其三、使各機關及各人皆互相疑忌。則必爭獻媚於彼。以圖固寵。彼乃得操縱如意。此袁氏辦事之祕訣也。故權限二字。袁政府所用之字典決不許其存在。奉職於袁政府者。人人皆有權。人人皆無權。無論何機關皆可任意攬事來辦。而無論何機關之事。皆不能放手辦去。作弊則法門孔多。持正則束手無策。數年來國事之損壞。皆由於此。而實由袁氏箇人之性質有以搆成之。此袁氏之第五大缺點也。

袁氏之第六大缺點。則絕對不能用正人君子及有用之才也。吾前不云乎。袁氏之用人如機器。夫自愛之士。必自尊其人格。未有甘以其身作一私人之機器者也。所謂有用之才者。必自有其能力自有其主見。若袁氏之政治。則吾常名之爲催眠術政治袁氏爲施術者。而奉職於其政府之人皆爲受術者。只能以袁氏之意識爲意識。其本身之主見與能力不許有並存之餘地。眞有才者。譬則神經倔強催而不眠之人固宜爲施術者所擯棄也。且凡任事者。必須受有全權。旁人不得掣其肘。需以時日始終其事。然後乃可責效。權限二字既爲袁家字典之禁品。則雖極才者亦末由展其才。夫孰肯爲之用也。且袁氏尤有一惡劣之僻性焉。彼心中所懷之意旨。從不肯向人傾吐。或心中明明欲如此。而口中所言乃適與相反。必令人窺探揣摩迎合之而代爲道破。或則並不許道破。只許揣承意旨做去。此種妾婦之道。正人君子如何能耐。惟有引身而退耳。故當彼初就任之時。天下之士悵念時艱。咸願與之戮力。卒乃格格不相容。相繼遠引。而惟餘狡黠之僉壬闒茸之俗士承其顏色。若蟻附羶。夫此輩豈惟誤國家事而已。竊恐袁氏七尺頑軀。或且斷送於其手也。

袁氏之第七大缺點。則萬事不負責任也。袁氏既攬萬事於一身。而一切人但供其頤使。則對於所攬之事。必宜完全負責。此情理之無可逃避者也。然而袁氏生平乃未嘗一次公表意見。謂吾對於某事作何主張。其所欲作之事。惟微示意旨於一二左右便佞小人。更由彼轉授意於某種機關使之承旨建議。或以別種方法刺激人之感情。有時雖正人君子亦或中其計而爲之效力。夫彼所作事什九皆罪業也。而其罪責恆必以嫁諸人。而己身則始終謀巧卸。卽如此次運動帝制。全由彼一人之淫慾而必出。盡鬼蜮伎倆以強污民意。觀各報所露佈之十五通密電。其醜態蓋盡人同見也。夫豈惟此一事而已。彼其三十餘年之行爲何一非如是者。惟其如是。故雖積孽稔惡。而國內國外人猶多不知其眞相。往往佩誦其才。且遇事而曲爲之諒。袁氏亦以此自鳴得意。謂藏身可以永固。殊不知居首長地位之人。而將本身所應負之責嫁諸僚屬。其僚屬又必更轉嫁於其僚屬。遞相轉嫁。結果遂卒無負責之人所辦者爲善事耶以無人負責故終無成效所辦者爲惡事耶。轉相嫁責至無可復嫁時仍必還元。而其責究必復歸於實際主動者而已。今日全國人怨毒所以悉集於袁氏一人之身者。正以彼巧卸責任。故以致更無人爲彼分擔責任。彼惟極巧乃成極拙也。夫使袁氏而能自同於英法等國無責任之元首。則天下人亦誰復問其責者今彼既欲據實權而又欲規避與實權相隨屬之實責。徒見其進退失據而已。

政治家不能不參用權術。吾固承認之然權術只能於不得已時而偶一用。且權術之種類亦當別擇其甚悖於理者。無論何時在所必禁也。爲目的而不擇手段。雖目的甚正。猶且不可。況所向者既爲不正之目的而所用者又常爲不正之手段。則流毒安知所終極。而手段亦終安能見效者。袁氏一生以權術爲布帛菽粟。就使其目的全爲國家利害起見。然爲道固已甚危。況乃欲舉天下人悉玩弄之於股掌中。以饜其箇人之權利思想。夫安能有濟彼袁氏心中常覺天下人皆愚。惟吾一人獨智。彼豈惟視國內人民悉同芻狗而已。卽對於友邦亦無往而不用其操縱。信義二字。又袁世凱字典中之絕對的無有（原稿止此）

擴充富滇銀行以救國利商議

今有一事於此。上焉足以救國。中焉足以惠商。而下焉尤足以自獲大利者。其事維何。則由國民共集鉅資。將現今中華民國軍政府所在地原有之富滇銀行擴充而善用之是已。所謂擴充而善用之者若何。曰一面使富滇銀行推廣其現在之業務。一面更請政府新賦與以國家銀行之權能。請問其目。一曰加增該銀行資本爲二千萬。官商股各半。而各股皆先收半數。二曰新政府領土內惟該銀行得有發行兌換券之特權。三曰在領土內統一整理貨幣之職務。責成該銀行執行之。四曰領土內各大都市及境外重要口岸皆設分行。領土內各縣皆設分號。五曰由該銀行承受經理政府公債及地方公債。

曷言乎上焉足以救國耶。今也袁賊盜國賣國。盡人皆知。我軍政府不得已起而討之。於是乎有兵事。兵之利不利。即五千年國命絕續所由分也。夫我政府席大順以討大逆。其最後之決勝。固無待言。然在今日謀殄此元兇。在他日謀埽彼餘孽。其所用兵力。必須甚多。而用兵之時。或須甚久。此無庸諱者也。則軍費之繼不繼。實爲政府生死問題。軍費安從出。求諸租稅耶。安能以爾許巨資責人民一時之負擔。求諸外債耶。無論方在歐戰期中。募借不易。且以新造之臨時政府。而與人商搉借款。非忍受苛酷之條件。不能成功。此又豈國家之福。求諸捐輸耶。我國民愛國急公。毀家紓難。固人有同情。然專恃義務觀念以相維持。其業終非可大而可久。嘗考近世各國之用兵。無論爲平內患爲禦外寇。而其軍費之大部分。恆必仰給於公債。則我政府今日亦豈能舍此而別求良策雖然我國之辦公債也亦屢矣。前清時代嘗辦之。袁政府最近一二年頻辦之。所得幾何。而徒擾民以賈怨。今新政府欲恃公債以給軍賫。成效又安可覩。答之曰。不然。彼前清及袁政府全不解公債之性質功用。及其募集利用之法。是故厲民而無成。不得據此而謂公債政策不適用於我國也。考各國公債之吐納。其機軸全在銀行。其中尤有所謂永息公債者。實爲公債之大宗。而其基礎則全在國家銀行所發之兌換券。試一調查各國公債之所在。則知無論何國。其債券在各銀行庫中者什而六七。而散在各私人之手者。不過什之三四。是故非有氣魄雄厚之銀行。不能爲吐納公債之機軸。至易見也。所謂永息公債。必以國家銀行之兌換券爲基礎者。又何也。譬如新設一國家銀行。實集得資本一千萬元在此。此資本必須放出以求利息也。放與一般商民。其確實可靠者殊不易多得。故莫如當政府募集公債時。卽將其資本之大部分借給之以取利。此最穩實之營業也。而國家銀行者必其已向政府取得發行兌換券之特權者也。故其承受公債也。但將本行所發之兌換券如數交納於政府而已足。卽使舉其資本全額一千萬盡數購買公債。亦祇是繳出兌換券一千萬。而原有之現銀一千萬。則固仍存銀行庫中分毫未曾動也。政府得此一千萬之兌換券。則如何。其必以之發軍餉或支給各種行政經費。而因以展轉入於一般人民之手中。一般人民持此兌換券又如何。則必任其意之所便。隨時得向銀行兌現。夫銀行庫中固明明有一千萬現銀也。則凡來兌現者。無論數目多寡。皆能立時照兌。自無待言。夫兌換券之貯藏攜帶其便易實遠過於現銀。但使其券確能隨時兌現。則民之來兌者自稀。雖以政府之力迫使强來兌焉亦不可得也。是故發出一千萬之兌換券。充其量則有三百萬持來兌現。至矣極矣。所餘七百萬。則必常散在市場。莫肯來兌。質言之。直可謂永不來兌者也。銀行發出兌換券對於持券之人而負有債務。持券者旣信用銀行而不汲汲於兌換矣。銀行承受公債。對於政府而享有債權。故亦可以信任政府而不汲汲於索償。故此項不來兌現之銀行券以兩重債權債務之交互關係。卽成爲永息公債之基礎。各國之永息公債皆由此起也。明乎此義。則知一國永息公債之最高額度。當以其國中銀行券不來兌現之最低額度爲衡。在此額內斟酌發行。萬無一失。然則中國不來兌現之銀行券可望至若干耶。此雖非俟將來謹愼試驗伸縮統計之後。不能預斷。但以現在日本之臺灣銀行例之。其不來兌現之券。常在千三百萬元以上。臺灣人口三百餘萬。每人平均將及四元。以此例之。則我國將來所能得永息公債之數。眞乃令人驚絕。今且不必漫爲夸大之言。但使國家銀行辦理得宜。信用漸著。則雖新政府之力未能驟底定全國。然於一年以內發出兌換券一萬萬元以上。殊非難事。須知僅以雲南貴州四川三省計。人口已及一萬萬。每人平均需用一元兌換券。豈能更少。據各國公例。凡發一萬萬元之兌換券者。但使常有三千餘萬之現銀以充準備。則其兌換基礎已鞏固不搖。今若有實集資本一千萬之銀行。妥定良法。得人而經理之。則吸集現銀三四千萬。有何難事。（吸集之法甚多今不贅述）而其所發出之兌換券。實可以什之六七投諸公債。在銀行固可得極穩之利息。而政府有此項收入。豈惟可以戡定內亂。鞏固國體。將來國防之基礎。對外實業之基礎。皆於是乎立矣。故曰上焉可以救國也。

曷言乎中焉可以惠商也。今中國商人所最患苦者二事。一曰貨幣之混亂。二曰金融機關之缺乏。今新政府對於整理幣制一事。認爲當務之最急。聞已規畫周備。決意實行。然縱觀各國之改革幣制。何一非賴銀行爲之樞紐。今此銀行若擴充成立。則所集資及將來吸集之現金。自當全數用鑄新幣。使圓角分文。十位遞進。斠若畫一。從前各地參差混亂之幣。乃至信用已墜之軍票等。將悉數收回而整理之。其利便於商民果何若者。又現在之富滇銀行。本爲商業銀行性質。今雖擴充之。使兼行國家銀行之職務。而其固有基礎。自當存而不廢。且並加擴充。故除雲南本境外。其成都重慶自流井長沙常德沙市宜昌漢口桂林南甯廣州香港上海海防西貢新加坡錫蘭大吉嶺加拉吉大等處。皆當設分行。已設者擴張之。未設者速設之。徐更分設於全國各地。而凡新政府所已規復之地。尤必每縣設之分號。務使兌換券之兌現。期票之匯兌。皆極便利。而商民之營業。無論農工商礦。但使股實可靠。自樂貸借挹注。其利便於商民又何若者。故曰中焉可以惠商也。

曷言乎下焉可以自獲大利也。此着不得吾多言。吾請我國民子細一思。作國家銀行之大股東。其利益果何似者吾不必別舉多例卽以袁政府所辦之中國銀行言之其資本不過一百七十萬耳而今年餘利已有三百餘萬夫袁政府之中國銀行固絲毫未嘗能盡國家銀行之責任也其存款皆被政府提取挪用未嘗分文投諸正當營業又以幣制不整分行少設信用未孚之三原因其兌換劵推行甚狹僅恃匯劃餘利及墊款政府扣回利息之兩項其獲利之厚尚且若彼今吾儕所創立者爲正當完備之國家銀行事事采用各國良規而得其人以經理之其獲利之豐豈一言所能盡者他事勿論試思卽兌換劵一項其獲利云胡可量須知兌換劵之發行常能比例於其現銀之兩倍卽爲各國通例（卽前所云發行兌換劵一萬萬元者但有現銀三千餘萬元而已足也）而此項餘額之兌換劵雖曰對於公衆負有債務實一種無期延償之債務也又絕對的無庸付息之債務也而其所發之兌換劵放貸之於一般商民耶可得利息一分以上卽放貸之於政府或地方團體耶亦可得利息五六釐以上試思發劵至一千萬以上時其利益當幾何發劵至一萬萬元以上時其利益又當幾何又況我國將來之國家銀行其資本決不能以一二千萬元自足勢且隨營業之發達而增資或至兩三倍據公司通例新股之應募舊股東宜有優先特權且今當政府草創伊始凡率先贊助大業之人政府尤宜優加保護則將來增募新股時或其應募權利僅限於舊股東亦未可定則將來無窮莫大之利益惟今次創辦集資者得享之矣此實可謂千載難逢之機也以上所言皆指銀行直接所生之利益也若其間接利益則中國寶藏徧地任營一業皆可以致奇富卽以滇川兩省論其富源已揭之不竭而凡欲營實業者苟以國家銀行大股東之資格與銀行生密切關係得金融之後援其利便豈復淺尠稍有眼光者當能見及也故曰下焉可以自獲大利也

夫當今日國家存亡間不容髮之時我愛國之軍士方犯霜雪冒矢石犧牲性命以自效於國家取我商民心所

欲爲而力不能逮之事舉而荷之於雙肩昔賢不云乎人之欲善誰不如我我愛國好義之商民雖盡出其家中所有一儋一石一絲一縷悉獻之以犒軍而不索銖黍之報酬猶將踴躍赴之況於茲事一舉而三善備者乎且吾更有一故實欲舉以爲我商民告者彼英國之英倫銀行非今所稱全世界金融之總心臟乎我商民亦知銀行創立之歷史乎當一千六百九十四年英女王安后在位時因與荷蘭戰爭軍費不給乃議向倫敦富商借債百二十萬磅幾經磋商殆同强迫富商要求交換條件乃給與倫敦附近發行兌換券之特權富商卽以此百二十萬磅之資本設立英倫銀行卽以英倫銀行兌換券百二十萬磅借給政府其後展轉變遷逐漸發達遂有今日其動機本出於勒借而結果乃得一福國利民之機關爲萬邦取法況於我國由商民發起以贊助政府者哉有遠見者其可以興矣

或曰此舉之善卽聞命矣顧何以不重新組織而僅擴充富滇銀行耶曰是無他故富滇銀行創立數載信用以孚且原有官股足爲基礎成立較易耳夫豈其有私於滇省他日政府將全國領土規復後自必易名改組更無疑議也

番禺湯公略傳

湯公諱叡字覺頓廣東番禺人幼與梁啓超同學於萬木草堂戊戌政變急師友之難間關海外相從十餘年庚子秋唐公才常起義漢口公常來往港滬間策畫事敗僅免遂留學日本治生計學著作爲時傳誦民國元年任中國銀行總裁行方草創一切規模悉公手定後此全國公私金融業多宗之帝制議興公先期辭職奉母隱天

津。衣食不給不計也。蔡公與袁軍相持於蜀中。公奮身入廣西。以大義動陸榮廷。陸方有志討賊。聞公言立決。公又爲陸使於廣東。風諭龍濟光曉以利害侃侃一晝夜。龍亦附義宣獨立。然龍固首鼠。且爲其下所挾持。翌日開會議於海珠。伏甲焉。議方始。其部將猝起狙擊公。公及王譚兩公殉焉。時民國五年三月十三日也。

南海王公略傳

公諱廣齡。字緦吉。廣東南海人。少以貧教授於鄉。既而留學日本。畢業歸任廣東警務學堂監督。廣州警察。公所手創也。辛亥革命。以警察力促成粵獨立。且維持秩序一月餘。旋以黨人排擠謝職去。蔡公方督滇。招以往。任河口邊務幫辦。外交內治因應咸宜。蔡公去滇。公亦歸粵。帝制議起。公方任廣東全省警務處長兼廣州警察長。密部勒爲義師應援。龍濟光之宣告獨立。半亦怵公威也。海珠之會。公以事已定。不復戒備。孑身赴會。與湯公同及於難。

新會譚公略傳

譚公諱學夔。字典虞。廣東新會人。弱冠游學日本。卒業士官學校。歸而參禁衛軍事。辛亥革命起。禁衛軍皆旗籍人。勢將負固。公苦心調護。陳導卒效順。民國元二年間。任保定軍官學校教務長。所成就人才甚多。旋與校長蔣方震同去職。帝制議興。公返粵聯絡本籍軍官。潛勢力頗厚。爲粵師所嚴憚。粵既宣告獨立。公與湯公同赴海珠之會。遂遇害。然粵卒不敢取銷獨立。則公與王公所密畫者有以牽制也。

邵陽蔡公略傳

蔡公諱鍔。字松坡。湖南邵陽人。年十四。以縣學附生肄業時務學堂。稱高才生。十七游學日本。畢業士官學校。清光緒廿九年歸國。三十年任廣西講武堂總辦。宣統三年任雲南協統。辛亥武昌起義。以雲南獨立。被推爲雲南都督。尋遣將戡定貴州四川。助兩省獨立。督滇垂三年。修明吏治。整飭戎政。在各省中治稱最。公深懲疆吏擁兵之禍。民國二年。屢乞解職。爲各省倡。政府固留不得。三年春。卒去滇歸京。政府旋任爲經界局督辦。姑就之以免猜忌。四年夏秋間。袁世凱帝制議興。忌公特甚。所以監視者無不至。公密勿布畫。卒隻身脫走。間關入雲南。以四年十二月二十五日起護國軍。提飢卒數千。轉戰瀘敍間。與袁軍十餘萬相持。屢挫其鋒。袁軍漸相繼攜貳。袁以恚死。國體復定。五年六月。任四川督軍兼省長。先是公已病肺。其入滇也。實扶病督師。在軍八月。以飢疲之衆當強敵。其勞勩非人所克堪。食雜砂糠。恆經月不得臥。以是積勞增劇。瘦削骨立。喉啞不復能作聲。被命督川。辭電十上。然猶力疾赴成都。以十日之力鎮撫蜀民。策畫善後。遂毅然解職。赴東養病。以其年十一月八日薨於日本福岡之大學病院。年三十有五。

麻哈吳公略傳

吳公諱傳聲。號曦鸞。貴州麻哈人。爲縣學附生。少時報父仇。殺人亡命。走滇。投軍。辛亥革命時。充隊官。旋隨唐繼堯北伐。充大隊長。滇師留黔。以功升充團長。帝制禍作。蔡公討賊。傳檄至黔。黔督劉顯世電詢各將領意嚮。公復電有誓反對得死所語議。遂決袁軍逼黔邊。公迎擊之。所部不滿千。轉戰入湘。克黔陽洪江。威大振。時敵以一旅據沅州。憑險拒守。公與別將約會攻。失期不至。公獨力進攻。城垂下。遽中流彈死。時丁巳正月十七日。公年三十有四。公雖死。然敵軍由此奪氣。不敢窺黔邊。

貴定戴公略傳

戴公諱戡。字循若。貴州貴定人。以縣學附生留學日本。畢業後。奉職河南法政學校。旋返黔治礦業。辛亥革命起。黔大亂。公赴滇乞師於蔡公松坡。蔡公遣唐繼堯往。而以公左右之。遂定黔。民國二年。公被任爲貴州民政長。三年官制改任巡按使。公長黔垂三年。調和客軍。整理財政。備極勞勩。帝制議興。公已解職入京。在京與蔡公定計討賊。蔡公入滇。公亦踵至。遂率滇黔軍各一梯團出綦江。與蔡軍掎角禦敵。使不得逞。事平。蔡公去蜀。政府以公任四川省長。旋兼督軍。時川軍內訌。公苦心調停。遭忌乃益甚。復辟變起。公痛哭誓師。勸諸將棄嫌戮力。而蜀將有受僞巡撫命者。糾匪數萬圍攻成都。公所部黔兵在城僅八營。衆寡不敵。固守內城十三晝夜。外援不至。力竭城陷。公自刎。時六年七月十八日。年三十八。

都勻熊公略傳

熊公諱其勛。號克丞。貴州都勻人。縣學附生。寄居廣西那地土州。地多匪。公辦鄉團爲地方保障。革命後歸黔。充北防防營管帶。旋任團長。北防苦匪。公至而匪遂戢。帝制禍起。隨戴公入蜀。充護國軍第三梯團長。攻克九盤子。

首通黔蜀要隘。苦戰累月。連摧强敵。戴公任川省長兼督軍。公以混成旅旅長隨赴成都。張勛復辟。僞巡撫糾匪陷成都。公乘城守浹旬食盡。突圍出。戴公自戕之翌日。公亦遇害於華陽縣東鄉。年四十六。

永川黃公略傳

黃公諱大暹。字孟曦。四川永川人。少有大志。能文章。辛亥鼎革之交。設新中國報於京師。主持輿論。帝制禍作。與湯公同隨梁啓超入桂粤。奔走盡瘁。戴公督川。公被命爲財政廳長。多所襄畫。復辟之役。戴公扶義討賊。文告盖多出公手。戴公殉國之次日。公亦遇害。

書劉道一烈士傳後

五十年來爲輕重於國者。必推湘人士。遠而曾胡。近而蔡黃。其最章章在人耳目者也。而二劉實先後乎其間。余交大劉霖生。深敬其爲人。而霖生爲余述其弟炳生之志事之行誼至纖悉。以校湘先輩之二李。則希蒼迪庵良未易軒輊也。小劉死國故實。具譚組安所爲行狀。無取重徵。顧余所爲感不絕於厥心者。則以天之篤生一才實非易易。而厄之於萬惡社會之中。使之殫其聰明才力以奮鬬。得一死而已。死何足恨。而社會之所損。迺不可復也。雖然。天道不可知而可知者也。炳生以光復爲職志。而淸社之墟。距炳生之死則幾何時矣。炳生死。而炳生之職志不死。豈甯惟是。毋亦炳生死。而炳生之職志乃得不死也。夫以一時之成敗爲成敗者。其不足以語於天人之故也久矣。乃爲述讚曰。衡靈所毓曰鋤非。致命遂志天弗違。其人則往其澤遺。後覘國者視此辭。

飲冰室文集之三十五

政局藥言

今日在天津有自北京以電話傳言道政局形勢險惡之象者雖其詳未得而聞而憂思已澒洞不可掇嗚呼半年以來此噩夢既日日晃漾於腦海無一刻得寧帖今竟不免耶嗚呼神祖在天有靈其終或哀矜此積孽之裔誘其衷使各自深省而挽浩劫於一髮也臥不得瞑披衣起作斯篇藥言耶罪言耶惟聽者命之

嗚呼不直則道不見今政潮之內幕久已爲天下萬國所共見亦何必旁觀者代爲撝諱吾請赤條條直揭之曰今度之爭曷嘗有所謂外交問題實不枝不蔓一線到底之政權問題已耳蓋國中有歷史上不相容之兩種勢力兩造皆徒知責人而不知自反彼此蓄怨積怒之日既久日日雷風相薄水火相射極於今茲殆將圖窮而匕首見今日之具體問題卽內閣與國會之生命問題而已

嗚呼今者雙方皆積憤發狂居間者之言何由傾聽雖然吾無聊之極思猶願兩造爲國家之利害一傾聽之卽不爾猶願其爲自身終局之利害一傾聽之吾欲正告彼仇視內閣者曰閣之應倒與否吾今不必與公等討論惟問公等將遵何道以倒閣倒閣之後有何辦法吾欲正告彼仇視國會者曰國會之應解散與否吾不必與公等討論惟問公等將遵何道以解散國會解散國會後有何辦法更請打破後壁毫無顧忌以極言之倒閣易易耳否決外交案其一法也直以大總統令免總理職其一法也但閣倒後繼任內閣公等已得其人未公等所擬

議之人肯來耶。不肯耶。其肯來者敢來耶。不敢耶。吾誠不知公等有何成算。惟吾敢斷言者。現內閣既倒之後。最少亦必有二三十日為無政府時代。此二三十日間國中當作何景象。而國人之視公等將何如者。易地而論之。解散國會易易耳。以大總統令强行解散。其一法也。軍隊示威。其一法也。試問總統不贊成則何如。藉曰可以悍然不顧。又試問既號稱立憲國家。是否可以永無國會。現國會既死於橫逆。新國會從何產出。產出後形勢又將何若。公等果有何成算以善其後者。是故吾敢為大膽之預言曰。倒閣之事如實現也。不出一月。大亂立至。無可逃避也。解散國會之事如實現也。不出半年。大亂亦立至。無可逃避也。倒閣之事而實現。是黨人之自殺。結果則為其所仇視之軍人增造勢力而已。解散國會之事而實現。是軍人之自殺。結果則為其所仇視之黨人增造勢力而已。

勢力不滅之原則。非獨適用於物理而已。按諸社會狀態。尤章明較著也。故國中雖有不正當不善良之勢力。亦只能設法使之徐徐蛻變。而萬不能猝然消滅之。欲消滅之。必激之使益走於極端。而益助其不正當不善良之發展。自前清末葉至民國成立以來。兩造已過之覆轍。既不知幾度。然始終不寤。必循環繰演之而始為快。天下可怪可痛之事。莫過是也。吾願向黨人垂涕而道曰。公等指軍人為萬惡。吾無為彼軍人辯護之義務。然公等亦須自反。是否絕無可以供軍人指摘之處。藉曰軍人果萬惡也。則公等何為竭全力以增助其燄。今日軍人勢力之膨脹。非受公等之賜而受誰賜者。藉曰軍人果萬惡也。須知其歷史上傳來之勢力已數十年。而現在維持秩序。尚賴有此。我國人保守性惰力性至强。一旦何由自拔。公等如銳意必欲鏖滅彼軍人耶。無論鏖滅之非國家現在之福也。且勢亦有所必不能。將來能否不可知。而現在之不能則昭昭也。豈惟不能。彼輩再一度拜公等之賜耳。欲求此種勢力逐漸蛻變。使國家得舊礎賡續之利而無凝滯不進之害。其惟國中新人物能擇軍人之公忠體國者。翼而導之使漸趨於正軌。其或有冀而不然者。以性質本易出軌之軍人。而復多方迫之使不得不出軌。出軌者洵有罪。而迫之者亦與之中分其罪矣。吾又願向軍人垂涕而道曰。公等指黨人爲萬惡。吾亦無爲黨人辨護之義務。然公等亦須自反。是否絕無可以供黨人指摘之處。藉曰黨人果萬惡也。則公等何爲竭全力以增助其燄。今日黨人勢力之膨脹。非受公等之賜而受誰賜者。藉曰黨人果萬惡也。須知今後之世界。終必受羣衆政治所支配。專己守殘之手段。斷不能適於時代之生存。卽以現國會論。其中鹵莽滅裂放縱卑劣者。豈得曰無人。然八百人中。國內優秀之新人物多在焉。與多數優秀新人物結怨毒。則政府又豈能自存。公等如銳意必欲鏖滅彼黨人耶。無論鏖滅之非國家將來之福也。且勢亦有必不能。現在能否不可知。而將來之不能則昭昭也。豈惟不能。彼輩再一度拜公之賜耳。欲求此種勢力逐漸蛻變。使國家得新機活展之利。而無無理取鬧之害。其惟國中老成謀國之士。能擇黨人中之平實穩健者引進而節制之。使漸趨於正軌。其或有冀而不然者。不以軌道予人。以可由於軌外而責人以軌內。抑亦終不可得之數耳。

吾曉曉然作此等抽象之談。吾知已惹讀者之厭。今請就目前問題而述其具體的意見。求兩造之采擇。吾以爲國會方面宜立卽同意於宣戰案。吾對於此案本爲贊成派。彼反對派其或挾持成見而於吾之忠告有所不願聞。雖然吾今所語者。非政策利害問題。吾以爲國會自身爲保持意思之一貫起見。在今日已完全不能不立於同意之地位。蓋既已同意絕交於前。既已絕交則既時時皆爲交戰狀態。今若反對宣戰則前此之同意絕交可謂毫無所取義。國會自身表示其意思之前後矛盾。非所以自保威信之道也。至於宣戰後內閣應否改造及如何改造，此自別問題，萬不容併爲一談。若借此事爲倒閣手段，無論其以國家對外事件爲兒戲，於良心上有所不安也，而於國會自身，乃更不利。此形勢既盡人同見矣，就政府方面言之，國會能通過最善也，通過以後，內閣應否改造及如何改造，其注意仍不可怠。若其不通過，則惟有奉身而退，在今世各立憲國公例，政府不爲國會所信任，原可解散國會以再訴諸輿論。今我國既有此背戾憲政原則之硬性約法，政府既成立於此約法之下，何能强學他人，不能行其志則去，非惟立憲國之政治家宜如是，即個人進退之節，亦如是也。雖去後國家危險程度或不可測，然不去焉，而他方面之險，豈遂能免。果有人焉處心積慮，必欲陷國家於險，恐亦非政府一手一足之烈所能拯拔，不如自立於無過之地，或可爲將來執政示一模範，而目前政潮責任之所在，則聽國人各以其良心判之而已。

吾之所希望於兩造者如此，而此希望不能不先求諸國會。蓋國會對政府不生問題，政府對國會當然不生問題也。萬一不幸而此第一希望不得達，國會對政府已生問題，然政府對國會仍宜勿生問題，此吾之第二希望也。要之此場公案，甲對乙生問題，則甲自殺，乙對甲生問題，則乙自殺，甲乙相互並生問題，則甲乙皆自殺，實則非徒甲乙自殺，乃甲乙共犯謀殺國家耳。嗚呼，烈祖在天之靈，其呵護之哉。（民國六年五月十日夜稿）

外交方針質言（參戰問題）

我國曷爲忽然有參戰之議耶，吾儕曷爲銳意贊成此議耶，請質言之。所謂公法，所謂人道，普通義耳，所謂條件抑附屬之後起義耳，其根本義乃在因應世界大勢，而爲我國家熟籌將來所以自處之途，第一從積極進取方面言之。非乘此時有所自表見。不足以奮進以求廁身於國際團體之林。從消極維持現狀言之。非與周遭關係密切之國同其利害。不復能蒙均勢之庇。必深明乎此兩義。然後問題之價值乃得而討論也。

請申言積極進取之義。處今日國際關係複雜之世界。雖以至强之國。猶不能孤立以自存。英人以名譽之孤立自夸耀者垂三十年。自入本世紀以來。遂不得不棄擲其所信。首聯日次聯法俄。造成戰前對抗之局勢。美國素以門羅主義自坊。對於歐洲各國之合縱連横。向不過問。至今亦毅然出於參戰。而當絕交之初。又竭力糾合中立國為同調而詢謀。首及於我。凡此皆足證明今日之時局。凡國於世界者。皆不能不求與國。譬諸箇人古代山居谷汲。可以老死不相往來。若求立身於近世都市之中。謂遯然無侶而能生存。安有是處。我國自海通以來。雖亦與各國使節往還。然一切皆甘自處於被動之地位。非受纏擾受壓迫至無可奈何。決不肯與人開襟抱以相交際。質言之。則我數十年來對外之政策。皆有應著而無發著。且非至極狠狽之時。萬不肯應。譬之奕家諺所謂專下後手棋者是已。夫專下後手棋。則安往而不敗。屢敗之結果。則愈怯於與人對奕。然欲罷絕奕事。又勢所不能。我國外交始終陷於窘絕之境。弊皆由是也。夫我國今日不能齒列於世界國際團體中。此無容為諱者也。謂由各國擯我不容其齒列乎。以偌大一國。迎擯何至由人。實則我自始未嘗欲舉吾國加入此國際團體中而為其一員。且並不感覺取得此國際團體員資格之必要。苟我國人而有此覺悟。且有此勇氣者。則十餘年來予我以可乘之機。正已不少。惜乎機屢當前。而我屢逸之耳。今茲之事。吾儕所認為最後絕不容逸之一機也。而反對之聲所以囂然盈耳者。其大原因實由多數人狃於數十年來專下應著之習慣。成為一種惰力性。而一旦不能自拔。而吾儕則確認此種惰力性為絕不適於現代國際之生存。苟長此因襲不變。則國家非終歸淘汰焉而不止也。

或曰。吾國弱國也。無進取的外交之可言。吾以爲不然。强國可以兵力增高其國際之地位。弱國舍利用外交機會外更無術以增高其國際之地位。五十年前之德國。三十年前之日本以云强也。其强幾何。其所以獲有今日者。雖曰內治方面幾費經營。然曷嘗非由炯眼敏腕之外交家結納得一二友邦以爲奧援。乃一躍而自致於青雲之上者。此不具論。其與我國今日情勢最相類而爲吾儕所當效法者。莫如加富爾所手創之意大利。意大利之前身爲薩的尼亞。實阿爾頗山下一小王國。其面積人口曾不能當吾一大縣也。時加富爾實爲薩相。當哥里米戰爭之起。加氏攫此機會。加入英法聯軍。遣七千人參戰。因以求列席之千八百五十六年之巴黎會議。與人側目。而以英法之助。莫可如何。其後意卒賴英法之助。以成統一之大業。爲第一等國。以迄今茲。問薩之與俄當時有何種宣戰理由。吾苦不能知之。以蕞爾之薩。慴伏於强奧肘下。而貿然與歐洲一大國爲敵。其冒險之程度何若。至今尚可推想也。抑區區七千人其足爲輕重於英法聯軍者幾何。當時有與加富爾同稱建國三傑曰瑪志尼者。反對加氏政策。不遺餘力。謂其以國家爲孤注。國之亡將無日。而加氏毅然行之。英法驩然親之。卒以創建新國家。而左右歐州之國際團體以至今日。嗚呼。機會之來。洵一髮耳。善乘與否。存乎其人。吾固非謂吾國今日宜完全蹈襲意大利當時之藍本。然竊歎彼我昨今所處之形勢所遇機緣。何酷相類。我國能否有埃瑪努亞（當時之薩的尼亞王即後此意大利開國第一代君主也）與加富爾。吾不得而知焉。惟深望我國之與瑪志尼自命者。稍一深長思耳。

要之。吾之所謂積極進取的外交政策。以結納友邦獲得奧援增高國際地位爲前提。而以孤立退嬰爲大戒。謂德而可以爲友可以爲援耶。親之可也。與之同盟可也。兩造外之中立國而有可以爲友可以爲援者耶。親之可也與之同盟可也。夫既無有矣。夫既不能矣。則我之求友求援。勢不得不求諸德國之敵國中。一舉而獲六七强以爲之友。此後若能善因應之。則國家對外之關係。遂廓然開一新局。此吾儕主持參戰之根本理由也。

復次請申言消極維持現狀之義。我國二十年來惟託命於均勢。此事實之無可諱言者也。歐洲戰前均勢之局。德奧實爲之中堅。東亞均勢之局。卽在戰前。而德之力已極孤微。奧更無論。若今日則德在東亞之勢力已達零度。以吾所策。德雖不敗。而十年之內。其勢力不能復振於遠東明甚也。質言之。中國所託命之均勢。則英俄法美日五國均之而已。而當歐戰疲敝之餘。能生死我者。尤莫如美日。我若能提挈美日而自伍於此五國者之林。雖進焉無所獲。而退焉必足以自保。今之反對參戰者。必曰德人而全勝將若何。吾得不假思索而直捷以一言答之曰。德而全勝。則中國必亡。無論吾參戰與否。皆無可逃避也。何也。中國本託命於均勢。德而全勝。則均勢之局已破。而命更奚託也。謂德能乘勝而統一全球耶。則修怨報復。必滅英、滅俄、滅法、滅意、滅美、滅日。而乃及我。我因參戰而得亡。亡亦無恨。卽不參戰而能容我獨存耶。若謂彼獲勝之程度不及此。惟屈伏歐洲諸國而已。吾儕試逆揣彼時世界作何狀。東西二帝。歐亞遙遙相對。吾國又何從倖存於人之肘腋下者。故若以德人全勝爲前提。則我國應否參戰。更無討論之價值。直束手待亡而已。以吾所推測。則歐洲境內兩軍之結果。當至互不能勝。互不能敗而止。兩造之力既殫。則軍事之作用終。而外交之作用方始。各國將來之運命。强半決之平和會議席上。而中立之弱國。苟無所援繫。其危險將不可思議。蓋交戰國之損失。既不能取償於其敵。行且以中立弱國爲其交換之犧牲。則弱者其何能禦。若中國者。必爲戰後世界問題之焦點。此稍有識者所能見及也。我國人其愼勿以區區平和會議之一席位爲無足重輕也。我列席焉。所保全者能幾。誠未敢知。不獲列席。而有人焉爲我代表。

多數國家爲處分者而我爲被處分者其時四顧無援噬臍何及反對參戰者凡以求遠害也而吾之主持參戰亦凡以求遠害兩害相權願平心以察之而已

吾儕之主持參戰其積極消極兩方面之理由大略如右反對派懷疑之點抑多端今願一一虛心商搉之

(一)美不參戰說　絕交問題發生後一兩月間此說頗占勢力當時吾儕固逆料美之必出於參戰而德使館力言其不成事實吾國人亦多深信之今既揭曉更無待辨

(二)俄國革命由德人煽動成功說　俄國革命後旬日間此說大昌其時德使辛慈尚在京逢人而語曰吾數月前卽言俄國必有內亂今竟何如今可證明吾德人在俄之布置矣於是都中之親德派大爲之傳播今已證明俄之革命爲革親德派之命此說亦不待辨

(三)德勝報復說　此危言悚聽最有力之說也吾前既言德若全勝則均勢局破吾國惟束手待亡雖不參戰亡亦不免然此固必無之事也德軍之强徵特反對論者能信之能言之卽吾亦能信之能言之無如其勝機已逸自今以往能保持不至甚敗已爲莫大成績而勝算則既絕望蓋戰前德人處心積慮垂三十年其軍事上種種優勢非協約國所能望其項背既不克一舉挫敵而成相持之勢兩年半以來協約國慘淡預備今則兵數及軍械之優勢皆淩德而駕其上松姆一役英法砲力遠優於德與登堡將軍曾對美訪員自承認之將軍於羅馬尼亞敗績後復有德形勢甚佳而前途無可望之說蓋瑪河凡爾登兩次挫折以後大舉以下巴黎勢已不能而東方深入復無所底止發重兵以攻埃及勤遠略而疏國防亦爲勢所不許故德除堅守陣地外無可望也近則亞拉斯一帶之大戰德軍在西戰場之力不能支既已證明最近雖傾全力以謀壓俄京微論勝負之數未能斷

言。卽使獲勝。但使俄不肯單獨媾和。則雖下俄京。殊不足爲最後之勝算。蓋愈深入則愈陷於險著。拿破侖已事。其前車也。至於無制限之潛水艇戰略。雖足以增加敵國之困難。而殊不能減殺其軍力。且潛艇自身之功用。抑自有限。柏林日報之軍事記者摩勒脫氏時著論以警告其海軍當局勿誇張潛艇效力之大致陷國民於失望。此旅居柏林者所共知也。前海軍總長梯爾比孳氏持無限制之潛艇使用說。卒以不容於政府而辭職。前外交總長耶谷氏之言曰。潛艇使用之所獲。不敵失美國歡心之所損。卒以說不見用而去。夫德國內之信潛艇者猶且如此。而吾國人乃視爲橫絕地球之利器。可以困英國而飛渡太平印度兩洋。一何可笑。計三年來英船之毁於潛艇者二百九十萬噸。而英國一年之造船力可達三百萬噸。毁者自毁。造者自造。法海軍總長之言曰。不武裝商船之毁於潛艇者什而八九。武裝以後。十毁一耳。夫如是則潛艇之不能制英法死命。抑已甚明。記絕交問題初發生時。有要人告余以預言。謂三箇月內英必亡。半年內法必亡。今倏忽已三月矣。竟何如者。吾非軍人。不敢譚軍事。但以耳食所得。亦知德人之潛艇戰略。未嘗欲期以制勝。但希冀藉以促和。然自美旣參戰。則德勢益蹙。而英法氣益壯。其所得殊不償所喪也。故以爲德之兵力已到彎弓引滿之時。以後非弦折脰絕。則漸收弛耳。其結果則戰事上兩造力皆衰竭。而問題之解決。仍歸宿於外交。以此論將來趨勢。雖不中當不甚遠。彼持德國全勝論者。震於初戰時德軍之優勢。其感覺深印腦中。而未暇細察現勢耳。德軍勢旣如此。則報復之說。卽亦無待深辯。藉曰報復。而彼怨毒之過於中國者。何啻十國。中國所受。亦可末減耳。

(四)俄德單獨媾和及德俄日同盟說　前說當俄國革命初起時。吾亦竊竊然憂之。蓋兩國社會黨之平和運動。誠章章不可揜。而俄之臨時政府。曾緣此問題。稍生內訌。亦事實也。今則俄政府決戰到底之態度旣已正式宣示。四月九日彼政府檄告全國國民文有云。今日第一之目的。在將敵人侵入之土地。速圖規復。關於戰爭及其終局之問題。當由與聯合軍有密切關係之國民。公同解決。又云。我全體國民對於我同盟國有應盡之義務。宜一致協力。增我奮戰之新精力等語。其司法總長喀崙斯社會黨首領也。最近亦宣言非擊退敵軍。摧壞其軍國主義。誓不言和。又兩國社會黨之溝通俄黨人提出德皇退位爲媾和之交換條件。此事在德安能辦到。若其辦到。則德之憂患乃方滋耳。最近則俄京開軍事會議。列席三十五人。各軍團長各黨派首領咸集。決議增加兵力。並以極壯列之詞鼓舞士氣。又開傷兵撫慰會。聲勢尤爲激昂。凡此皆共見之事實。故俄德單獨媾和說。決不至成爲事實。亦已證明。則德軍雖占領彼得格勒。於戰局終非有利也。若德俄日同盟說。太無常識。殆不足辨。德人何所挾以餽贈俄日使之棄舊侶而倒戈以昵於宿敵耶。

(五)日本乘機侵略說　此說謂對德宣戰。自當供給軍隊加製軍械。日本行將要求監督軍事。合辦兵工廠。此蓋因日本前此曾有類此之要求。我國民驚弓之鳥。其鰓鰓過慮。亦無足可深怪。然以吾儕所觀察日本現內閣之對華政策。確與前內閣殊。其手段似此等徒害感情招嫉妒而所獲無幾之拙策。在彼斷不肯蹈襲。且微聞我政府亦嘗顧慮及此。曾略示意。而彼政府似已對我有一正式聲明。爲斷無此類要求之保證。苟國際信義有一二分可相尊重。則得此其亦可以釋杞憂矣。抑吾尤非專恃信義云云也。當思以我國現在積弱之勢。人苟欲以無禮加諸我者。何時何事不可以猝然提出要求。儘不必曲折紆回。誘我參戰。乃獲其口實。彼之前內閣蓄意與袁氏爲難。故彼時我曾議參戰而彼見拒。此其事想我國民尚能記憶。今彼於吾此次之外交方略表示歡迎。毋亦正可爲野心已戢得一反證也。夫人之謀自利其國。誰不如我。狡焉思啓。亦理之常。惟吾儕所以敢於比較的推信者誠以此種拙劣的侵略手段在彼前此既試之而不效彼現政府已知其不可行且行焉而決非彼之利今後國家之榮枯繫於經濟而經濟之爭競集於我國與我國民感情不洽即爲經濟競爭劣敗之大原且三年以來歐洲交戰國兵力之發展至爲可驚縱使戰後兩疲其所餘之力猶非東方一國所能頡頏況自美參戰以後其武力之猛進尤不可測若一國對我懷抱野心欲生吞活剝爲事殆萬不可能彼中炯眼之政治家豈其見不及此故吾之推信絕非過信情勢實然也

(六)影響商務說　此說商界中持之最力吾亦信其實有徵驗非等讕言雖然惜其於事實因果關係所見稍有未瑩也商業彫敝現狀誠然然此現狀乃自歐戰發生以來愈積愈著並非突然發生於今日自潛艇戰爭實行以後歐洲來往船隻減少運載貨物之量隨之而減亦幾分助長其彫敝之勢然此與我之絕交宣戰絕無因果關係我即不絕交而此等現象亦安能免試舉一顯例以證明之三月以前英船停載華茶夫以茶業爲我出口大宗蒙此意外其損失爲何如然試問此損失是否由與德絕交所招致稍明事理者當知其非然徒以事會適相值不研究其眞相而遽牽爲一談今之所謂影響商務者大率類是也又我商民驟聞將有戰事突起驚疑金融矜持貨物停辦其所自造之影響亦誠不免然此實可謂等於無故自驚稍一細按當知我與德之海外貿易梗隔已非一日絕非緣宣戰而始中斷其他各國只有日加發達更非緣宣戰而生障礙然則宣戰與商務毫無直接之影響其理甚明謂余不信證之事後可耳

(七)影響民食說　此說全屬杞憂更爲易見平時我國糧食出口供給交戰國者本自不少特宣戰後更得輸送之自由可望此項商業益加發達耳至運出與否與運出量之多寡其權豈不由我人固未嘗以此爲條件以

相強我政府。更何至以此強吾民也。其他華工應募事同一律。以此憂疑。嘻其過矣。

（八）釀成內亂說　此說也以政治爲生涯之人多昌言之。吾卻不敢保證其必無。何也。內亂之發生。恆以政客爲之中幹。若有人焉必欲借此爲倡亂之口實。則求仁得仁。安所逃避。惟吾猶欲有所掬誠忠告者。則凡稍有愛國心之血性男子。終當勿以內治與外交混爲一談。勿假對外問題爲政爭之武器。鄙人對於此次外交政策。固爲極端贊成之一人。對於一般政治現象。卻亦爲大不滿意之一人。然竊觀各立憲國之慣習。凡反對黨之對於政府。一切匡救督責掊擊之法。雖無施不可。若乃以不慊於現政府之故。而對於其所執對外方針刦持之使不能貫徹。是則非與政府作對。實與國家作對耳。何也。國際團體上所認之人格。乃國家也。非執政之箇人也。使國家陷於進退維谷之境。對於他國而墮其威信。此無異自剝奪其國家之人格。非仇視國家者。何忍出此。一部分之政客。如明乎此義。則釀成內亂之憂。其亦知免矣。

其他反對派所持理由。或尚多端。然有辨論之價值者。亦略具於是矣。平心論之。凡無論何種政策。本無極端之是非。況茲事者本爲建國以來一非常之舉。且確含有一種冒險性質。疑議之滋。亦何足怪。惟有一義爲國人所最當注意者。一政策必首尾完具。然後有是非之可評。即如此次對德政策。抗議、絕交、宣戰。有人焉強分爲三事。以鄙人觀之。實一事而進行分三段落耳。苟無宣戰之覺悟。則自始宜勿抗議。既爲嚴重之抗議。則結果必趨宿於宣戰。事理瞭然。何勞詞費。若謂吾聊抗議焉而絕交與否。儘容商量。得毋謂德國潛艇戰略。眞可以由我一紙之抗議而撤銷耶。雖極愚妄。應不至作此想。我抗議書既綴以嚴重之語。則抗議發出之一刹那頃。即爲與德國恩斷義絕之時。所謂第一步第二步者。不能分也。若謂吾聊絕交而宣戰與否。儘可商量。則試問絕交之本意所爲何來。既開罪於德。而復自外於美。自外於協約國。本已爲自然的孤立。今更加工以造成人爲的孤立。八面不見好。將來平和列席不可得。有敵無友。坐待處分。非喪心病狂。何至出此。故所謂第二步第三步者不能分也。由此言之。就令政府最初之提出抗議與國會之贊成絕交。果屬鑄一大錯。事至今日。猶當將錯就錯。貫徹後始就中別圖補救。況乎其本未嘗錯者耶。嗚呼我政府我國會。其思所以自處矣。我國民其思所以自處矣。

（附言）頗聞反對派言論。以茲事集矢於鄙人之一身。目爲主動。斥爲陰謀。鄙人固知責任負責任之人也。自審爲心之所安。則謗議固夙所不避。雖然。事實殊不爾爾。吾誠爲贊成之一人。錫以主動之美稱。殊非敢承。反對者愼勿疑吾爲卸責。吾爲贊成派。故不敢掠人美也。美國照會我政府勸與彼一致行動。實二月三日事。此問題發生時。吾居天津。至八日午。當局電招入都商榷。吾以晚車往。則知已開國務會議六次。請總統訓示三次。大計已定矣。吾未蒙諮詢以前。所主張已與政府相同。及晤談後。詢悉交涉經過情形。其贊成自無待言。然吾當時猶主張稍緩發表。其理由有二。一則謂苟最後非有宣戰之決心。則抗議毋寧勿發。二則謂發抗議以前。有三方面當先行接洽。其一協約國方面。其二國會方面。其三各省長官方面也。當時曾勸當道將此程序辦妥乃發。當道亦謂然。然某總長某參事已於八日面許美使云明日發表矣。既不便變更。則惟有於抗議後補行接洽已耳。其後總統招七人在府中會商茲事。余嘗有言云。當二月九日六點鐘以前。余爲最愼重之一人。當其日六點鐘以後。余爲最急進之一人。此實錄也。其後余住京二十餘日。常以箇人交誼與公使團交換意見。且向國會各派要人陳說其所主張。余與茲事關係之經過略如右。將來茲事如誤國也。余不敢辭罪。苟其利國。吾不敢貪功。然吾之所信。吾固始終守之弗渝也。

余與此次對德外交之關係及其所主張

此次對德外交國人多所懷疑其反對者尤以主動責備鄙人鄙人雖嘗蒙當局之諮詢有所獻替若云主動則論者究置當局於何地且與事實相去抑甚遠矣雖然鄙人固知責任負責任之人也亦旣被諮詢而有獻替矣苟所獻替而誤國則臠吾肉而食之曾無所於悔若夫其主張並未貫澈乃至事實之進行恰到吾所最反對之一步他日倘緣此而生不良之結果以此責備鄙人鄙人決不任受也夫鄙人之主張其爲利國耶爲誤國耶此本須俟諸他日之判斷鄙人殊不敢抹殺反對說之價值然吾說之價值則亦願反對者勿遽抹殺之而稍加以研究也故舉一月來所經歷所感想者公布之求愛國君子一覽察云

『此次外交當二月九日下午六鐘點以前余爲取慎重主義之一人當二月九日下午六點鐘以後余爲取急進主義之一人』此語也余在總統府會談席上直捷言之聞者爲大總統副總統徐菊人段芝泉王聘卿廕午樓也當美德絕交之電初傳余在天津卽慮此事影響必波及我國會致當局一書勸其研究預備復託衆議院副議長陳敬民謁段總理面述此意然吾之主張尚未有所表示也已而美使果以公文及口說日日諄勸我政府與美一致行動二月七日晚當局派人來津詢余意見余方草一長書有所陳述書未發當局旋以電話敦促入京八日晚到京詳詢情形乃知已經六次國務會議議決之結果府院意見一致立發抗議此方針固余所極贊成雖然當知彼時余卽不贊成而政府之方針則固已不能移動矣余雖贊成此方針然余猶亟勸當局必再審愼而後發以爲所應審愼者有二一爲最後決心問題二爲事前程序問題所謂最後決心問題者以爲不抗

議則已。既抗議則勢必至於絕交。既絕交則勢必至於宣戰。苟無宣戰之覺悟。則無寧勿抗議也。所謂事前程序問題者。其一謂提出抗議以前當與協約國先接洽。其二謂當與各省督軍省長先接洽。其三謂當與國會各政團先接洽也。吾力持此議以語汪伯唐陸子欣意見相同。九日午前十時。偕往國務院向段總理陳述。下午二時復自往謁總統陳述之。外間傳吾三人是日列席國務會議者。即由此傳訛也。吾三人當時所商榷。極欲將抗議稍閣數日待討論確已決定。預備確已周全。然後發出。雖然吾輩所商榷者。卒無效。蓋八日晚某總長某參事已與某國公使堅明約束謂抗議書明日決發矣。九日晚六點鐘。書遂發。自茲以往。吾認爲此次外交方針其討論時期已完全過去。所當有事者。則實行貫澈之方法而已。

乃自抗議既發之後。而國中異議轉熾然朋興。其他方面不知內容經過實情者不必論。最可怪者。當時贊成抗議慨然畫諾之人。至是忽有始終嚴守中立之說。夫自歐戰發生以來。我國過去之態度是否可稱爲嚴守中立。事定之後能否逃德人之責言。姑勿遠論。既欲嚴守中立。何故畫諾於抗議。得毋謂德人之潛艇戰略眞可以由我一紙之抗議而撤銷耶。雖極愚妄應不至作此想。夫既已如是。則當知抗議發出之一剎那頃已爲我國與德國恩斷義絕之時。所謂第一步第二步第三步者。以進行之次第言之則可。若於此三步中有所揀擇。此豈猶有揀擇之餘地者。欲擇則當於第一步未行以前擇之耳。既昂然正色以詔人曰。汝須如何如何。苟不如吾意者。則吾將如何如何。人既不如吾意焉。而吾所謂如何如何者。乃憂然而止。在箇人而有此舉動。已不能復完其人格。況於國家。乃可爲是兒戲耶。吾故曰二月九日六點鐘以後。不能不取急進主義者。良以此也。(未完)

反對復辟電

南京馮副總統武鳴陸巡閱使各省督軍省長護軍使鎮守使師長旅長上海申報新聞報時報時事新報幷轉各報館鑒昊天不弔國生虺孽復辟逆謀竟實現於光天化日之下夫以民國之官吏臣民而公然叛國順逆所在無俟鞫訊但今既逆燄熏天簧鼓牢籠恫脅之術無所不用其極妖氛所播羣聽或淆啓超不敢自荒言責謹就其利害成敗之數爲我國民痛陳之倡帝政者首藉口於共和政治成績之不良夫近年政治之不良何容爲諱然其造因多端尸咎者實在人而不在法苟非各界各派之人咸有覺悟洗心革面則雖歲更其國體而於政治之改良何與者若曰建帝號則政自肅則清季政象何若我國民應未健忘今日蔽罪共和過去罪將焉蔽況前此承守成餘蔭雖委裘猶可苟安今則悍帥狡士挾天子以令諸侯謂此而可以善政則莽卓之朝應成郅治似斯持論毋乃欺天帝政論者又動以現今之黨派軋轢爲口實夫黨爭之劇吾儕亦曷嘗不疾首痛心然須知既以憲政號於國中則黨別實無可逃避容之則漸納於軌蹙之則反揚其波今之定策擁立者豈能舉全國青年才智之士而盡阬之阬之不盡黨固在也阬而盡又焉知來者之不如今也今之主動者以淺薄之憑藉而謬師操懿之故智處文萌之世運而夢想雍乾之操術叩以立憲之義蓋舉朝莫之能解使其政府幸而有一年數月之壽命則其政象吾敢爲預卜曰桓玄朱溫時代之專制而已夫專制結果必產革命桓玄朱溫寧有令終所難堪者則國家之元氣與人民之微命也然使果能得一年數月之苟安則吾民或且姑爲容忍殊不知立國於今世非閉

關所能自存。苟不獲自廁於國際團體之林。則國實不成爲國。今我民國各友邦所承認也。當思前此易帝而民。此承認果幾經艱辛而得之者。今易民而帝。其得承認也艱辛將益倍於前。當此國交中斷之期間。國將誰與立於大地者。且此次首造逆謀之人。非貪黷無厭之武夫。卽大言不慚之書生。於政局甘苦毫無所知。他勿具論。卽如中央政費每月七百餘萬。向仰給於鹽課餘款及各省解款。不足則借債以補之。試問現在北京之滑稽內閣。對於此三項收入有何把握。頗聞此次之惡作劇。有某國牽線於幕內。許出其銀行存款供揮霍。茲事信否。誠不敢知。藉曰信也。爲數幾何。一兩月涸可立待耳。又彼董卓與朱溫者。在今日氣蓋一世。志得意滿。縱其逆軍橫行輦轂。餉糈視諸軍獨厚。而必索現銀。氣燄視諸軍獨高。而動肆陵轢。以有教育有紀律之軍隊。與彼共處一城。而謂可相安無事以歷旬月。其誰信之。是故就外交論。就財政論。就軍事論。此滑稽政府皆絕無可以苟延性命之理。雖舉國人士噤若寒蟬。南北羣帥袖手壁上。而彼之稔惡自斃。吾敢決其不逾兩月。最可痛者。則天下萬國將謂我國無復一人。其綰軍符膺疆寄者。乃如犬馬。凡能豢養而鞭箠我者。卽慴伏而乞憐於其下。則此恥眞不可洗滌矣。最可憂者。迨董卓朱溫自斃之時。小之喋血都門。大之流寇數省。而羣帥中曾無一人有戡亂之力。勢必至勞鄰封越俎而代。則此國其眞永刼不復也。啓超一介書生。手無寸鐵。捨口誅筆伐外。何能爲役。且明知樊籠之下。言出禍隨。徒以義之所在。不能有所憚而安於緘默。抑天下固多風骨之士。又安見不有聞吾言而興者也。

抑啓超猶有欲贅陳者。一年以來。黨派主奴之見。其詭譎變幻。出人意表。啓超深痛極慟。向兩方要人苦口忠告。勸其各自覺悟。勿馳極端。以生反動。在吾則旣竭吾才。聲嘶力盡。曾不蒙省察。而急進派之策士。惟日從事於挑撥搆煽。引甲抵乙。謂可以操縱利用。以遂其排擠之私。而結果乃造成今日之局。今有董卓。誰實何進。今有朱溫。

誰實崔允。啓超前此曲突徙薪之論。適以供若曹含沙噀血之資。亦既痛憤積中。誓將緘結終古。今覩瀕覆之巢。復吐在喉之鯁。知我罪我。固所不辭。來軫往車。願質明哲。梁啓超柬。

代段祺瑞討張勳復辟通電

南京副總統武鳴陸巡閱使各省督軍省長上海盧護軍使熱河綏遠都統各師長旅長各省商會報館公鑒

天禍中國。變亂相尋。張勳懷抱野心。假調停時局爲名。阻兵京國。至昨夜遂有推翻國體之奇變。竊惟國體雖無極端之美惡。然既定後而屢圖變置。其害之中於國家者。實不可勝言。況以今日民智日開民氣日昌之世。而欲以一姓威嚴。馴伏億兆。尤爲事理所萬不能致。民國肇建。前清明察世界大勢。推誠遜讓。民懷舊德。優待條件。勒爲成憲。使永避政治上之怨府。而長保名義上之尊榮。宗廟享之。子孫保之。歷觀有史以來。二十餘姓帝王之結局。其安善未有能逮前清者也。今張勳等以箇人權位慾望之私。悍然犯大不韙。以倡此逆謀。若曰爲國家耶。夫安有君主專制之政。而尚能生存於今日之世者。其必釀成四海鼎沸。蓋可斷言。而各友邦之承認民國。於茲五年。今覆雨翻雲。我國人雖不惜以國爲戲。在友邦則豈能與吾同戲者。內部紛爭之結局。勢非召外人干涉不止。國運眞從茲斬矣。若曰爲淸室耶。淸帝沖齡高拱。絕無利天下之心。其保傅大臣。方日以居高履危爲大戒。今茲之舉。出於偪脅。天下共聞。歷考史乘。自古安有不亡之朝代。前淸得以優待終古。既爲曠古所無。豈可更置諸巖牆。使其爲再度之傾覆。以至於盡。祺瑞罷斥以來。本不敢復與聞國事。惟既已久服勞於民國。不能坐視民國之顚覆分裂而不一援。且亦曾受恩於前朝。更不忍聽前朝爲匪人所利用。以陷於自滅。情義所在。守死不渝。諸公皆國之干城各膺重寄際茲奇變義憤當同爲國家計自必矢有死無貳之誠爲淸室計當久暱愛人以德之義伏望戮力同心戡茲大難祺瑞雖衰朽亦當執鞭以從其後也敢布腹心伏惟鑒察段祺瑞叩

解放與改造發刊詞

同人以其所研究所想念最而布之月出兩册名曰「解放與改造」期與國人以學識相切磋心力相摩盪旣逾一年今當賡續而擴充之以名稱貴省便故更名「改造」其精神則猶前志也

同人深自策厲欲改良本刊使常能與社會之進步相應故體例組織稍有以異乎前每册分三大部門

(一)論著　同人一得之見於此發表焉其性質復分爲二

(甲)主張　對於一問題有所確信闡發而宣傳之

(乙)研究　一問題未放自信則提出疑問與國人公開討論

(二)譯述　專務介紹世界思潮其體例或將各短篇迻譯原文或將一名著摘撮梗概或但譯錄或加案語及解釋

(三)記載　國內外重要問題發生則追求原委務爲有系統的記述以供留心時局者之參考

此外尤有附錄兩門

(一)文藝　以譯述世界名文爲主所譯務採各派各家代表傑作且隨時將作者及其作品在文學界之位置簡明介紹俾讀者得明其系統其本國古今文學亦間下批評

(二)餘載　同人隨筆小品及讀者投稿入焉．其投稿中有以長篇商榷一問題者．同人認爲有價值．則以入論著．

以上各門不必每冊皆備．冊中亦不必一一區別標題．但其組織梗概．總不越此．

本刊根本精神．曾讀「解放與改造」者．當能知之．今當刷新改刊伊始．更爲簡單之宣言．

一．本刊所鼓吹在文化運動與政治運動相輔並行．

二．本刊持論．務向實際的方面．力求進步．

本刊所主張．當以次續布．今且無事縷述．但其犖犖數要點．爲同人所確信者．願先揭櫫以質諸國人．

(一)同人確信舊式的代議政治．不宜於中國．故主張國民總須在法律上取得最後之自決權．

(二)同人確信國家之組織．全以地方爲基礎．故主張中央權限．當減到以對外維持統一之必要點爲止．

(三)同人確信地方自治．當由自動．故主張各省乃至各縣各市．皆宜自動的制定根本法而自守之．國家須加以承認．

(四)同人確信國民的結合．當由地方的與職業的雙方駢進．故主張各種職業團體之改良及創設．刻不容緩．

(五)同人確信社會生計上之不平等．實爲爭亂衰弱之原．故主張對於土地及工商業機會．宜力求分配平均之法．

(六)同人確信生產事業不發達．國無以自存．故主張一面注重分配．一面仍力求不萎縮生產力．且加增之．

（七）同人確信軍事上消極自衞主義爲我國民特性且適應世界新潮故主張無設立國軍之必要但采兵民合一制度以自圖强立

（八）同人確信中國財政稍加整理優足自給故主張對於續借外債無論在何種條件之下皆絕對排斥

（九）同人確信教育普及爲一切民治之根本而其實行則賴自治機關故主張以地方根本法規定强迫教育

（十）同人確信勞作神聖爲世界不可磨滅之公理故主張以徵工制度代徵兵制度

（十一）同人確信思想統一爲文明停頓之徵兆故對於世界有力之學說無論是否爲同人所信服皆采無限制輸入主義待國人別擇

（十二）同人確信淺薄籠統的文化輸入實國民進步之障故對於所注重之學說當爲忠實深刻的研究以此自厲並厲國人

（十三）同人確信中國文明實全人類極可寶貴之一部分遺產故我國人對於先民有整頓發揚之責任對於世界有參加貢獻之責任

（十四）同人確信國家非人類最高團體故無論何國人皆當自覺爲全人類一分子而負責任故褊狹偏頗的舊愛國主義不敢苟同

以上各節爲同人之公共信條雖或未備然大端固在是同人將終身奉以周旋本刊則出其所見以請益於國人也其他尚不乏懷而未決之問題卽此諸信條中當由何塗而始能使理想現於實際則亦多未敢自信故欲

籍本刊爲公開研究之一機關。冀國人之我誨焉。詩曰。嚶其鳴矣。求其友聲。同人賦此以俟君子矣。

外交失敗之原因及今後國民之覺悟

一

鳴呼。和會席上。我國竟一敗塗地矣。天下事往往集衆因而始成一果。此次失敗。屬於外因者。其一則日本事前布置之周密與臨時因應之機敏也。其二則英法之不我助也。其三則美總統之受牽掣也。屬於內因者。其一則我政府之屢次加繩自縛也。其二則參戰之假公濟私有名無實也。其三則駐歐外交官之向不得力漫無布置也。其四則政府對於此次和會絕無方針也。其五則專使手腕拙劣且日事內訌失時廢事也。其六則國民批判力薄弱後援無力也。嗚呼。今大事則既去矣。國民得此噩報。其疾首扼腕灰心短氣不知何若。雖然。前事不忘後事之師。吾故臚舉其致敗之由。俾我國民知所懲毖焉。漢昭烈有言。事會之來。豈有底極。苟能愼之於後者。則此未足爲病也。

二

吾以此次日本之成功與我之失敗對照。而益信天下事之萬無僥倖也。而益歎人之所以謀我者其處心積慮眼光四射前後策應如此其可畏也。日本之窺我山東。已非一日。無端而歐戰發生。予以絕大機會。遂急起直追。

以軍事占領的狀態。謀承襲德人侵略之遺產。雖然。此狀態極不穩固。彼蓋知之。於是汲汲焉求爲法律的保障。當一九一五年聯軍大挫於東戰場。彼乃乘友邦之危。突然提出二十一款之要求。以最後通牒迫我承諾。於是中德間權利義務之關係。變爲中日間權利義務之關係。其所得保障一矣。猶懼其未足。當一九一七年二月德國潛艇戰略極猖獗時。彼乃要挾英法意俄四國與訂密約。要求在和會席上關於山東權利予以援助。其與英所訂密約。在其年二月十二日。實美德絕交後之第三日也。法俄意之約。亦以兩旬內相繼成立。其所得保障二矣。猶懼其未足。於其年四月間與美國互換文書。要求美承認其在東亞優越地位。其所得保障三矣。（此保障力較薄弱）猶懼其未足。去年德軍垂敗之際。餌誘我國與結處分膠濟路及延長高徐順濟兩路之約。於是舉德人已得將得之遺產。悉數由我政府認彼爲有正當承襲之權利。其所得保障四矣。由此觀之。日人關於山東問題。其事前布置。注意周密。而首尾一貫也如此。

巴黎和會既開。彼一面提出山東問題。一面鋪陳其戰績。示英法以德色。而關其口。其遭我國之反駁也。不動聲色。一面提出人種平等問題向美索價以窘之。一面以全力聯絡英法。挾密約以劫持。抵死不放。及至最緊要關頭。彼則揚言將不署名國際同盟以恫喝美總統。一面表示所提人種問題可以撤回。夫人種問題之不能通過。彼寧不知。然必提出者。將以此爲山東問題之交換條件也。故目的既達。得魚忘筌。其手腕之峭緊敏捷又如此。

三

我則何如。嗚呼。吾不忍言。吾又不忍不言。當二十一款之初提出也。國人切齒扼腕。民氣達於沸度。當時鄙人亦曾著論十數篇。力主無論如何萬勿簽字。寧可任日人以武力占領。不容以條約承認其權利。（見民國四年三四月間之英文京報及大中華雜誌）果能如此。則今日在和會上之理直氣壯宜何如者。然茲事太遠。且不復論。設僅至此而止。猶得曰此最後通牒之結果。吾不能承也。夫此次和會席上我所持為唯一之武器者。豈不以此耶。乃不料有去年九月二十四日之約。而此唯一之武器。乃不復能自完。嗚呼。去年九月二十四日何時耶。興登堡線則既破矣。距休戰前僅四十日耳。德軍敗亡。瞭若觀火。和會之開。指日可待。我於彼時。何憂何慮。乃忽舉數年來懸而未決之大問題全國人所延頸企踵以待訟直於世界者。一夕而斷送之。問其何所求。則區區二千萬日金供十月初一以後新政府之行政費也。當時外間微有所聞。政府則絕對否認。都中報館坐登此消息而封禁者蓋八家焉。吾輩忠厚待人。以為政府雖喪心病狂。當不至此。不料乃果為事實也。尤可駭者。此祕約之祕。非惟祕我國民也。且祕及列席和會之全權。顧使事後為余言（五月四日）謂我之提出抗議在正月二十七日。二十七晚得京電始知密約內容。當時以告美遠東局長韋廉士。韋氏頓足痛恨。謂大事已去八九也。當余之初至巴黎也。日人正揚言於報紙。謂山東事已完全由中日兩國接洽妥愜。吾方力闢其不然。嗚呼。誰知吾所說者乃純為門外人語耶。嗚呼。以二千萬日金之故而斷送山東斷送中國。誰謂為之。孰令致之。我國民而不糺問此責任。吾其復能以國家之資格立於大地耶。

當問題之既決定也。英外相巴爾福招我全權而告以崖略。謂日本當戰爭中其盡力於協約國者甚多。吾不能拒其請。嗚呼。使我宣戰後卽為出兵之準備。能以去春有大軍在西歐戰場者。則今日論功。我亦何遽居人後。我在和會上之發言權不能有力。則參戰之假公濟私。有名無實。實尸其咎也。

四

事前種種取敗之道既若是矣。苟臨事因應得當。猶可冀補救萬一。而我復何如。吾瀕行時。曾詢總統及政府當局以外交方針。屢詢而屢不得要領。初以爲彼蓋向我祕密。既乃知其本無方針也。關於山東問題。吾陳述對待之法。彼等不置一辭。當時大以爲怪。由今思之。乃知其早與日人私訂約束。而吾儕猶在夢中也。和議初開。英美方面之爲我謀者。方盛倡統一鐵路外債之議。其是否別有旁意。且勿深論。至其直接動機。則確在破除勢力範圍以防制日本。或彼輩早已知日本之與英法俄意訂有密約。料我山東交涉難得良果。故爲我畫最後補救之策。亦未可知。要之不失爲一有價値之外交方略。吾敢斷言也。我政府及全權若有眼光有手腕者。一面在和會總會上提出山東問題全部堂堂正正之主張。同時在該會交通委員會中提出統一鐵路外債之議。英美必極力爲我後援。失於彼者或且得於此。但得山東鐵路不爲一國所獨占。則危險之程度。亦可減殺幾許。乃此議既爲國中一部分人所不便。遂與東報相結託。作桴鼓應。一致反對。而京滬間之輿論。亦復不加注意。貿然和之。政府則舉棋不定。旬日間兩電專使。辭旨矛盾。此議遂消滅於羣言淆亂之中。於是我所提出於和會者。除對德照例要求之瑣碎條件外。僅唯一之山東問題。一擊不中。全軍俱覆。以視日本之多方烘托。操縱自如者。其巧拙之相去爲何如哉。

巴黎專使團。其不滿人意處。固不少。以吾平心論之。失敗之責任。政府居十之七八。而專使僅一二耳。據外間所傳言。專使屢以細故爭意氣。正事因之閣置。此固中國人一種劣根性。深可浩歎。然吾以爲專使之失策。乃在單提一事。以致更無交換補救之餘地。使當時能在交通委員會中提出處分鐵路辦法。則山東路權。或得較有利益之解決。亦未可知。又對於英法方面平時既無布置。臨時更少聯絡。以致並相當之同情亦不能得。又事前太高興。以爲成功可操左券。於對手方面之進行。與夫第三者之態度未嘗敬愼調査。形勢變遷漫無覺察。一旦失敗。如聞迅雷。欲稍挽救。無從著手。此則專使不能不分其咎者也。

五

我此次唯一之後援。則美國耳。自美總統宣說十四條。天下想望風采。各國之含寃積憤者。皆欲赴愬焉。我國之敢毅然提出此問題以與强鄰抗者。未始不恃此。然威氏於山東問題之性質。本已不甚了了。吾於三月二十四日與彼晤談。對於此問題尙幾費解釋也。雖然威氏固不得謂爲無意助我。其所以爲德不卒者。實以受種種牽掣。卒至以己身利害關係。故爲日本所劫持。威氏之初至歐也。抱絕大理想而來。其唯一目的之國際同盟。卽所以求此理想之實現。及其抵歐。而歐洲之褊狹的國家主義。方瀰漫於空氣中。與彼理想格格不入。威氏之健羽已鎩十之七八矣。其國內反對國際同盟之氣燄抑甚烈。威氏受內外之夾擊。萬一國際同盟之議不就。彼將無復面目以見其父老。威氏所處地位。其弱點實在是。當四月初旬正各國相持極劇時。威氏以去就爭。嘗電招其坐船來歐。示將決絕。而此例一開。卽有尤而效之者。意大利因芬謨問題。其首相外相聯翩歸去。威氏正大窘。日本旋卽仿其故智以相恫喝。謂不遂所欲。彼決不署名於國際同盟。此實能使威氏驚心動魄之言也。英法既已因訂有密約。故受人牽鼻。其較自由之美國。亦復以別問題爲人挾持短長。於是甇甇無告之中國。遂被犧牲矣。

雖然威氏誤矣。山東問題與芬讃問題比較。其輕重相懸何啻霄壤。其與美國利害關係之疏密更何啻霄壤。威氏以全力爲南斯拉夫爭芬讃。而山東問題竟屈於日本。恐自此美國人旰食之日方長耳。

六

今事已至此。怨艾前失。亦復何補。惟我國民所宜堅持及覺醒者有數事焉。

其一當知山東與南滿既同在一國勢力之下。京師腹背受敵。全國南北中斷。國決無以自存。故今茲之憂患深入腹心。絕非前此手足癬疥之比。國民宜以最大決心。挽此危局。雖出絕大之犧牲。亦所不辭。須知等是亡也。與其亡於十年之後。不如及今圖之。而猶可冀萬一之不亡。鄭子產有言。國不競亦陵。何國之爲。弱國所以能自存於世界。全恃其有一瞑不視之犧牲精神。使塞爾維亞比利時而稍瞻顧者。惟有呑聲飲泣。待德奧之夷彼爲郡縣耳。彼之毅然反抗也。全國爲墟於茲四年。而今何如者。是故當知國無所謂存亡。自甘於亡。斯眞亡耳。苟其不甘。則百年前已亡之波蘭。何嘗不可再造於百年後。況我之廣土衆民。又絕非塞比波之比耶。敵而謀我者。占領可也。以條約承認其權利不可也。我力不敵。寧可聽敵人占領我全國。不能以條約承認尺土寸地爲其所有權。國民若具此決心。乃可與語此次失敗之補救。乃可以求立國於今日之天下。而不然者。坐待爲虜而已。

其二當糺問此次失敗之責任。何故當去年德軍垂敗之時。忽與日本訂此密約。其動機安在。主持者何人。何故先事臨事與重要之歐洲友邦一無接洽。乃至前此彼所與人訂定之密約。一無覺察。今茲彼所持之態度。一無應付。駐使及專使所爲何事。應負何咎。若不明責任所歸。將何以謝天下。總之外交界而常以此種老朽之舊式官僚與巧猾之新式官僚充斥其間。行將全國斷送而我國民猶在夢中也。吾國民而對於此新舊式之兩種官僚末如之何。吾國其永沈九淵矣。嗚呼。

其三。當知國際間有强權無公理之原則。雖今日尚依然適用。所謂正義人道不過强者之一種口頭禪。弱國而欲託庇於正義人道之下。萬無是處。抑西人有恆言天助自助者。苟不自助。天且不能助之。而況於人。須知我國民今日所處之境遇。前有怨賊。後無奥援。出死入生。惟持我邁往之氣與貞壯之志。當此籲天不應呼地不聞之際。蒼茫四顧。一軍皆墨。忽然憬覺環境之種種幻象。一無足依賴。所可依賴者。惟我自身耳。則前途一線之光明。卽於是乎在也。

國民自衛之第一義

何謂國民自衛之第一義。曰國民制憲。何謂國民制憲。曰以國民動議 Initiative 的方式。得由有公權之人民若干萬人以上之連署提出憲法草案。以國民公決 Referendum 的方式。由國民全體投票通過而制定之。此原則非創自我。其先我而行者。有瑞士及美國各州焉。有德國焉。在彼既有憲法。故採此原則以改正憲法。在我未有憲法。則當採此原則以產生憲法。兩者義本一貫也。有憲法國遂定乎。吾不敢言。無憲法無以爲國。則吾敢言。九年來無憲法之苦痛。吾民受賜。抑既多矣。今後而猶爾爾者。則未來之苦痛。將益不知紀極。故無論如何。憲法早一日出現。吾民總可以早得一分之保障。而欲憲法出現。吾以爲舍從事於國民制憲運動。其道無由。

國民制憲事業。宜發動久矣。不始今日。然今日確爲更不容逸去之一時期。數年來每經一度變亂。則制憲問題必一度發生。何故必以其時發生。變亂之後。一方面人民全體稍帶活氣。一方面則國內各部分勢力正在搖動消長之中。而建設之議乃得入。質言之。凡帶有革命性之變亂一度經過。則根本法之締造。自然人人感其必要。二年六年制憲之動機。皆自此發。制憲不就。遂又爲第二次變亂之媒。夫往事則既有然矣。今茲變亂果能稱爲含有革命性耶。吾不敢言。然則變亂後制憲動機能復活耶。吾不敢言。雖然。吾民既備嘗無憲法之苦痛。而渴思得一憲法。則宜勿問變亂當事者之意嚮何如。毅然自造此動機而自完成之。此眞今日所當有事也。

歷次制憲所以不就。由於議員溺職與政府牽制。固也。推原禍始。則制憲權本非國會所宜有。而臨時約法以此權委諸國會。實爲憲法難產之一最大根原。蓋憲法者所以規定國家各機關之權限。其不容由一機關專擅制定。理本甚明。臨時約法所以將此權畀諸國會者。實緣受「國會萬能」之舊觀念所束縛。當時漫不加省。沕此一條。遂以釀歷年擾攘之惡因。而不能自拔。殊不知國會萬能觀念。早已成爲十九世紀歷史上之一殭物。今世歐美各國方共認爲民治主義之一大障骨。謀所以濟其窮。而我乃摭人吐棄之唾餘。直接流毒政治社會。而間接以沮國家根本法之成。天下事之可痛。孰有過此。

國會之建。於茲八年矣。其末流乃至有新舊二會。新舊二會。莫不以代表國民自命。問所代表者爲誰氏。舉國民莫之或承。不承由他不承。代表我自代表。問頻年以來。每一大問題發生。有所謂國民公意者存耶否耶。曰。何爲其無。國民每對於一問題。其公意所趨。未嘗不顯豁呈露。且其公意恆不謬於判斷。而常與國利民福適相應。雖然。欲求法律上之根據。以表示此公意。則卒不可得。政府曰。我當局也。法律上授我行政權。汝曹何爲者。議員曰。

我國民代表也法律上爲一國主人翁焉汝曹何爲者其懷抱公意之國民雖復百千萬億而在法律上不過適爲百千萬億之私人其意則私人之意也其言則私人之言也本至公也而欲證明其爲公則無說以自完乃不得不忍呑窒結而一任政府與國會相勾煽相狼狽盜民意之名以售其奸數年來吾國民所受之痛楚豈不如是耶使全國眞民意而得所憑藉以自由表示則國事之敗壞何至如今日而吾民之顚連疾苦又何至如今日者然則如何而始能得此憑藉舍求諸憲法外其道末由憲法如何而始能予我以此憑藉舍國民自動制憲外其道末由

就法理上論主權在國民全體明載於臨時約法自動制憲即此主權作用之發動最爲合理就事實上論今日除國民自動外恐憲法永無產生之期夫憲法不能由總統欽頒國人所同認也不能由南北軍人私行製造又國人所同認也舊國會耶新國會耶無論其或久已滿期或成自非法彼此皆無法律上之根據也無論其議員中什九帶黨派臭味不爲國民所信也又無論制憲權萬不容畀諸國會如吾前所云云也就令讓數步而仍認國會得有此權則舊耶新耶新舊合耶羣議紛紛既經數年今日亦云胡能決並此置勿論而彼國會者無論爲新爲舊事實上目前皆不能開會且此後亦無再行開會之希望已爲衆所共見是故責望現存之國會以制憲雖海枯石爛而憲法終不得出現可斷言也然則待諸下屆新選之國會耶新舊選舉法之適用今尙爲未決之問題何所憑依以行選舉且必須俟新舊兩會消滅後始能執行新選舉其間需時幾何自選舉以至召集其間需時幾何召集後而組織起草委員會從容起草需時幾何起草後而大會審查而逐條讀議會期不過數月開常會之日居三之二開憲法會議僅三之一全憲制成需時幾何如是則吾民欲得百數十條之憲法非期以二

三年不可。恐議未終而大亂又見告矣。是故今後之程序。當由憲法產出選擧法。由選擧法產出國會。必先有憲法而後有國會。不能先有國會而後有憲法。此自一定不易之理。然則制憲事業委諸將來之國會與委諸現存之國會。其爲不合理也則同。無待辯也。

於是有爲權宜之計者。則曰以省議會或其他公共團體如教育會商會等各選若干人而委以制憲。雖然。此果足爲饜心切理之辦法乎。此不待思索而有以知其決不能也。以國民對於省議會之不信任。亦正與國會同。謂其足以代表民意。又誰欺者。夫憲法者。國家之根本大法也。木之有根。必厝諸不易搖動之地。然後發榮滋長。乃有可期。今若委省議會等以制憲。恐仍未能得良憲法也。

比者軍人中有倡召集國民大會之議者。意至美矣。顧所當問者。其一。所責望於國民大會者爲何事。其二。國民大會以何種方法組織。以何種形式召集。吾以爲國民大會主要之事業。則制憲而已矣。欲國民大會之效用現於實際。舍國民動議國民投票兩種形式外。別無他途。言國民大會而冠以召集二字。實爲不詞。夫國民大會非可召集者也。四萬萬人集於一堂。天下既萬無是理。若督軍省長指派其所私昵者若干人焉。土豪政客干謁自薦者若干人焉。而以冒國民大會之名。集於一地。承仰强有力者之意旨。爲之畫諾。則與洪憲時代所謂國民會議者。牛羊何擇。徒爲民國史加一重污點。甚無謂也。是故言國民大會善矣。顧吾民所欲得者。在眞國民大會。其僞國民大會。義不得不擯。欲求眞國民大會耶。亦曰國民動議國民投票而已矣。

吾認此事爲國民公共責任之第一事。且認今日爲千鈞一髮不宜放過之最要時期。至憲法內容如何。主要精神如何。尤爲實際切要問題。當由國民公平開討論也。

主張國民動議制憲之理由

吾非不知國民動議的方式。歐美人僅用之於普通立法及修改憲法。而用以制憲則未之前聞也。吾又非不知我國民現在之程度。欲求有力之國民動議大不易易也。然吾之所以爲此主張者。正自有故。

感受九年無憲之苦痛。與夫現在制憲機關中絕窮於求濟。不得已而思用此以爲補充。此其最簡單之理由。前既言之矣。此外尤有一極重大極深切之理由。曰以敎育的意味。趁此機緣。借一實事。將憲法觀念——共和眞理灌輸於多數國民也。請申其說。

我國被共和之名亦既九年。而政象無一不與共和相反者。蓋緣此共和國並非國民意力所構成。國民自始並未了解何者爲共和。何者非共和。自始並未嘗愛慕共和追求共和。昔元二之交。淸宮有一逸話。焉隆裕后語醇王曰『偺們叫袁世凱籌辦共和。聽說辦得不甚得勁。我想換一個人籌辦籌辦。你看有誰呢』此種滑稽語。聞者固宜失笑。雖然。我國民勿笑也。我國民對於共和之觀念。乃適與隆裕一致。交人籌辦而已矣。籌辦者不得勁。則換一人而已矣。此種觀念若不從根本改變。豈惟九年。雖十九年二十九年。猶今日耳。夫無憲法之害固也。然使國民始終囚繫於此種觀念之下。則雖有憲法亦何濟者。不見夫臨時約法乎。約法誠不免有疵纇。然果能擧國人而信守之。其足以爲人民保障者。已自不少。今則非惟政府心目中未嘗有約法存。卽全國人心目中。蓋皆未嘗有約法存也。乃至高談護法之人。其心目中亦未嘗有約法存也。以故約法雖有如無。夫此無怪其然也。約法之產生。國人並未與聞。國人自始未嘗認約法爲必需品。如饑渴之於食飮也。約法中所含意義。國民未或理解焉。其視約法與己身之利害關係。若秦人視越人之肥瘠也。然則約法託命於此國民之下。乃不啻孤臣孽子。乃不啻贅疣。今後之憲法。其內容當如何乃有以愈於今日之約法耶。此爲別問題。然使其所發生效力一如今日之約法。則內容縱極完善。亦復何用。夫今日之中國。是否可以言建設。是否已入於制憲時期。吾誠不敢言。但就制憲言制憲。吾以爲最少要認定三個前提。第一。使國中較多數人確感覺有憲法之必要。第二。使國中較多數人了解憲法中所含之意義及其效用。第三。使國中較多數人與制憲事有關係。必如是然後國民乃始知愛慕憲法珍護憲法。然後憲法乃得自拔於孤孽贅疣之境遇。而發揚其威靈以加被國民。若吾所舉此前提尚不謬者。則國民動議制憲說之有無價值。可得而商榷也。

國民動議者。非一人動一議之謂。夫吾既言之矣。乃采各國動議改憲之成例。聯合若干萬人以上連署提出一動議也。假定我國民果認此法爲可以適用於制憲。則其進行程序如何。吾知最初必有少數熱心者。各出其對於憲法上之意見。互相討論。討論略趨一致後。則以共同意見揭爲憲法大綱。或竟製成憲法草案。以爲動議之基。其始則不過少數人之私見而已。雖然。既欲從事於動議。則不能不求多數之贊同。於是必出其意見以與國人共見。或在報章上鼓吹。或到處公開集會講演。於此期間內。多數人之意見。必交錯發攄。其在報章上則以文字商榷。其在集會講演場中則以口舌討論。經幾度交換修正之後。對於此大綱或草案認爲滿意者。然後署名焉。署名千人則成爲千人之共同意見。署名萬人十萬人百萬人。則成爲萬人十萬人百萬人之共同意見。謂爲非一部分國民意力之發動焉不可矣。同時復有他方面少數之熱心者。則亦循此程序以進行。而擬具大綱或草案。而公開討論。交換意見。而得多數人署名贊同。則又謂爲非一部分國民意力之發動焉不可矣。如是範圍

愈擴大則國民意力之分量愈加重其結果可以成爲名實相副之國民動議

難者曰如吾子言則將同時有多數之動議多數之草案同時提出使國民迷於抉擇是治絲而益棼之也應之曰此似足慮而實不足慮也憲法條文雖多其根本精神所寄得爲討論之焦點者亦不過十數耳而凡熱心從事於動議者不問而知其必爲篤信民治主義之人——必爲欲得純粹民治主義的憲法之人夫如是則根本精神本自已大略一致所爭者不過條文疏密繁簡輕重已耳更進則主義采用緩進急進之程度問題已耳既無根本上不相容之點則枝葉之小小異同欲求得一致決非難事且國人如不熱心於動議則已耳既熱心矣既從事活動矣則必有感於社會之惰性的抵抗力極重而少數人之發動力極微則互助協作觀念之發生當有不期然而然者故以吾所懸揣若同時有數個動議數個草案出現則其各方面之提出者必能爲一度或數度交換討論而融合爲一個之動議一個之草案蓋既無私目的雜乎其間而又有公共之根本精神以爲之範烏在其不能融合也

（附言）吾常以爲凡所謂公共意見者非由交讓調和而成乃純由互相熏染淳化而成故無所謂誰主動誰被動彼此皆有所發有所受也憲法若能以較多數人互相熏染淳化之公共意見而產出者則植基斯固矣

動議最終之目的固欲求以所動議者付諸國民公決而沕爲成憲也此目的能達乎吾不假思索卽可以直答曰什有九不能不能則動議豈非徒費耶曰不然制憲問題不發生則已既發生矣苟非采國民動議國民公決制者則必有行使制憲權之機關此機關無論爲舊國會耶新國會耶新舊合耶總統督軍指派耶各地方農工商學界推選耶要之其人平素未必皆究憲法其中大多數大抵對於憲法上諸重要問題空空洞洞並無成見

可斷言也。其人如稍賢者。必自覺其責任之重大。認爲當採納民意以製成良憲。又可斷言也。夫彼既空洞無成見矣。則國民以公共研究之結果製成一方案以餉之。寧非彼所甚樂。彼既認爲有採納民意之必要矣。夫民意則至空漠也。苟非有大綱草案等之實物。有連署動議等之實事。則將以何者爲民意。而從何途以採納者。此猶言夫其賢者也。以今日人心之墮落與夫懷權藉勢者之鬼蜮。無論從何種團體用何種程序選出之人。苟以聚諸一堂。安保無脅迫利用之事。安保其自身不淪於惡化。若國民漫不加察。萬一有大反於民治主義之憲法。貿貿然任其成立。則國與民之蒙其禍者。豈有紀極耶。然則國民當此際以强固的態度表示具體的意見。俾當事人有所嚴憚。夫亦安得已。是故國民動議制憲。能達最後公決之目的固善也。即不能而其事亦決非徒勞。對於事實上實極有益而且最必要也。

此猶就目的事實言之也。其實凡政治運動之事業。絕不當以目前之急功近效爲程期。英國之普通選舉。十九世紀初即由極少數之急進黨人倡之。舉國莫或傾聽也。德國社會民主黨諸憲綱。於帝國成立之初期即倡之。舉國人莫或傾聽也。雖莫或傾聽。而倡之者不倦焉不屈焉。故有以國會僅僅兩名之黨員提出法案。一次否決。下次續提。連提七年不改一字。其他種種運動之類此者不可殫述。彼不知其所提出決無效耶。知之。知之曷爲貿貿然行之。彼特對於沈睡痲痺之國民而嘵嘖焉。而注射焉。於以喚起國民意識而造成國民意力。眞所謂墨子之道。雖天下不取。强聒而不舍者也。謂其有效耶。當時蓋莫之傾聽焉。謂其無效耶。不三十年。不五十年。而疇昔共指爲非常異義可怪之論者。皆布帛菽粟矣。夫欲使非常異義可怪之論變爲布帛菽粟。舍羣衆運動何以哉。舍羣衆運動何以哉。然而羣衆運動消極的挽救。決不如積極的主張之爲有力也。抽象的理論。決不如具體的方案之爲有力也。此各國國民運動史。所以必以改憲立法諸運動爲其中堅也。

我國民誠能有較多數人從事於動議制憲耶。就令此動議終不能以付國民公決。就令此動議不爲將來制憲機關所採納。然對於國家前途最少亦得有左列之良影響焉。

一　能使國民知無憲法不足以爲國。

二　能使國民知國家立法事業人人皆須參與。而參與並非無其途。

三　能使國民知共和國根本精神在某幾點。必如何乃爲共和。如何便非共和。

四　能使國民對於憲法內容經一番討論別擇。了解其意義。

五　能使國民講求憲法之實際運用。不至純任少數人操縱。

六　能使國民知良憲法之不易得。益加愛惜珍護。

質而言之。則國民動議制憲者。無異聯合多數人公開一次「憲法大講習會」。無異公擬一部「共和國民須知」向大衆宣傳。此實在國民教育上含有絕大意味。而其目前實現之結果如何。正不必深問也。

軍閥私鬭與國民自衛

軍閥械鬥。物莫兩大。稔惡之黨。一朝土崩。數年來重足側目之民。乃相與竊竊拊掌稱快。快焉固宜也。雖然。吾民得快。不始今日。清室之禪。蓋嘗快焉。洪憲之亡。又嘗快焉。復辟之蹶。又嘗快焉。快不移時。而愁慘苦痛。已隨乎其後。嗚呼。後之視今。猶今視昔。快事之紿弄吾民也屢矣。今日吾民若猶僅以一快畢乃事者。不待數月而不快之相乘行且倍蓰於疇曩。吾敢斷言耳。昔日俄日德戰於我境內。而我乃以守中立聞。戰之結果。無論誰勝誰敗。其禍壹皆中於中立者。而中立者乃以他人之勝敗爲欣戚。寧非大愚。數年以來。我國民日偷息於軍閥私門之下。而常以旁觀者之資格自處。正類是矣。

今閭市最流行之言。則皆評騭軍人曰。某也賢。某也不肖。夫軍人亦人也。人固有賢有不肖。謂軍人必皆不肖。吾未之承。雖然。軍人之難乎其爲賢也。則有甚於常人。何也。凡有權力者每喜濫用。實人類公共之弱點則然。而今日中國之軍人。常處於最可以濫用權力之地位。欲其不墮於不肖焉。安可得也。權力之爲物。不能冀有之者之不濫用。惟當求所以制裁之使不能濫用。苟有强大之制裁力超乎軍人之外。而臨乎其上。則雖軍人之不肖者。亦可以勉幾於賢。而不然者。雖賢亦終必淪於不肖。國中如僅有一軍人獨擅權力耶。其人必以國家爲彼私產。人民爲彼家奴。恣情宰割過炙而莫敢誰何。國中如有兩派以上之軍人分擅權力耶。倘其勢相均而力相敵。則互取國家之利益。豆剖而瓜分之。期各得所欲以去。如是則在軍人均勢狀態之下。政象厖木。然而人性之欲利。無有饜也。務增擴其權力亦無有饜。甲增擴焉。而乙睨乎其旁。步其武惟恐後也。競增不已。則勢相偪。如檻劣馬於一槽。始焉輕相踶。尙相齕。卒乃吼怒奔突破檻出以賭微命。蓋均勢之局必不可久。久而必破。破而必鬨。此無論在國際與在國內。凡以武力相持相競者。勢所激盪。必循斯軌。未或能逃避也。既破而鬨。乃有勝敗。敗焉者無論矣。勝焉者而占絕對優勢。無復他力足以與抗耶。則其結果如吾前者所云。以國家爲彼私產。人民爲彼家奴。恣情宰割過炙而莫敢誰何。其不能占絕對優勢。而猶有他力足以與抗耶。則調和也。抵制也。交換利益也。層出屢試。以彌縫於一時。及歷若干時日之蘊毒養孽。而相踶相齕相鬨之象又起。如是者因果展轉。遞爲循環。雖其人交迭代謝。其權力消長忽彼忽此。而塗之所趨。決無以改乎其舊。譬諸演劇。同一間架。雖屢易其脚色。而情節可得而懸斷也。譬諸布算。二六相乘。易以三四。得數率不離乎十二。數年以來。吾民所歷驗而灼見者。豈不如是耶。賈生曰『非獨性異人也。亦形勢然也。』故夫軍人之不可以託國也。事理則然。而其箇人之賢不肖舉無與也。

豈惟軍人。夫國民而思託國於人。無論託諸誰何。皆無一而可也。吾固言之矣。凡有權力者恆喜濫用權力。者非徒兵權武力而已。法律上政治上之諸權力。苟無最後最高之制裁。其勢非至於濫用焉而不止也。託諸總統。則總統濫用。託諸內閣。則內閣濫用。託諸國會。則國會濫用。託諸地方官吏地方議會。則地方官吏地方議會濫用。其濫用之方式。亦與軍人同。一機關權獨張者。則頤使他機關為其鷹犬。兩機關權各均敵。相持而不能下也。一面交換朋分利益。一面陰相猜相軋。猜軋之極。至於決裂。決裂以後。而勝者乃愈益恣其濫用。數年來吾民所歷驗而灼見者。又豈不如是耶。

夫使國家之利害與吾私人之利害。渺不相屬。則吾姑以託諸人而自旁觀焉。猶可言也。夫天下寧有是理。苟有是理者。則人類誠無取乎有國。而彼歐美之民。拳拳效忠於其國者。舉爲多事矣。而吾國民以戕賊桎梏之既久。本能汩沒。寖成痲木。於兩者之利害關係。若罔覺焉。夫在昔或無怪其然而已往亦既不可追矣。今也於不幸之中有大幸者。數年以來。軍人政客所造惡業。在在予吾民以直接深刻之教訓。國家利害與吾私人身家之利害。有膠結不可離之關係。吾今乃得種種具體的事實。爲我證明。吾儕山東人。徒以旁觀之故。而青島斷送焉。膠濟高徐順濟鐵路斷送焉。於吾身家利害有關係耶否耶。吾儕湖南人。徒以旁觀之故。三年之間。南北迭相攻陷者五六度。雞犬不寧。雀鼠俱盡。於吾身家利害有關係耶否耶。吾儕廣東人。徒以旁觀之故。致客軍迭據。全省鼎沸。城市皆賭窟。鄉鎮皆盜區。於吾身家利害有關係耶否耶。吾儕四川人陝西人。徒以旁觀之故。所謂某軍某軍者更迭割據。日相喋血。於吾身家利害有關係耶否耶。吾儕安徽人奉天人廣西人。徒以旁觀之故。全省學校閉鎖。吾有子弟。只得聽其長作文盲。爲新世界被淘汰之人類。於吾身家利害有關係耶否耶。吾儕北京人。徒以旁觀之故。任京鈔充斥漲落。今日勞動所得。明日或損其半。於吾身家利害有關係耶否耶。吾儕江浙人。徒以旁觀之故。被軍官僚政客盜賣民食。致米價飛漲。勤動終日。不貫一飽。於吾身家利害有關係耶否耶。吾儕農民。每更一度喪亂。則失其南畝。幸而有所收穫。曾不足以供掠奪。於吾身家利害有關係耶否耶。吾儕商民。重重苛捐。日新月異。重以喪亂之故。百業俱廢。於吾身家利害有關係耶否耶。吾儕小工。恃傭資爲活。長此擾攘。何業不閉。於吾身家利害有關係耶否耶。吾儕兵卒。每月額餉。曾不足以繫殘命。猶復累月不發。長官忿鬥。則驅我就死。於吾身家利害有關係耶否耶。吾儕學生。既日日受惡政象所刺激。不使我得安於學業。稍欲有所自效。則囚拘僇辱。有如犬羊。於吾身家利害有關係耶否耶。吾欲家居。則一夕數驚。吾欲旅行。則川路忽梗。吾欲通問。則函札必稽。吾欲談說。則偶語成獄。吾欲讌集。則警吏搏人。吾欲控愬。則法官擇肉。於吾身家利害有關係耶否耶。舉債歲以億計。取償於誰。國產盜賣一空。云何能贖。於吾身家利害有關係耶否耶。若此者不過隨舉一二地一二事以爲例證。若悉數之。則累百千紙而不能盡也。吾儕疇昔以爲此紛紛者舉無預吾事。吾閉吾戶。潔吾身而已。吾今乃知長此旁觀。吾正不知吾命在何時。是故吾儕今日未暇言救國也。救命而已矣。未暇言自由言自治也。自衛而已矣。

自衞猶待人勸耶。自衞者凡百動物之本能。吾民雖極愚。亦何至不知自衞。雖極弱。亦何至不思自衞。今日與吾民言自衞之必要。直辭費矣。所當講者。自衞之實現方法如何而已。

國際聯盟論序

一歲以前。世人之於國際聯盟也。其責望太奢。至今日而失望又太甚。兩者擧無當也。社會制度之爲物。其發育途徑與凡百有機體之營衞機官相同。絕非可以一時之力運意匠以爲之創製。及其迫於環境所必需。而內部自發之本能充類而與之相應。則其進展之成果。遠逾於夙昔之所期者有焉矣。國聯之義。在學理上雖倡導已非一日。若胥謀以見諸行事。則不過最近一二年間耳。威爾遜及其他二三先達。因大戰後人心之震恐而思蘇息也。發彼宏願。思於國家以上建一樞機。以爲全世界長治久安之保障。於是國際聯盟遂爲今茲和會開宗明義第一問題。當彼之時。寰宇相望。謂將操此劵以責世界改造之大業。而含冤負屈之弱小民族。亦各自謂將有所赴愬以得直。及幾經波折。聯盟之約僅得列於載書。而精神已迴非其舊。綜其已然之效。不過於德殖民地之委任統治。尸一虛號。外此遂無所表見。而號稱强有力之大邦。或至今未及與盟。或且思脫盟而去。於是近見者流。忽復根本致疑於國聯之價値。謂曾是海牙保和會之不若。嗚呼。過愛則易移。輕信則易損。人類共通之弱點然也。夫以德美等之聯諸邦諸州以成國也。外之臨以强鄰。以警促其團結。內則諸邦諸州相互間民族無差別。文化略均等。公私利害之犖犖大端。皆相一致。而欲於固有邦州之上建一共主。猶歷數十百年而始能就也。況乎今之世界。承國家主義全盛之後。各國民之自私其國。有若敎宗之懸一神格以集信仰。國家以上之生活本非多數人所遽能懸解。而所謂國際聯盟者。其標的既在盡網諸國以爲一體。則無復所謂外界者以爲刺激促進之用。惟恃各國民內部之自覺自動。而各國民族之相懸絶。文化之相懸絶。目前公私利害之相懸絶也。則又若彼當百戰疲敝之後。僅恃戰中對敵利害一致之觀念爲媒介。乃欲舉含生大同之宏遠理想。咄嗟間以期成於兵車之會。此本爲事理之所不能致。世人共誚威爾遜失敗。夫何失敗之有。二十六款之盟書得列入公約。抑已爲意外之成就矣。然自今以往。則何如者。國家爲人類最高團體之一語。已成過去之信條。其支配人心之力日益薄弱。而各國內部改造之機。已懸眉睫。其改造之趨嚮。皆含有共通性焉。質言之。則物質上精神上事事物物皆漸成爲「國際化」也。疇昔人類利害之衝突爲縱斷線。今後人類利害之衝突爲横切線。入於横切線。而國家調護獎借之力。乃强半失其效能。人類之相率以自庇於國家以上之團體。有固然矣。夫此國家以上之團體圓滿强立。雖非最近數年或十數年之所可期。然其誕育則實在今日。譬諸文葆之孩。脆弱不克自振。然充閭喜氣。識英物者能辨之矣。吾用是敢斷言曰。國際聯盟者。人類全體合同改造之唯一機能。而亦人類全體非久達之希望也。雖然。尤有一義焉。「國家以上團體」之建設。具有可能性固無疑義矣。而組成此團體之分子。則各個各個之國家也。分子之程度不齊。則團體之基礎不固。故無論何國民。苟怠於自發。皆足以遲國際聯盟成熟之機。成焉而勉附其後。則必於聯盟中生出等差。彼爲主而此爲從。一如古代國家有治者與受治者之兩階級焉。如此則聯盟之志固荒。而受治者之苦辱乃無藝矣。是故我國民之在今日。不必問國際聯盟之近效何如。不必問我之能否廁其列以求自庇。但當求使我國堂堂立於天地間。不愧爲組織此「國家以上團體」之一健全分子。但當求以我國之力促進此「國家以上團體」之發榮滋長。而率於正軌。夫如是則研究此初誕初育之國際聯盟。察其性禀而覘其祈嚮。豈非全國民所當有事耶。然則吳君品今斯著。眞國民之布帛菽粟焉矣。吾儕歐遊。行篋得論國際同盟之書可數十種。率皆各明一義。品今所治。絜要抉微。乃復可觀。斯亦吾民才智不在人下之一左證也。

民國九年四月三日序

吳淞中國公學改辦大學募捐啟

敬啟者。我中國公學創始於前清光緒十年。當時因日本干涉留學生。激動學界公憤。相率歸國者數千人。胥謀以自力辦大學。爲敎育界開一新紀元。茲校於是肇建焉。藉國中賢士大夫之熱誠協贊。幸觀厥成。以上海一帶爲南北樞鍵。文化所由薈萃而灌輸也。吳淞一地。既不近市而交通滋便。實爲理想的學區。乃於其間擇地創建黌舍。有地百十畝。校中寄宿舍能容八百人。講堂能容三千人。其他設備稱是。國中私立學校除外國敎會補助設立者外。其純由本國自力獨創而規模足與本校媲者。殆不一二覯。十餘年來同人等黽勉維持。徒以願大力微。經費奇絀。故所辦限於中學。去秋以來。始增一商業專科。其前後畢業學生數千人。或留學歐美。或服務社會。成績雖尚稱優越。然揆諸倡建時擬辦大學之初衷。綿歷十餘年。卒未貫徹。此又同人等所引疚無既者也。歐戰以後。文化日新。我國民順應環境之趨勢。國民自覺心之發達。一日千里。乃共憬然於學問基礎不植。在箇人無以自立。在國家無以圖存。莘莘學子。欲求高尚完備之學科。若飢渴之於食飲也。而環顧國中學校狀況。欲求一焉能與各國最高學府程度相頡頏者。竟不可得。卽有一二較完善者。則大抵在北方。而南方幾於闕如。又多屬官辦。常爲政治勢力所牽掣。不能遂其自由發展。查歐美各國大學何一非由社會熱心大力之人提倡維護而成。或爲之前。或爲之後。增高繼長發揚茂實。心力所造。百世其利。賴之本校既有可寶之歷史。有相當之設備。同人等承乏校務。不敢不自勉。決擬於明年爲始。改辦大學。學科講座。不求泛備。惟務精純。視力所屆。歲圖增廓。圖書儀器。廣爲購儲。藉供學生自由研究。凡所規畫。別具專章。雖將來成效大小。未敢豫期。然竭力以赴之。庶於學界前途。當有壤流之助。惟是造端宏大。志毅艱勞。伏望海內外邦人諸友。鑒此微誠。共襄盛舉。或惠贈書器。或樂施金錢。俾得依十年前計畫。策厲進行。則絲繡平原。金鑄范子。社會崇報。人心同然。非特同人等感誦弗諼云爾。

（民國九年九月）

歐洲文藝復興史序

余與百里遊歐。偕歸。百里著歐洲文藝復興史。及成。索余序。余曰。『文藝復興者由復古得解放也。果爾。吾前清一代。亦庶類之。吾試言吾國之文藝復興而校其所以不如人之故。可乎。』百里曰。『善。』余本此意爲序。下筆不能自休。及成。則篇幅與原書埒。天下固無此序體。不得已宣告獨立。名曰「清代學術概論」。別索百里爲余序。然對於百里之諾責。不可不踐也。故更爲今序。

序曰。吾儕歐遊中。百里常昌言於儔侶曰。『吾此行將求曙光。』儔侶時輒戲詰之。『曙光已得乎。』曰。『未也』。如是者數四。及將歸。復有詰者。百里正色言曰。『得之矣。』至所得爲何等。則未嘗言。吾儕亦殊無以測其淺深。及讀此書。見其論歐洲文藝復興所得之結果二。『一曰人之發現。二曰世界之發現』。意者百里之得「曙光。」其亦新有所發現於此二者耶。夫「世界」則自有世界以來而卽存在者也。「人」則自有人以來而卽存在者也。而百里以爲歐人於文藝復興始發現之。則前乎此未嘗發現也。而他族之未經「文藝復興的」之磨鍊解放者。皆其未嘗發現者也。吾民族其已有此發現耶。否耶。吾甚難言之。雖然。亦在乎求之而已矣。吾儕處漫漫長夜中垂二千年。今之人皇皇然追求曙光饑渴等於百里者。不知凡幾也。不求而得未之前聞。求而不得亦未之前聞。歐洲之文藝復興則追求之念最熱烈之時代也。追求相續。如波斯燈光華爛縵。迄今日而未有止。吾國人誠欲求之。則彼之前躅在在可師。已然則此書者。吾不敢徑指爲百里所得之曙光。然吾有以窺其求曙光所由之路也。百里自言此書根據法人白黎氏講演。此講演吾實與百里同聽受。本書不過取材於彼云爾。至於論斷。則皆百里自攄其心得。吾證其爲極有價值之創作。非譯述云也。（民國九年十二月三十一日）